독일 유학
한 권으로 끝내기

Studieren in Deutschland
Alles in einem

독일 유학
한 권으로
끝내기

김새미 지음

글로벌콘텐츠

prologue

2023년 기준 한국 국적을 가지고 독일에서 살아가는 인구는 4만 명 이상이며, 매년 독일로 오는 한국인의 수가 천 명 이상 늘고 있습니다. 이처럼 독일에 대한 한국인의 관심과 수요가 눈에 띄게 높아지고, 독일 대학은 등록금이 없다는 소문이 퍼지며 독일로 대학 진학을 계획하는 사람들이 많아지고 있습니다. 그뿐만 아니라 영국의 유럽연합 탈퇴 및 남유럽의 불안정한 경제 사정으로 인해 유럽에서 독일의 입지는 더욱 견고해지고 주변국들의 관심을 한 몸에 받고 있습니다. 따라서 비단 학업분 아니라 직장 및 노후 계획을 독일에서 세우고자 하는 사람들의 질문도 꾸준히 들려오고 있습니다.

필자는 이 책을 통해, 한국에 알려져 있는 독일 대학과 학업 과정에 대한 정보를 집결하고 잘못된 정보는 수정 및 명확히 정리하고자 합니다. 또한 독일에 대한 전반적인 정보 중, 우리나라에 과도하게 미화되어 알려진 부분이나 과소평가되어 잘 알려지지 않은 매력도 서술할 것입니다. 독일 대학 진학을 고민하기 시작한 그 순간부터 대학에 합격하기까지 이 책은 여러분들에게 실질적인 도움을 줄 것입니다.

이 책을 펼치기 전, 한국에서 흔히 듣고 경험한 대학·전문대·고졸에 대한 단편적인 정보들, 대학별 순위 및 학과에 대한 편견은 모두 버려 주시기 바랍니다. 독일 고등학생들은 대학을 결정하는 기준이 우리나라와 많이 다릅니다. 내신 성적과 수능 성적이 대학 당락을 80% 이상 좌우하는 우리의 방식과는 달리 독일 학생들은 수능 성적 이외에도 '집에서 다닐 만한지', '어떤 친구들과 함께 생활하게 될 것인지', '내가 원하는 강의가 열리는지', '집값은 저렴한지' 등에 더욱 집중합니다. 따라서 각자 대학을 선택하는 기준도 매우 다양하며 대학은 최대한 그 결정을 존중하는 방식으로 학생을 유치하려 노력하고 있습니다. 독일로 대학 진학을 생각한다면 수능과 내신에서 벗어나 '내가 왜 대학에 진학하는지?', '꼭 종합대학교에 가야만 내 꿈을 이룰 수 있는 것인지?', '대학 생활에서 나에게 학교 외에 중요한 것은 무엇인지?'부터 고민해 보길 바랍니다. 안타깝게도 한국에서는 이러한 본질적인 질문보다 성적표에 찍힌 숫자가 학생들의 인생에서 가장 큰 첫 번째 선택을 좌우하는 것 같습니다. 이제 그러한 치열한 숫자 경쟁에서 벗어나, 대학 진학에 대해 본질적이고 매우 솔직한 질문을 던져 보길 바랍니다.

2024년 봄
프랑크푸르트 암 마인에서
김새미

목차

prologue / 04

PART 01 탐색편

탐색편

유학을 결심하기에 앞서

유학의 목표와 과정 선택의 폭이 넓어지며 대학이나 대학원 혹은 박사과정 진학을 독일로 알아보는 한국 학생들이 점점 많아지고 있다. 이미 결심을 하고 이 책을 읽는 독자도 있겠지만, 독일은 사례나 알려진 정보가 미국이나 호주 혹은 중국처럼 많지 않다. 유학 국가를 탐색하다가 독일이 떠올랐다 하더라도 정보가 부족하여 다른 국가로 눈을 돌리는 경우도 심심찮게 있다. 이 책에서는 독일 유학에 대한 정보와 더불어 독자의 결심을 되돌아볼 수 있는 정보를 제공하려 한다.

독일 내 한국 유학생의 분포는 음악 전공자가 압도적으로 많다. 바흐, 베토벤 바그너 등 세계적인 음악가들을 배출한 나라이기 때문에 선호도가 높은 것으로 보인다. 그리고 인문학계열에서는 철학과 문학, 신학 전공자가 많다. '독일 유학'이라고 하면 무엇이 떠오르는가? 독일어 원서를 품에 안고 따뜻한 날씨에 유럽의 길을 거니는 상상을 하게 되는가? 안타깝게도 유학에는 낭만적인 캠퍼스 생활만이 펼쳐지는 것이 아니다. 가족과 친구들과 이별하고 영어도 잘 들리지 않는 낯선 독일 땅에서 세계 각국의 학생들과 경쟁하며 오롯이 혼자 이겨내야 하는 시간이다. 즉, 유학은 '이국 땅에서 부딪혀야 하는 생활 그 자체'라고 할 수 있다. 그럼에도 불구하고 독일 유학을 결심하는 이유는 무엇일까? 독일 유학으로 발생하는 득과 실은 무엇인지 하나씩 짚어볼 것이다.

::: 꼭 독일이어야만 하는가?

첫 번째 질문은 유학에 대한 본질 및 국가 선정에 대한 질문이다. 독일 유학 희망자가 반드시 생각해 보아야 할 점이라고 생각한다. 미국이나 영국이 아니라 독일이어야만 하는 이유가 여러분의 독일 유학 성공의 첫 단추가 될 것이다. 왜냐하면 독일은 '유럽'이라는 부분 외에도 '독일'만이 가지는 특수성이 있기 때문이다. 약간 부정적으로 들릴 수 있지만 독일 생활에서 반드시 마주치고 수용해가야 할 부분이기 때문에 가감없이 서술하려 한다.

첫 번째는 언어다. 독일은 뮌헨, 베를린, 프랑크푸르트와 같은 대도시를 제외하고 영어로 소통하기 쉽지 않은 나라다. 영어를 배우고 직업현장에서 활용하는 사람들이 점점 늘어나고 있지만 일상생활에서 영어를 들을 기회는 기대하는 것만큼 많지 않다. 또한 영어를 할 수 있어도 일부러 독일어만 사용하는 관공서나 기관도 있다. 성공적인 독일 유학생활을 위해 독일어는 매우 핵심적인 부분이다. 10년 전만 하더라도 언어능력이 많이 요구되지 않는 예체능 계열은 독일어 자격조건이 일반 문·이과보다 낮은 B1-B2 수준이었는데 최근에는 모두 커트라인이 높아져 예체능이라 할지라도 언어 실력이 일반 문·이과와 비슷하게 충족되지 않으면 입학이 어려워졌다. 자세한 독일어 자격 조건은 〈05. 유학 기본 준비사항〉에서 살펴보겠다. 하지만 단순히 독일어 실력을 갖추기 위해서 독일 유학을 다녀오겠다고 하면 그것은 위험한 선택이 될 수 있다. 독일로 유학을 다녀온다면 확실히 독일어가 단기간에 향상되는 것은 사실이나, 비단 유학뿐만 아니라 요즘은 온라인에 콘텐츠도 많고 독일 내 다양한 기관에서 단기 어학연수 기회를 제공하고 있다. 따라서 국내에서 스스로 공부 방법을 찾고, 단기연수 프로그램을 통해 현지에서 공부를 병행하길 권장한다. 내가 축구장에 있다고 축구를 잘하는 게 아니듯 독일에서 학교를 다녀야만 독일어 실력이 느는 건 아니다.

두 번째는 날씨다. 독일의 날씨는 우리나라처럼 사계절이 있지만 그중에서도 특히 겨울이 춥고 길다. 서머 타임이 끝나는 10월부터 다시 적용되는 3월까지 약 6개월간이 실질적으로 체감하는 독일의 겨울이라고 볼 수 있으며, 12월엔 4시경이면 해가 지는 날이 많다. 주중 오후 8시 이후, 주말 6시 이후 그리고 일요일에는 식당을 제외한 거의 모든 상점이 문을 닫기 때문에 긴 밤을 보내야 하는 날이 일 년에 약 4개월 이상 지속된다. 실제 겨울 기온은 전반적으로 한국보다 높지만 네온사인이나 높은 건물이 적고, 인구밀도 등이 낮아서 다소 스산한 느낌을 받기도 한다. 이처럼 겨울이 긴 탓인지 초여름이라도 해가 나는 날이 있으면 어디서든 옷을 벗고 일광욕을 하는 독일인들을 쉽게 볼 수 있다. 여름엔 녹지가 푸르고 습하지 않지만 에어

컨이 남유럽이나 동아시아만큼 상용화 되어있지 않아 대다수의 대학 건물과 기숙사에는 선풍기만 설치되어 있다. 근 5년 전부터는 이상기후의 징조로 여름 기온이 지속적으로 상승해서 40도에 육박한 적도 있다. 또한 집에 바닥 보일러가 없기 때문에 (2000년 이후 지어진 신축 건물에는 바닥 보일러를 설치하는 곳이 많다) 여름에 매우 시원하고 겨울엔 매우 따뜻한 장소가 없다는 점이 특징이다. 덧붙여 독일은 전기, 가스, 온수 등 에너지 사용료가 비싸므로 언제나 절약정신이 몸에 밴 생활을 해야 한다. 그렇지 않으면 지난해에 과다하게 쓴 에너지 사용료 폭탄을 맞을 수도 있다.

세 번째는 일 처리의 속도다. 사회의 변화 속도가 빠른 우리나라에 비해 독일의 일 처리는 다소 느리다. 은행 구좌 개설에는 일주일, 인터넷 개통은 보통 2~4주가 걸린다. 외출로 소포를 수령하지 못했을 경우 배달부가 소포를 놓고 간 곳을 찾아 헤매야 하는 경우도 있다. 독일 사람들은 대체로 여가와 휴가, 그리고 가족과의 시간을 매우 중시하여 이 시간을 업무나 타인으로부터 방해 받으려 하지 않기 때문에 출퇴근 시간이 정확하다. 따라서 기관의 정해진 업무 시간 외에는 모든 일 처리가 멈춘다고 보면 된다. 24시간 서비스나 주말에도 자유롭게 쇼핑을 하던 우리에게는 많이 답답하고 짜증나는 부분이지만 독일에서 살기 위해 자연스레 받아들여야 할 점이며, 독일인들도 이를 어느 정도 수용하고 사는 것 같다. 그러나 느린 만큼 서류 제출기한이나 신청기간이 비교적 길기 때문에 미리 날짜를 체크하여 준비하면 시간에 쫓기는 일은 거의 없다.

네 번째는 규칙이다. 독일은 '규칙과 질서의 나라'로 불려도 될 만큼 장소마다 상황마다 정해진 Ordnung(오드눙: 규칙)이 존재한다. 모든 집에는 Hausordnung(하우스오드눙: 거주자 규칙)이 적용되어 이웃 간에 암묵적으로 지켜야 하는 질서가 있으며, 학교에는 학생들이 지켜야 할 Klassenordnung(클라쎈오드눙: 학급 규칙)이 있다. 또한 시청이나 관청을 Ordnungsamt(오드눙스암트)라고 부른다. 이러한 규칙은 어긴다고 바로 처벌을 받지는 않지만 불만사항이 접수될 경우 규칙을 어긴 사람에게 책임을 물을 수 있다. 오드눙과 더불어 독일에서 행해지는 전반적인 계약이나 약속은 모두 문서로 받을 수 있는데, 이러한 문서는 유사시 증빙이 될 수 있으므로 꼼꼼히 챙겨야 한다. 증빙을 남기지 않고 구두로 이행된 일은 유효하지 않을 확률이 높다. 더불어 독일에서 '서명'은 매우 중요한 행위로 추후 책임을 묻는 데 큰 역할을 한다. 따라서 의심스럽거나 잘 모르는 내용의 문서에는 섣불리 서명을 하면 안 되며, 서명을 요구한 사람에게 더 자세한 정보제공을 달라고 요청할 수 있다.

::: 독일 유학이 줄 수 있는 것은 무엇인가?

▌독일 유학의 장점

첫째로 등록금이 없다. 한 학기에 최소 100~600만 원이 드는 한국의 학부과정에 비해 독일 대학의 등록금(Studiengebühr: 스튜디엔게뷔어)은 매우 낮다. 주에 따라 조금씩 다르지만 전반적으로 200~500유로(한화 약 65만 원) 선이다. 이 비용은 수업비가 아니라 행정비, 교통티켓, 학생복지

금액이다. 등록금을 지불하면 학생증 겸 티켓을 주는데 이 티켓으로 해당 주나 도시의 대중교통을 모두 무료로 이용할 수 있다. 만약 학교와 집이 가까워서 대중교통을 이용하지 않을 경우 교통비를 제외한 금액만 납부해도 된다. 뿐만 아니라 연말에 학생용 세금 정산을 하면 등록금의 일부를 환급 받을 수도 있으니 독일의 등록금은 거의 없다고 보아도 무방하다. 다만 이는 학사과정 학생들에게 적용되는 부분이며, 졸업 후 직장에 다니며 다시 공부를 하거나 사립대학교를 다니거나, Duales Studium(듀알레스 스튜디움: 직장과 공부를 의무로 병행하는 형태)처럼 특수과정에 등록 할 경우 매 학기 1,000유로 이상의 수업비가 발생한다.

둘째로 수업 이외의 다양한 활동에 참여할 수 있다. 독일 대학 생활에서는 '학생 신분이기 때문에' 얻을 수 있는 장점들이 많다. 학교를 벗어나더라도 각종 박물관, 외부 수업이나 다양한 활동에 비용 부담 없이 참여할 수 있다. 독일은 영화관람, 박물관, 미술관의 입장료가 비싼 편인데, 학생에게는 거의 예외 없이 할인이 적용된다. 보험도 '학생용 보험'에 가입할 수 있으며 26세 미만의 보험 가입자에게는 특혜가 더 많다. 대학이나 시 문화센터에서 개최하는 운동이나 취미 활동도 저렴하게 등록할 수 있다. 간혹 사설 피트니스 센터도 학생 요금을 적용해 주는 곳이 있다. 뿐만 아니라 독일은 학생들끼리 교내에서 이벤트를 개최하는 경우가 많다. 외국 유학생들을 중심으로 '한국의 날'처럼 외국의 문화를 간접적으로 체험한다든지, 과별로 음식을 준비하여 선배들을 초청하는 이벤트도 있다. 교내 여행 프로그램을 통해 유럽 곳곳을 매우 저렴한 가격에 여행할 기회도 있다. 있다. 기숙사 생

러시아 친구와 함께한 티타임

활을 하면 기숙사에서 친해진 친구들과 취미활동을 함께 즐기기도 한다.

셋째로 독일어뿐 아니라 유럽의 언어를 추가로 습득할 수 있다. 언어는 아무리 열심히 공부한다고 해도 직접 현장에 가서 부딪히며 생존을 위해 '습득'하는 것만큼 효율적일 수 없다. 독일 대학의 커리큘럼을 잘 활용한다면 독일어, 영어 그리고 유럽의 언어를 체계적으로 한 가지 더 습득 및 활용할

수 있다. 독일어는 모든 수업의 전반에 쓰이므로 어느 정도는 자연스레 실력이 점점 늘게 된다. 요즘엔 외국 학생들을 위한 영어 강좌도 많이 개설되니 영어 실력을 보충하는 기회로 삼을 수 있다. 그리고 한국대학의 교양 강의처럼 독일 대학에서도 외국어 교양 강의가 있다. 유럽에서 쓰이는 거의 모든 언어를 비롯하여 드물지만 아랍어나 러시아어 및 중국어, 일본어도 개설된다. 또한 레벨별로 반이 나뉘어지므로 원하는 언어를 본인의 레벨에 맞춰 배울 수 있다. 독일 대학에는 유럽 및 각국의 학생이 매우 다양하게 분포하므로 언어 강좌를 듣고 언어교환(Tandem: 탄뎀)까지 참여하면 일석이조의 효과를 볼 수 있을 것이다.

넷째로 토론 능력을 기를 수 있다. 독일 대학의 수업 방식은 한국에 비해 토론 위주의 수업이 많다. 대형 강의를 제외하고 학과별 수업은 일반적으로 20~40명 내외이며 수업에서 토론 시간이 자주 주어진다. 정답을 내기 위한 토론이 아니라, 교수의 주도로 각자의 의견을 피력하고 타인의 다른 시선을 수용하는 방식이다. 초·중·고등학교에서 수능을 위한 주입식 공부를 해 왔던 한국 학생들에게는 다소 생소하고 주눅이 들 수도 있지만, 반면 자신의 생각을 마음껏 펼칠 수 있는 무대가 공짜로 주어지는 것이다. 과제는 팀 프로젝트 형식이 일반적인데, 수행 과정에서 팀원 간의 협력과 갈등 해결 능력 및 시야가 넓어지는 것을 경험할 수 있다. 왜냐하면 보통 수업에 여러 나라 출신의 학생들이 참여하기 때문에 팀원도 필연적으로 독일인 외의 외국인과 협력을 해야 하는 경우가 생기기 때문이다. 특히 각 나라의 문화 차이에서부터 발생하는 갈등을 경험하면서 한 층 성숙해지는 것을 느낄 수 있다.

다섯째로 독일의 지리적인 강점을 활용하여 유럽을 더 가까이에서 배울 수 있다. 독일은 덴마크, 폴란드, 체코, 오스트리아, 스위스, 프랑스, 룩셈부르크, 벨기에 그리고 네덜란드까지 총 9개 나라와 국경을 접하고 있는 나라로 지리나 무역, 외교면에서 매우 중요한 요지에 있다. 유럽 연합에서는 가장 인구가 많은 나라로 독일을 제외하더라도 독일어로 여행할 수 있는 나라는 세 곳이나 더 있다(오스트리아, 스위스 일부, 벨기에 일부). 이러한 독일의 지리

우수 팀원 과제 발표 및 토론 워크샵(교수, 해외 초청교수 및 강사 참관)

적, 언어적 강점을 잘 활용하면 유럽을 공부하기에 독일은 더할 나위 없이 좋은 환경이다. 독일은 세계적으로 미국 다음으로 이민자가 많은 나라다. 다수의 튀르키예, 러시아인들이 독일에 성공적으로 정착하여 또 다른 이민자들의 롤 모델이 되고 있다. 즉, 보다 열린 시각을 갖고 독일의 이러한 환경을 십분 활용한다면 굳이 유럽 밖을 나가지 않아도 공부와 동시에 손쉽게 각국의 사람들과 교류할 수 있다.

::: 독일 유학이 줄 수 없는 것은 무엇인가?

▌독일 유학의 단점

독일에 있는 한국 유학생 사이에서 농담처럼 들리는 소문이 있다.

"10명이 유학을 준비해서 6명이 독일어 수준을 맞추지 못하여 고국으로 돌아가고 4명이 대학에 입학한다. 4명 중 2명이 졸업을 하고 그 중 1명이 졸업과 동시에 독일 내에서 직장을 찾는다."

다소 과장된 이야기로 들릴지 모르나 학교생활을 하다 보면 이 말이 결코 거짓이 아님을 알게 된다. 필자는 이 소문이 독일로 유학을 온 '비유럽권' 학생들에게 전반적으로 나타나는 현상이라고 생각한다. 실제로 입학 후에 함께 독일어 공부를 했던 상당수 친구들은 온데간데없이 사라졌고 졸업 시즌이 되면 그마저도 보기가 힘들었다. 이처럼 독일 유학이 호락호락하지 않기 때문에 우리가 유학을 통해 얻지 못하거나 혹은 잃을 수 있는 점에 대해서도 명확히 알고 준비하는 것이 좋다.

첫째, 유학이 연봉이나 직장을 보장해 주지 않는다. 요즘 뉴스나 포털 사이트에서 흔히 접하는 이야기로 석박사를 따도 취업이 안 된다고 한다. 해외에서 학위를 따온 고학력자의 수가 늘어나며 일반 해외 학사 학위자의 매력이 줄어드는 게 사실이다. 또한 국내에서는 독일어의 활용도나 독일 학교의 인지도가 상대적으로 낮아서 아직까지 미국 학위 소지자를 더 선호하는 실정이다. 물론 취업시장에 달려들면 직장 자체를 못 구하지는 않는다. 그러나 독일 학위가 있다고 하여 본인이 원하는 진로를 바로 갈 수 없을 수도 있다는 점을 염두에 두어야 한다. 이 말은 반대로 독일어나 독일의 지식을 필요로 하는 시장이 목표라면 오히려 남들보다 더 빨리 목표에 도달할 수 있다는 의미이기도 하다.

둘째, 독일 유학은 독일인이나 다른 유럽인들과 완전히 동등한 기회를 보장해 주지 않는다. 이 부분은 개인마다 의견차도 있고 공식적으로 단언하기에는 예민한 부분이기에 조금 조심스럽게 언급하고자 한다. 학교 생활을 하며 우리는 독일인과 다른 유럽의 여러 나라 학생들과 친구가 되고, 졸업 후 진로를 함께 고민한다. 설령 우리가 독일인 친구와 완전히 똑같은 학력을 가지고, 심지어 언어를 하나 더 구사하거나 성적이 좋을지라도 원하는 인턴 기회나 직장을 못 잡을 수도 있다. 독일이 전 세계에서 미국 다음으로 이민자가 많은 나라라고 하지만, 이는 회사나 기관의 중요한 자리에까지 외국인을 아무렇지 않게 앉힌다는 의미가 아니다. 예를 들어 한국에서 학교를 다니고 한국사를 전공한 외국인이 한국사 선생님이 되려고 한다면 우리는 쉽게 받아들일 수 있을까? 아마 그 외국인이 한국국적을 가졌다 할지라도

트리어(Trier) 대학의 법학과 건물 전경

쉽지 않을 것이다. 또한 독일의 노동법상 '그 자리를 대체 할 독일인이 없다'는 전제하에 외국인을 채용할 수 있다. 따라서 유학 후 독일에서 경제활동을 하고 싶다면 '국적의 영향을 최대한 덜 받는' 분야에서 경쟁력을 기르는 것을 권유한다. 실제로 상당수의 IT 회사에서 비유럽권 외국인들을 구직자가 원하는 조건으로 채용하는 경우를 볼 수 있었다.

셋째, 독일어가 생각보다 많이 늘지 않는다. 물론 본인이 얼마나 노력하고 시간을 투자했는지 여부에 따라 다르지만, 독일에서 어렸을 때부터 살았거나 산 경험이 있던 사람만큼 유창하게 독일어를 하기는 쉽지 않다. 독일 거주

경험이 전무한 비영어권 성인 유학생들은 보통 입시를 위한 독일어를 공부하고 입학 후에는 학교 공부만 하기 때문에 일부러 독일어 활용 기회를 늘리지 않으면 언어 실력이 제자리이거나 오히려 후퇴할 수 있다. 물론 전공용어나 발표용 독일어 스킬은 늘겠지만, 세세한 느낌 전달을 하거나 동료끼리의 농담 실력은 학교에서 배우기 어렵다. 또한 상대적으로 영어강의가 많이 열리는 학과라면 영어로 논문을 쓸 수도 있기 때문에 독일어는 더욱 뒷전이 되기 십상이다. 실제로 독일어 C1 자격증으로 입학했는데도 대화해보면 토론이나 가벼운 대화가 어려울 정도인 유학생들이 종종 있다. 여러분은 다른 국가에 더 저명한 학교나 교수가 있음에도 불구하고 독일을 택한 이유가 있었을 것이다. 그런데 독일 유학 후 독일어라는 강점마저 없다면 독일 유학의 의미는 더욱 퇴색될 것이다. 아르바이트, 인턴십 등을 통해 자연스럽게 독일어를 갈고 닦을 수 있는 기회를 놓치지 말아야 한다. 또한 유학하며 암기한 고급 독일어 어휘들을 적극적으로 구사하여 독일어를 한 층 높일 수 있도록 노력해야 할 것이다. 성인이 되어 배운 외국어, 자연스러움은 떨어질지 몰라도 문법적으로는 모국어 화자보다 더 완벽할 수 있으니 자신감을 가지고 나의 독일어가 빛을 발하도록 꾸준히 갈고 닦아야 한다.

넷째, 자유로운 대학 생활이 무한한 졸업 연기로 이어질 수 있다. 독일 대학으로 유학을 오는 한국 유학생이나 교포들이 많지만 졸업을 못 해서 중도에 하차하거나, 2년 이상 길게 휴학을 하여 5년 이상 학교에 다니는 경우가 생각보다 많다. 독일 대학은 등록금도 적고 학생 신분으로 누릴 수 있는 게 많은 데다, 대학에서 시스템적으로 관여하는 부분이 거의 없기 때문에 철저한 자기 관리와 시간 계획을 세워 공부해야 하고, 모든 것을 스스로 판단해서 미리 준비해야 불필요한 시간을 낭비하지 않고 졸업할 수 있다. 예를 들어 졸업 요건에 '6개월 이상 인턴십'이 있는데 학과에서 이를 따로 공지하거나 이야기해 주지 않는다. 시기를 놓치거나 정보력이 부족하여 반년이 순식간에 날아가 버릴 수 있다. 자칫 주저하거나 학과 내 교류를 하지 않으면 대학 생활이 터무니없이 길어지기 십상이다. 좋은 시스템을 현명하게 활용하면 그 이상의 것을 배우고 뒤에 오는 후배들에게 좋은 본보기가 되지만, 자유와 나태를 구분하지 못하고 즐기기만 하면 낙오된다는 점을 분명히 염두에 두어야 한다. 적성을 찾아서 하고 싶은 일을 하며 대학 생활을 여유롭게 즐기는 게 독일 대학의 분위기이지만 막상 사회에 나오면 쉬지 않고 열심히 달려온 독일인들이 좋은 위치를 선점한 것을 볼 수 있다.

::: 유학 중 한국 사람들과의 관계

유학이나 이민을 준비하는 사람이라면 '해외 나가서 한국 사람을 조심하라'는 조언을 종종 들었을 것이다. 이 말은 사실 한국인 전체를 약간 부정적으로 일반화한 것이므로 해외에 나가기도 전에 지레 겁먹을 필요는 없다. 이 부분에 대해 필자는 개인적으로 두 가지 이야기를 하고 싶다. 첫 번째는 '한국 사람이라고 하여 정해진 규칙을 무시하거나 뛰어넘지 말아라'는 것이다. 예를 들어, 아는 사람에게 집을 빌린다고 하여 보증금을 내고 영수증을 안 받는다든가, 한국 사람이 제공하는 정보를 확인 없이 무조건 수용하는 행동은 지양해야 한다. 독일에 거주하는 이상 모든 사후 처리에 독일법이 적용되기 때문에 '한국인이어서' 비판 없이 받아들이고 넘어갔던 부분이 나중에 발목을 잡을 수 있고, 일이 터지면 절차를 누락한 모두에게 책임이 돌아오게 된다. 두 번째는 '본인이 유학을 온 목적을 항상 되새기라'는 것이다. 사람은 편안한 환경을 찾아가려는 습성이 있어서, 독일 친구들보다 한국 친구들과 있는 것이 편안하고 공감대도 빨리 형성된다. 유학시절 마음 맞는 한국인 친구를 사귀고 독일에 있는 한국인들의 생활상을 살펴보는 것도 물론 하나의 공부다. 그러나 독일 생활에 완전히 젖어 드는 속도를 더디게 하는 것도 사실이다. 따라서 한국 사람들을 일부러 멀리하고 그들과 말을 안 하고 지낼 필요는 없지만, 독일의 대학 생활에 적응하고 독일어를 사용하는 데 영향을 미치지 않을 정도로만 관계를 형성하길 바란다.

유학을
한국에서 준비할까
독일에서 준비할까?

유학 준비는 세계 어디서 해도 관계없지만, 독일 유학을 생각한다면 크게 한국 혹은 독일 현지에서 준비하게 될 것이다. 한국에서 준비하는 것과 독일에서 준비하는 것은 각각 장단점이 뚜렷하다.

먼저 한국에서 준비할 때 가장 큰 장점은 독일어를 모국어인 한국어로 교육받을 수 있다는 점이다. 본인이 원하는 곳에서 맞는 선생님을 찾아 공부하고 모르는 부분도 독일 현지보다는 편하고 자유롭게 질문하며 배울 수 있다. 때문에 독일어의 기초 및 문법 실력을 현지보다 오히려 체계적으로 탄탄히 쌓을 수 있다. 또한 가족과 친구가 있는 편안한 환경에 있기 때문에 차분히 유학에 필요한 물건이나 마음가짐 등을 준비해 나갈 수 있다. 그러나 지원 및 입시 기간에 있어 우리나라와 독일이 시기적으로 많이 다르기 때문에 본인이 적극적으로 학교 정보를 찾고 체크하지 않으면 지원 기간을 놓쳐버릴 수 있으니 주의하고 자주 일정을 체크해야 한다. 또한 독일 대학마다 다른 유형으로 시행하는 독일어 시험인 'DSH' 시험에는 응시할 수 없다. 국내에서 치를 수 있는 대입용 독일어 시험은 Test DaF(테스트다프)이기 때문에 한국에서 준비한다면 이 시험을 잘 보는 것이 중요하다.

독일 현지에서 유학준비를 할 때 눈에 띄는 장점은 단연 '현지의 정보력'과 '시간 절약'이라 하겠다. 지원 전 대학에서 제공하는 상담 기회를 이용하여 미리 합격 가능성을 예측해 볼 수 있고 지원 시 서류가 부족하거나 잘못되더라도 곧바로 수정할 수 있다. 보통 서류 부족이나 오류는 메일로 알려주지만, 우편으로만 통보하는 대학도 간혹 있기 때문에 한국에서 받아야 할 경우에는 편지 한 통을 발송 및 수신 하는데 최소 2~3주가 소요되고, 만약 그 사이에 지원이 마감될 경우 합격 여부조차 알지 못한 채 낙방할 수 있다. 그래서인지 유학생 및 어학공부를 하는 학생들 사이에서 '독일에 오는 것만으로 유학의 1/3은 시작'이라는 말이 생긴 것 같다.

두 번째 장점은 한국에서 준비할 때와 마찬가지로 독일어인데, 중급 이상부터는 최대한 현지인과 많이 대화하고 대학에서 사용하는 구문 및 용법 등을 익히는 것이 큰 도움이 된다. 독일 대학 자체 어학원 및 다수의 사설 어학원들이 외국학생을 위해 대입용 독일어 반을 개설하는데, 현지에 있다면 어학원을 다니며 Test DaF나 DSH를 전략적으로 준비할 수 있다. 반면 현지에서 준비하면 최종합격을 받기 전까지는 떨어질 경우의 차선책을 항상 대비하고 있어야 하기 때문에 심리적으로 불안하다. 또한 장기 거주지가 정해지지 않았으므로 단기로 집이나 방을 임대하여 지내야 해서 한국에 있을 때보다 생활이 불편할 수밖에 없다. 이처럼 단기로 머무르거나 수입이 없는 경우에 개인적으로 원룸 등을 구하기 쉽지 않아서 방만 임대하고 주방이나 화장실을 공유하는 형태의 쉐어하우스 혹은 WG(Wohngemeinschaft: 본게마인샤프트)에서 생활할 각오를 해야 한다. 따라서 반드시 혼자 지내고 싶거나 공동생활에 어려움이 있다면 학교 합격 후, 가능하면 거처까지 정한 후에 독일로 오는 편을 추천한다.

01
독일의
교육제도

지금까지 독일 유학의 특수성과 장·단점에 대해 살펴보았다. 이제부터는 독일 유학을 본격적으로 준비하기 앞서 독일의 교육제도와 입시제도에 대해 살펴보려고 한다. 독일에서 대학을 갈 것이니 대학부터 찾아보고 독일어 공부를 당장 시작하는 것도 나쁘지 않지만, 독일이라는 나라의 전반적인 분위기와 교육 환경을 아는 것도 중요하다. 독일 학생들은 어떤 과정을 거쳐 대학에 진학하는지, 어떤 부분에 있어서 우리와 다른 기준으로 대학을 선택하는지 소개하겠다. 독일은 연방제이기 때문에 각 주마다 대학의 분위기와 시스템이 조금씩 다르다. 이 부분은 여러분이 유학을 준비하고 학교에 다니면서도 지속적으로 영향을 미치는 부분이기 때문에 학교 선정에 앞서 먼저 '어느 주로 갈 것인지'부터 생각해 보자.

독일에서는 우리나라 '만 나이'를 기준으로 유치원 및 학교에 진학하는데, 세 살부터 유치원에 갈 수 있다. 3~6세 약 4년간은 유치원 과정인데 이는 의무가 아니므로 부모가 원하지 않거나 환경이 따르지 않을 경우 가지 않아도 된다. 그러나 초등학교(Grundschule)부터는 의무교육이어서 독일에 거주하는 6세 이상 어린이라면 무조건 학교에 가야 한다. 우리나라는 고등학교의 종류에 관계없이 초-중-고가 6-3-3 제도인데 반해 독일은 중·고등학교가 합쳐져 '중등 교육과정'이라는 부분이 있고 성격도 조금씩 달라서, 학교 종류에 따라 초-중등학교가 4-9 또는 4-6이나 4-5가 된다. 즉, 초등학교는 일괄적으로 4년이지만 중등학교는 5~9년이다. 먼저 5년 과정의 학교는 '하웁트슐레(Hauptschule)'다. 하웁트슐레는 대부분 대학 진학보다는 바로 사회로 진출하려는 학생들이 진학하는 과정이고 직업을 가지기 위한 최소한의 전제학력이다. 때문에 초등학교를 나왔다면 누구든지 하웁트슐레로 진학할 수 있다. 하웁트슐레가 뒤에 나올 레알슐레(Realschule)·김나지움(Gymnasium)과 차이를 보이는 부분은 수업의 진도와 과목이다. 하웁트슐레는 보통 수업 진도가 빠르지 않고 김나지움에서 배우는 과목 중 라틴어 등을 가르치지 않는다. 대신 졸업 후 직업에 보다 빠르게 적응할 수 있도록 직업입문과 같은 과목이 추가된다. 하웁트슐레를 졸업하면 하웁트슐압슐루스(Hauptschulabschluss) 증명서를 받게 된다. 하웁트슐레 과정 중 진로를 바꾸어 좀 더 지식을 요구하는 직군에서 일하고자 한다면 레알슐레에 편입하여 미틀러라이페(Mittler Reife) 증명서를 취득하면 된다. 그러나 이 증서로 대학은 진학할 수 없다. 대학이 아니라도 본인이 원하는 직

베를린 테겔(Tegel)에 위치한 알렉산더 훔볼트 김나지움(Alexander-Humboldt-Gymnasium).
1903년에 설립되었다. (사진: Wolfgang Bittner)

업군에서 훈련을 더 받으려면 직업전문학교(Berufsfachschule: 베루프스파흐슐레)에 지원할 수 있다. 하지만 근 10년 이래 독일 학생들의 대학 진학률이 꾸준히 높아지고 실제로 학업 성취도에서 하웁트슐레가 레알슐레나 김나지움에 비해 가장 낮은 결과를 내면서 사회에서 하웁트슐레의 위상은 점점 낮아지고 있으며 '문제아들의 학교'라는 오명까지 쓰고 있다. 최근 이러한 흐름을 극복하지 못하고 통폐합된 하웁트슐레가 적지 않다.

'레알슐레'는 앞서 언급했던 종류 중 6년 과정의 중등학교로 졸업자에게 미틀러레라이페를 수여한다. 이 자격으로 대학은 진학할 수 없지만 일반 교양 및 지식을 가진 사람이라는 것을 증명하는 졸업증서로, 일반 사무직이나 공무원, 비서직, 기술직, 경찰 등에 지원할 수 있다. 최초로 레알슐레가 세워졌던 시기는 18세기 초이며 이미 설립 초기부터 수학과 기계학을 가르치기 위해 만들어졌다. 레알슐레에서 가르치는 과목이나 교육과정은 주마다 약간 차이가 있지만 기본적으로 영어와 제2외국어 그리고 예체능한 과목이 필수이다. 레알슐레 과정 중 대학 진학에 뜻이 있는 사람은 졸업 후 김나지움에 편입하여 아비투어(Abitur)를 치를 수 있다.

마지막으로 레알슐레나 하웁트슐레를 진학하지 않고 이전부터 고등교육 기관(대학)에 진학할 뜻이 있던 학생들은 9년 과정의 인문계 중등교육 기관인 '김나지움'에 입학한다. 김나지움은 우리나라에서 문·이과가 있는 인문계 고등학교와 유사하며 졸업 시 수능에 준하는 아비투어를 치르게 된다. 재미있는 점은 원래 김나지움을 설립하고 아비투어를 치르게 한 이유가 '대학을 보내지 않기 위한' 대책이었다는 점이다. 18세기 말경 대학은 매우 소수의 엘리트만을 위한 교육기관이었는데 많은 청년들이 병역 등을 기피하기 위한 목적으로 대학에 진학하였고 결국 의도치 않게 많은 대학 졸업자들이 생긴 것이다. 그래서 당국은 김나지움이라는 교육기관을 세워 졸업요건으로 아비투어 시험을 시행하게 된다. 즉, 지금은 아비투어가 대입을 위한 최소 요건이었지만 당시에는 아비투어 외에 대입시험을 따로 치뤄야 했던 것이다. 현재까지도 아비투어는 김나지움 졸업시험이자 대학 진학에 점점 많은 영향을 미치고 있다. 특히 의·약대 진학을 목표로 하는 학생이라면 아비투어에서 최상위 점수를 확보해야 최초 합격이 가능하기 때문에 매우 심혈을 기울여 준비하는 편이다.

한국의 수능과 대비되는 점으로 아비투어는 '재수나 반수' 등이 없다는 점이고 한 번 보면 평생 유효하다. 왜냐하면 아비투어의 목적은 대학 진학의 '자격'이지 '순위'를 가르는 증명서가 아니기 때문이다. 대신 1~2점 차이로 아쉽게 만점을 놓친 학생들은 재시험을 볼 수 있으며 성적차가 많이 날 경우 재시험을 허가하지 않는다. 종종 본인의 의사와 상관없이 재시험을 치르게 하는데, 학생의 평소 성적보다 너무 높거나 낮게 나왔을 경우다. 재시험은 첫 아비투어 이후 15~20일 후에 시행된다.

아비투어의 본격 준비는 김나지움 11학년부터 시작된다. 또한 아비투어는 수능처럼 하루에 모든 과목을 시험보지 않고 날마다 다른 과목의 시험이 시행된다. 옆의 표는 2024년 헤센 주(Hessen)에서 시행되는 아비투어 시간표이다.

일정을 보면 시험은 4월 17일부터 5월까지 장기간 시행된다. 학생들은 본인

Prüfungsabfolge für den Haupttermin		
Mittwoch	17.04.2024	LK Kunst, Musik, Politik und Wirtschaft, Geschichte, Wirtschaftswissenschaften, Erdkunde, evangelische und katholische Religion, Informatik, Sport
Donnerstag	18.04.2024	LK Altgriechisch, fachrichtungs- und schwerpunktbezogene Leistungskurse des beruflichen Gymnasiums
Freitag	19.04.2024	LK Latein, Spanisch
Montag	22.04.2024	LK/ GK Französisch
Donnerstag	25.04.2024	LK/ GK Deutsch
Freitag	26.04.2024	LK / GK Physik
Donnerstag	02.05.2024	GK Spanisch, Italienisch, Russisch, Latein, Altgriechisch, Kunst, Musik, Geschichte sowie Politik und Wirtschaft (auch bilingual in Verbindung mit Englisch/ Französisch), Erdkunde, Wirtschaftswissenschaften, evangelische und katholische Religion, Ethik, Philosophie, Informatik, fachrichtungs- und schwerpunktbezogene Grundkurse des beruflichen Gymnasiums
Freitag	03.05.2024	LK/ GK Englisch
Montag	06.05.2024	LK/ GK Biologie
Dienstag	07.05.2024	LK/ GK Mathematik
Mittwoch	08.05.2024	LK / GK Chemie

헤센 주(Hessen)의 아비투어 시간표
(https://kultus.hessen.de)

이 신청한 과목의 해당일에 응시하면 된다. 만약 중간에 시험이 없는 날이 있으면 쉬는 것이 아니라 평소처럼 수업에 들어가면 된다. 주에 따라 시험 과목 중 일부 혹은 전체를 구두로 치르기도 한다. 구두시험은 단순 면접이 아니라 필기시험을 단지 구두로 치르는 형태이다.

흥미로운 점은 아비투어를 치르고도 대학에 진학하지 않는 학생이 꽤 많다는 것이다. 대입 조건은 갖춰 놓되, 정말로 대학에 진학해야 할 이유가 타당한지 생각해보는 학생들이 많은 것 같다. 그래서 아비투어 이후 해외로 연수나 장기 여행 혹은 워킹홀리데이를 떠나는 독일 학생들을 어렵지 않게 찾아볼 수 있다.

정리하면, 독일에서는 초등학교를 졸업 후 진학할 수 있는 학교가 총 세 종류인데 어느 학교로 진학해야 할지는 담임 선생님의 조언과 부모님과의 상담을 통해 결정한다. 중등교육 진학상담은 보통 초등학교 3~4학년부터 이뤄지며 담임 선생님이 아이의 지능이나 성격을 고려하여 제시하고 부모는 대부분 선생님의 의견을 듣고 큰 이견 없이 따르는 편이다.

VHS
(Volkshochschule)
활용하기

독일 VHS의 로고

학교에서 제공하는 수업 이외에 언어, 운동 등을 저렴하게 배우고 싶다면 VHS(Volkshochschule: 폭스혹흐슐레)를 이용해보자.

VHS란 '시민대학'이라는 뜻으로 독일에서 지정한 공식 평생교육기관 중 하나이다. 교육 프로그램 종류나 수업 방식은 우리나라의 문화센터를 떠올리면 된다. 해당 도시에 거주하는 일반 성인이라면 누구나 참여할 수 있다. 시민대학은 대부분 독립적으로 운영하는데 보통 작은 도시는 하나, 베를린이나 프랑크푸르트 같은 대도시는 구역에 따라 분포되어 있기도 하다. 예외적으로 베를린, 브레멘, 함부르크는 Deutschen Volkshochschul-Verband e. V.라는 하나의 조직하에 운영되고 있다. 주민대학에서 들을 수 있는 과정은 외국어, 스포츠, 사진, 그림, 댄스, 문화, 미디어, 정치, 사회, 환경에 대한 강연 등 매우 다채롭다. 과정마다 개강 시기의 차이가 있고 선착순 모집하므로 참여를 원한다면 미리 서두르는 것이 좋다. 또한 학생이거나 지역 주민증이 있으면 교육비를 할인 받을 수 있다(도시마다 차이 있음).

VHS 리스트(인구 상위 10개 도시)

베를린: www.berlin.de/vhs

함부르크: www.vhs-hamburg.de

뮌헨: www.mvhs.de

쾰른: https://vhs-Köln.de

프랑크푸르트: https://vhs.frankfurt.de

슈투트가르트: https://vhs-stuttgart.de

뒤셀도르프: www.duesseldorf.de/vhs

도르트문트: https://vhs.dortmund.de

라이프치히: www.vhs-leipzig.de

에센: www.vhs-essen.de

베를린 슈판다우(Spandau) 지역에 위치한 VHS

라이프치히(Leipzig) 지역 주민증 라이프치히 파스(Leipzig-Pass). 이 주민증은 관청에서 발급받을 수 있으며 VHS강좌 등록 시 제시하면 할인을 받을 수 있다.

02
독일의
각 주별 특징

유학을 준비할 때 나라 선택만큼이나 중요한 것이 바로 도시 선택이다. 독일은 1648년 베스트팔렌 조약 이후 각 지방 도시를 중심으로 발달하기 시작하였고 지금의 연방제의 기초가 되었는데, 주마다 입법, 행정, 사법의 권력을 자체적으로 가지고 있어서 주마다 지니는 특색이 뚜렷하다. 또한 연방제의 영향으로 자연스레 지방자치단체인 게마인데(Gemeinde)가 상당히 발달하였다. 자치단체는 말 그대로 주민들이 영향력을 행사하는 단체이며 지방의 크기에 따라 소규모와 대규모 게마인데가 있다.

학생들이 유학 도시를 선정할 때 필자가 가장 추천하는 방법은 미리 여행을 가서 현지의 분위기를 느껴보는 것이다. 아무리 학교가 좋아도 하루 종일 학교에 있을 수는 없기 때문에 도시의 인프라 및 환경이 본인의 취향과 잘 맞을지 고려해야 한다. 역으로 말하면 학교 수업을 제외한 모든 시간은 도시 환경의 영향을 받는다고 생각하면 된다. 따라서 여유가 된다면 한 도시에 며칠 머무르면서 서너 군데 도시를 미리 돌아보고 최종 학교를 선정하는 것이 좋다. 그러나 한국에서 단순히 둘러보기 위해 독일에 오는 것이 쉽지 않기 때문에 이번 챕터에서는 유학생들에게 인기 있는 몇몇 주 및 도시의 분위기나 특징을 서술하여 독자의 선택을 돕고자 한다.

1. Baden-Württemberg
바덴-뷔르템베르크 주

바덴-뷔르템베르크 주는 남서부에 있는 주로, 주도는 슈투트가르트 (Stuttgart)이며 2023년 해당 주 전체에 거주하는 인구는 약 1,100만 명이다. 서쪽으로는 프랑스, 남쪽으로는 스위스와 국경을 접하고 있어 국경 근처에는 프랑스와 스위스를 넘나들며 직장에 다니거나 장을 보러 가는 독일 사람들을 쉽게 만날 수 있다. 독일의 대표 자동차 회사 메르세데스-벤츠와 포르쉐의 본사가 슈투트가르트에서 약 30분 떨어진 곳에 위치해 있으며, 독일에서 가장 오래된 대학 하이델베르크 대학도 이 주에 있다. 하이델베르크 (Heidelberg)와 프라이부르크 임 브라이스가우(Freiburg im Breisgau)는 유학생뿐 아니라 독일 학생들에게도 매우 인기 있는 대학 도시다. 남서쪽에 위치하기 때문에 겨울에도 웬만하면 영하 5도 이상 내려가는 일이 별로 없다. 추위에 특히 예민한 독자라면 바덴-뷔르템베르크 주를 고려할 만하다.

Heidelberg 하이델베르크 먼저, 학문의 도시라 불리는 하이델베르크를 살펴보면 네카 강(Neckar)을 중심으로 유럽의 정취가 물씬 느껴지는 구 시 가지(Altstadt: 알트슈타트)와 남서쪽의 중심가(Zentrum: 쩬트룸)로 나누어져 있다. 쇼핑 시설은 주로 중심가에, 대학은 과에 따라 알트슈타트와 중심가에 골고루 분포되어 있다. 중심가는 세계 제2차대전 이후 산업화 시기에 급속도로 인구가 증가하며 발전하기 시작했다. 1946년을 기점으로 인구가 10만 명이 넘어(2022년 약 16만 명) 대도시 반열에 들게 되었는데 재미있게도 인구의 38%가 이민 배경을 갖고 있다. 즉, 10명 중 4명이 외국인이거나 선대에서 이민을 온 사람들이다. 외국인 중 가장 많은 국적은 이란과 동아시아(한국, 중국, 일본 등)이다.

네카강변에 형성된 하이델베르크

수백 년간 하이델베르크는 '지성의 수도(Residenz des Geistes)'라고 불릴 만큼 학문의 교류와 연구가 활발한 곳이다. 학생 수만 약 4만 명으로 전체 인구의 25%에 달한다. 이 때문에 하이델베르크는 도시 전체 인구의 40%가 30세 이하인 매우 젊은 도시다. 이러한 특징에 걸맞게 독일에서 가장 유명한 대학 중 하나인 1386년에 설립된 하이델베르크 대학(Ruprecht-Karls-Universität-Heidelberg)이 있고, 교육학 대학(Paedagogische Hochschule Heidelberg)은 따로 있다. 교회음악을 전공할 수 있는 Hochschule für Kurchenmusik Heidelberg과 인터내셔널 매니지먼트 사립대학(HIM: Hochschule für Internationales Management)도 유명하다. 그 외에 미국에서 세운 사립대학 Schiller International University의 캠퍼스도 있다. 이 대학에서는 영어 과정으로 국제 비즈니스 및 국제 관계 그리고 외교학을 전문적으로 가르친다. 하이델베르크에는 특히 생명과학 연구기관이 밀집되어 있다. 대표적으로는 생화학센터(BZH: Biochemie-Zentrum Heidelberg), 신경과학 융합 연구센터(IZN: Interdisziplinäres Zentrum für Neurowissenschaften), 및 독일 암 연구센터(DKFZ: Deutsche Krebsforschungszentrum) 등이 있다. 또한 외국 공공법, 물리, 해부학 및 의학 네 분야의 막스-플랑크-연구소(Max-Planck-Insitut)가 학문 연합체를 이루어 전 세계의 인재들을 흡수하고 있다.

Freiburg im Breisgau 프라이부르크 임 브라이스가우　　　바덴-뷔르템베르크 주의 제2 학생도시는 단연 프라이부르크라 할 수 있다. 인구 수로는 21만 명으로 하이델베르크를 능가하는 규모다. 하이델베르크보다 훨씬 남쪽에 있어 프랑스와 스위스 국경 그리고 독일의 유명 휴양지 슈바르츠발트(Schwarzwald: 검은 숲)와도 가깝다. 연간 최고 기온은 40도, 최저 기온은 0도를 웃도는 온화한 날씨를 보인다. 이 도시에서 눈에 띄는 점은 19세기 초반부터 가톨릭의 대교구가 형성되어 이후 가톨릭의 중심지로 발전한 점이다. 그래서 구 시가지에 옛 건물과 대성당이 눈에 띄

석양이 지는 프라이부르크

고 매년 많은 관광객이 방문한다. 프라이부르크는 교통정책을 통해 자전거 타기를 적극 장려하여 현재는 자전거가 도시의 일상 교통수단으로 자리잡았다. 자동차와 자전거가 있을 때 자전거에게 우선순위가 있으므로, 자동차를 가지고 시내에 진입하면 오히려 더 늦게 목적지에 도착할 확률이 높다. 프라이부르크 시는 자전거 도시라는 별명에 매우 자부심을 갖고 대여용 자전거를 꾸준히 늘리고 있다. 남쪽 교외에 보봉(Vauban)이라는 자동차 없는 친환경 도시가 있는데, 이곳에서는 거리 주차와 개인 주택의 차고까지 금지되어 있어서 마을 내에서는 무조건 자전거를 활용해야 한다. 또한 집집마다 지붕에 설치된 태양광 패널을 통해 전기를 공급받는다. 자연환경에 예민하거나 건강이 좋지 않은 독자라면 프라이부르크 임 브라이스가우를 적극 추천한다.

환경뿐 아니라 이곳은 대학 수준에 있어서도 매우 좋은 평가를 받고 있다. 독일의 5대 종합대학에 속하는 알베르트 루드비히 프라이부르크 대학교(Albert-Ludwigs-Universität Freiburg)는 2024년 THE(Times Higher Education) 기준 세계 128위를 차지했으며, 특히 기후보호에 관한 지속가능한 개발 목표를 가진 대학 중에서는 전 세계 상위 10%에 들었다. 우리에게 잘 알려진 사람으로는 철학자 마틴 하이데거, 사회학자 막스 베버 그리고 서독의 초대 총리였던 콘라드 아데나워가 프라이부르크 대학 출신이다. 2024년 기준 재학생 수는 약 29,000명으로 중간 이상 규모의 종합대학으로 꼽힌다.

2. Berlin
베를린

    서울 소재 대학을 선호하는 우리나라 학생들에게 베를린은 독일의 수도라는 특징만으로 충분히 매력적인 도시다. 그 명성에 걸맞게 베를린은 생활의 기본 인프라나 문화활동 시설이 굉장히 잘 갖추어져 있다. 인구는 약 4백만 명으로 서울에 비하면 소규모로 느껴지지만 실제로 독일 내 단일 규모로는 최대이다. 독일에 관심이 있는 독자라면 이미 알겠지만 베를린은 함부르크, 브레멘과 마찬가지로 어느 주에 속해 있지 않은 자체 연방주다. 또한 우리나라와 같은 분단의 아픔을 겪었던 역사를 곳곳에서 발견할 수 있다. 냉전과 분단 시기에 서베를린으로 탈출하려는 동베를린 시민들을 저지하려고 세웠던 베를린 장벽의 흔적이 브란덴부르크 문(Brandenburger Tor)과 포츠담 광장(Potsdamer Platz) 일대의 길 곳곳에 남아있다. 포츠담 광장에는 한국 문화를 알리는 기관인 한국문화원(Koreanisches Kulturzenturm)이 있어서 독일인들에게 한국어를 가르치는 것은 물론, 한국 영화 및 유명인사 초청 등 각종 문화행사를 꾸준히 지원하고 있다. 따라서 베를린에 거주하면 재미있게도 한국에 있을 때보다 유명인사를 볼 수 있는 기회가 더 자주 오기도 한다.

    베를린은 음악, 미술, 디자인, 건축을 비롯하여 언어학, 법학, 정치학, 심리학 전공생까지 모든 전공의 학생들이 일반적으로 선호하는 도시다. 먼저 음악, 미술 분야에서 선호되는 이유는 세계적으로 명성 있는 예술 대학교인 베를린 국립 예술 대학교(Universität der Künste Berlin, 'UdK 우데카'라고 줄여서 부른다)가 있기 때문이다. 우데카는 현재 약 4000명의 학생들이 재학 중이며 독특하게도 음악대학과 다른 예술 학부가 한데 묶여 있다. 또한 예술 분야에서 학·석·박사 과정을 모두 밟을 수 있어서 학생 본인의 전문 분야를 꾸준하고 튼튼하게 확장시킬 수 있는 기회를 제공하고 있다. 과별 강의동은 베를린의 샬로텐부르크-빌머스도르프(Charlottenburg-Wilmersdorf) 구역에 집중되어 있으며 본관은 동물원(Zoologischer Garten) 근처에 있다. 음악을 공부하는 한국 학생들이 독일 유학을 선호하기 때문에 우데카를 이미 졸업하거나 재학 중인 한국 학생들도 어렵지 않게 찾아볼 수 있는데, 보통은 다른 학교와 동시에 우데카 입학만을 따로 집중적으로 준비하는 편이다. 왜냐하면 입학 전에 인턴십(Praktikum)을 필수로 요구하는 등 다른 학교와 차별된 전형조건이 있기 때문이다.

언어학, 법학 및 정치학 등 인문대학에서도 베를린이 인기있는 도시라고 언급했는데, 훔볼트 대학(Humboldt-Universität zu Berlin)과 베를린 자유대학(Freie Universität Berlin)의 명성이 이를 증명하고 있다. 훔볼트 대학은 독일 베를린에서 가장 오래된 대학교로 프로이센 왕국의 언어학자 빌헬름 폰 훔볼트(Wilhelm von Humboldt)가 창립했다. 분단 시기에는 소비예트 연방이 관리를 맡으며 교육과정 역시 공산주의 색채를 띄게 된다. 그러자 이에 반대하던 지식인들이 모여 1948년 서베를린에 '자유'를 표방하여 세운 대학이 베를린 자유대학이다. 통독 이후에는 두 대학의 교육과정이 거의 차이가 없어졌으며 현재까지 베를린을 대표하는 종합대학으로 어

베를린 훔볼트 대학

깨를 나란히 하고 있다.

전통 유럽 대학의 분위기가 물씬 풍기는 훔볼트 대학은 다음 9개 단과대학에서 하나 이상의 연구소를 운영하고 있으며 세부 학과들이 속해있다. 법대, 생활과학대, 수학-자연과학대, 의과대, 철학과, 어문학과, 문화 및 사회교육대, 신학대, 경영경제학과까지. 학제간 중앙 연구소는 생물정보학, 고고학, 수학물리학, 교육학, 신경과학, 대도시연구 등 총 8개가 설치되어 있어 거의 모든 학과에 걸쳐 활발한 학제간 연구가 이루어지고 있다고 봐도 무방하다. 훔볼트 대학은 구 동베를린 지역의 중심인 운터 덴 린덴(Unter den Linden)에 본관 및 인문대 캠퍼스가 있으나 다른 과는 베를린 곳곳에 강의동이 있다.

베를린 자유대 역시 150개 학과 전반적으로 탄탄한 커리큘럼을 자랑하지만 그 중에서도 남미 연구, 라틴아메리카 연구, 동유럽 연구동을 별도로 갖추고 있으며 교육학, 언어학, 역사인류학, 예술학, 미학 분야에 학제간 연구소가 설치되어 있다. 또한 독일에 몇 안 되는 한국학과가 설치된 대학이어서 한국에 관심있는 독일 학생들을 쉽게 만날 수 있다. 특히 두 학교는 의과대 '샤리테(Charite)'를 공동 운영하여 의과 분야의 연구 실적에 더욱 수준을 높이고 있다. 자유대학의 캠퍼스는 베를린 남동쪽 다알렘(Dahlem) 구역을 중심으로 형성되어 있다.

공대 진학을 희망하는 독자라면 위의 두 학교 외에 베를린 공과대학교(Technische Universität Berlin)도 적극 추천할 만하다. 베를린 공과대학교는 베를린을 대표하는 4대 대학이자 독일 3대 공과대학 중 하나로 약 90개의 전공 분야가 설치되어 있으며, 이공계 분야에서만 12명의 노벨상 수상자를 배출했다. 이름이 공대라 하여 공과대만 설치되어 있는 것은 아니고 인문학과도 있는 일반 종합대라고 보면 된다. 다만 공과학문에 특화되어 있어서 교통 시스템, 기계, 항공학, 환경학, 도시계획학 등 공대에서 전공할 수 있는 모든 학문에 강점을 가진 학교다.

독일인의 다수는 "베를린은 독일이 아니다. 베를린 그 자체다"라고 평가

한다. 실제로 이 말에 베를린의 모든 특징이 함축되어 있다. 세계 각국에서 모여든 예술인과 지성인들의 무대이자 변화에 보수적인 독일의 분위기와 맞지 않을 정도로 변화가 빨라서 해가 다르게 도시 곳곳의 모습이 변하고 있다. 또한 워낙 외국인이 많은 탓에 어딜 가도 어렵지 않게 영어로 소통할 수 있는 독일의 몇 안 되는 도시 중 하나이기도 하다. 세계 각국의 사람들과 교류할 수 있으며 대도시의 편리한 인프라가 잘 갖춰져 있는 환경을 선호하는 독자라면 베를린을 진지하게 고려해 보는 것도 좋다.

3. Bayern
바이에른 주

바이에른 주는 독일 남부에 있는 주로, 주도는 뮌헨(München)이며 인구는 약 1300만 명이다. 독일의 16개 중 가장 면적이 넓은 주이고 남쪽으로 스위스, 오스트리아와 국경을 접해 있는데 그 국경에 알프스 산맥이 걸쳐 있다. 굳이 알프스까지 가지 않아도 바이에른 주에는 독일의 알프스라 불리는 멋진 축슈피쩨(Zugspitze) 산을 비롯하여 바이에리셔 발트(Bayerischer Wald: 바이에른 숲), 디즈니 성의 모티브가 된 노이슈반슈타인 성(Schloss Neuschwanstein) 등 경관이 매우 멋진 휴양지들이 주로 바이에른 주에 밀집되어 있다. 기원 전 바바리족(Bavarii)이 들어와 거주지를 형성할 때부터 프로이센-오스트리아 전쟁을 거치는 시기에도 바이에른 지역은 독자적인

뮌헨 옥토버페스트 행사장

문화 및 역사를 형성해 왔기 때문에 이 지역 출신의 본토 독일인들은 자신의 주에 대한 자부심이 매우 높으며 외국인의 유입을 경계하는 편이다. '독일' 하면 떠오르는 브랜드인 아우디, 지멘스, 아디다스 등의 본사가 위치하는 곳으로, 경제 규모가 큰 만큼 물가와 집값도 독일에서 제일가는 곳이기도 하다. 주도 뮌헨의 뮌헨 종합대학교 역시 독일의 명문대로 바이에른 주의 위상을 높이는데 일조하고 있다. 남부에 위치하므로 기후는 대체로 온화하고 한겨울에도 영하 3도를 웃도는 수준이다.

München 뮌헨

바이에른 주의 주도 뮌헨은 우리나라 사람들에게도 상당히 친숙하게 알려진 도시로 인천-뮌헨 간 직항편이 개설되며 뮌헨을 방문하는 한국인들이 늘고있다. 뮌헨은 19세기 초 문화와 예술이 만개하는 바이에른 신왕국의 수도였는데 제1차, 제2차 세계대전에서 폭격을 맞고 나치의 본거지가 되는 등 많은 역사적 수난을 겪었다. 지금과 같은 웅장하고 깔끔한 뮌헨의 대다수 건물들은 제2차 세계대전 이후 모두 재건 및 보수된 것들이다.

뮌헨도 외국인의 유입이 많았고 지금도 매년 증가하고 있지만 독일인 혈통을 가진 사람들이 여전히 70% 이상을 차지하고 있어 외국인에 대한 경계심이 남아있는 편이다. 뮌헨은 학교를 차치하고서라도 독일의 분위기를 한 몸에 느낄 수 있는 매력적인 도시다. 마리엔광장(Marienplatz)에 있는 아름다운 시청 건물을 지나 매일 아침을 깨우는 픽투알리엔 시장(Viktualienmarkt)에서 장을 보고, 독일의 가장 유명한 주조사 호프브로이하우스(Hofbräuhaus)의 맥주를 마시는 자체만으로 뮌헨 거주민의 자부심을 느낄 수 있다. 우리나라에서 독일의 유명 축제로 알려진 옥토버페스트(Oktoberfest)는 사실 독일 전체 행사가 아닌 뮌헨의 최대 연간행사로 매년 9월만 되면 전 세계 관광객들이 방문하고 있다.

오페라나 연극, 미술에 관심이 있는 독자라도 뮌헨은 빠질 수 없다. 리하르트 바그너(Richard Wagner)의 첫 오페라가 열린 곳이 바로 뮌헨 국립극장이고, 독어권 국가에서 의미 있는 극장으로 꼽히는 뮌헨 카머슈필레(Kammerspiele)도 있다. 제3대 미술관인 고 미술관(Alte Pinakothek), 신 미술관(Neue Pinakothek) 그리고 현대 산업디자인의 흐름이 밀집되어 있는 현대 미술관(Pinakothek der Moderne)은 미술에 관심있는 사람이라면 반드시 들러야 할 곳이다. 알브레히트 뒤러의 〈자화상〉 및 파울 루벤스의 〈심판의 날〉도 이곳 뮌헨에서 원작을 만날 수 있다.

도시의 명성은 여기서 그치지 않는데, 뮌헨 대학교(LMU: München Ludwig Maximilian Universität)와 뮌헨 공대(TUM: Technische Universität München)는 칼스루에 공대(Technische Universität Karlsruhe)와 함께 '독일 제3대 엘리트 대학교' 칭호를 받은 명

문 대학이다.

앞서 하이델베르크를 소개하며 언급했던 독일의 연구기관 '막스플랑크(Max-Plank) 협회'의 본부 및 물리학, 생화학, 조류학, 정신학, 양자역학 등 과학분야의 연구소가 모두 뮌헨에 있다.

뮌헨대학교(LMU)의 재학생 수는 2023년 기준 약 5만 3천 명으로 독일에서 두 번째로 학생 수가 많다. 첫 번째로 학생 수가 많은 대학이 주로 온라인 강의로 진행되는 Fernuni(원격대학)이라는 점을 감안하면 뮌헨 대학교가 독일에서 가장 학생 수가 많은 대학이라고 볼 수 있다. 뮌헨 대학은 총 700여 명의 교수진과 18개의 단과대 그리고 150여 개의 학과가 있다. 독일의 여느 대학과 마찬가지로 도시의 남부와 중심 그리고 Maxvorstadt(막스포어슈타트) 구역에 걸쳐 강의동이 설치되어 있다. 뮌헨 대학교나 뮌헨 공대는 엘리트 대학답게 입학 전형이 다른 학교에 비해 까다로운 편이며 지원자의 부주의로 필수 서류가 빠지는 등의 실수를 하면 통보 없이 불합격 처리될 수 있기 때문에 지원 시 더욱 세심한 주의를 기울여야 한다. 또한 합격 통보가 늦으므로 불합격에 대비하여 다른 학교도 함께 지원하는 것이 좋다.

다만 뮌헨은 경제 수준에 맞춰 집세와 물가가 비싸서 학생 신분에선 생활비가 다소 부담될 수 있다. 따라서 뮌헨에서 유학하길 희망하는 독자라면 이 점을 감안하여 예상 생활비를 약간 높게 책정하고 대학 기숙사 신청을 미리 서두르는 것이 좋다.

뮌헨은 독일 내에서도 문화, 예술, 음식, 자연 및 관광 면에서도 빠지지 않는 곳이므로 약간의 경제적 부담을 안더라도 유학생으로 누릴 수 있는 가치와 인프라가 풍부한 도시로 꼽을 수 있다.

Bayreuth 바이로이트　바이로이트는 인구 약 75,000명의 바이에른 주 북부에 위치한 작은 도시로, 대학을 비롯하여 세계적으로 바그너 오페라하우스(Richard-Wagner-Festspielhaus)가 있는 도시로 유명하다. 바그너 오페라하우스에서는 매년 8월 25~28일 사이에 바그너의 오페라를 약 30편 가량 공연하고 있다.

바이로이트가 생소한 독자들은 소시지가 유명한 뉘른베르크(Nürnberg)의 북쪽에 위치한 소도시로 기억하면 쉽다. 뮌헨만큼은 아니지만 기후가 온화한 편이며 도시가 전체적으로 한적하고 조용하다. 대학이 있는 구역은 시내 남쪽 비르켄(Birken)으로 주로 거주 단지가 형성되어 있어 통학하기에도 특별히 어려움이나 위험지역은 없는 곳이다.

1975년에 설립된 바이로이트 대학은 총 7개의 단과대(단과대별로 세부학과 선택)가 설치되어 있다. 바이로이트 대학의 특징은 독일의 몇 안 되는 '캠퍼스 대학' 중 하나라는 점이다. 즉, 강의동이 따로 떨어져 있지 않고 우리나라 대학처럼 한 구역에 모두 밀집되어 있어서 학생들끼리 교류와 연구 및 동아리 활동이 용이하며 캠퍼스 라이프를 즐길 수 있다. 또한 학생수가 약 13,000명으로 대도시에 위치한 학교들보다 현저히 적은 편이어서 교수와 학생 간 의사소통이 활발하다. 특히 적응해야 할 부분이 많은 외국 학생들에게 케어링은 매우 중요하다.

학교에서 멘토나 케어 시스템을 제공하여 언제나 도움을 요청할 수 있는 창구가 있으면 보다 빠르게 생활에서 안정을 찾을 수 있는데, 학생 수가 많으면 많을수록 그런 지원을 받기가 쉽지 않다. 따라서 학교 시스템 및 세심한 케어링을 원하는 독자라면 바이로이트 혹은 비슷한 규모의 대학을 고려할 만하다.

4. Bremen
브레멘

우리에게는 그림형제 동화 『브레멘 음악대』로 유명해진 브레멘은 독일 북서부에 위치하는 주도이자 자유시로, 북해(Nordsee)와 연결된 항구를 끼고 있다. 무역항으로는 독일 내에서 함부르크 다음으로 규모가 크고 곡물, 커피, 포도주 등 다양한 종류의 물건이 수출입되고 있다.

인구는 약 57만 명이며 기후는 중부나 남부 지역보다는 추운 편으로 12월 최저기온이 영하 20도를 기록하기도 했다. 매년 4월 부활절 주간에 독일에서 오스터 비제(Oster Wiese) 축제가 열리는데 부활절 행사들 중 독일에서 규모가 가장 크다.

대학에서는 브레멘 종합대학(Bremen Universität)과 브레멘 예술대학(Hochschule für Kunst Bremen)을 꼽을 수 있다. 먼저, 브레멘 종합대학은 타 대학에 비해 비교적 최근인 1971에 지어진 젊은 대학으로 약 2만 명의 학생들이 재학 중이다. 특히 산업공학, 미디어, 물리학, 수학, 해양 지구과학 등 이과 계열의 학과에서 강세를 보이며 2005년에 브레멘이 '과학도시'로 선정되는 데 큰 몫을 했다. 2012년엔 독일 상위 11개 대학에 오르며 브레멘 대학은 수년간 독일 남서부 핵심 지식기관으로 자리 잡았다. 총 12개 학부에 119개의 학과가 설치되어 있다. 테크놀로지파크(Technologiepark) 주변으로 넓게 자체 캠퍼스와 강의동이 분포되어 있어서 대학 내에서 다양한 캠퍼스 라이프를 즐길 수 있다. 매 학기마다 교통 티켓이자 운영비용으로 200~500유로의 등록금이 있다.

다음으로 브레멘에서 유명한 대학은 1873년에 설립된 예술대학이다. 약 900명이라는 적지 않은 학생이 재학 중으로 독일 내에서 중간 규모의 예술대학이다. 브레멘 항구 근처 세계 각국에서 들어오던 수입품들을 쌓아 두었던 창고가 현재는 예술대학 학생 및 예술가들이 사용하는 공간으로 탈바꿈하여 젊은 예술인들이 모이는 중심지가 되어가고 있다. 브레멘 예술대학의 전공은 크게 음악과 미술로 나뉘고, 미술대학에서는 조형예술, 디지털 미디어, 실용디자인을 공부할 수 있다. 학과에 따라 지원시 마페(Mappe)나 과제를 제출해야 하므로 지원 과별로 전형을 잘 살펴야 한다.

5. Hessen
헤센 주

Frankfurt am Main 프랑크푸르트 암 마인   프랑크푸르트는 독일 중서부에 위치한 도시로 유럽의 허브 공항이 있는 덕에 전 세계 사람들에게 익히 알려진 도시이다. 공항과 금융의 중심지로 유명세를 타고 있으나 아이러니하게 헤센의 주도는 프랑크푸르트가 아니라 비스바덴(Wiesbaden)이다. 독일에는 총 두 개의 프랑크푸르트가 있어서 인접한 강의 이름에 따라 '암 마인'과 '안 데어 오더'로 구분한다. 프랑크푸르트 안 데어 오더는 브란덴부르크 주의 도시이다. 프랑크푸르트 암 마인의 인구는 약 70만 명이 넘으며 규모로 독일에서 다섯 번째 가는 대도시에 속한다. 이곳이 금융의 중심으로 불리는 이유는 독일 주 은행의 본점 및 전 세계 은행의 지사가 분포해 있

프랑크푸르트 시내의 스카이라인

을 뿐 아니라 유럽 중앙은행(ECB: Europe Central Bank)과 증권거래소가 위치해 있기 때문이다. 또한 유럽 내 한국 기업이 가장 많은 도시이다 보니 독일에서 재독 한국인이 가장 많다(약 2만 명). 이에 따라 한국 음식점, 식품점, 한인회 등 한국인들과 교류를 맺고 한국과 유사한 환경을 조성할 수 있는 인프라가 가장 잘 되어 있는 곳이기도 하다. 이런 흐름을 뒷받침하듯 프랑크푸르트 인근 국제학교에는 한 학급당 한국 학생들이 두세 명 이상 재학 중이다. 프랑크푸르트에서 한국이 잘 알려진 다른 이유는 축구 때문인데 1980년대 축구선수 차범근이 한국인 최초로 독일 분데스리가에 진출하여 프랑크푸르트 아인트라흐트(Eintracht)에서 선수생활을 했다. 당시 입단과 동시에 12골을 넣어 차붐(Tscha Bum) 신드롬을 일으켰다. 지금까지도 옛 차범근의 활약을 회상하며 한국의 이미지를 긍정적으로 평가하는 프랑크푸르트 시민들이 많다. 프랑크푸르트의 기후는 대체로 온화하여 여름은 최대 33도 안팎, 겨울은 영하

프랑크푸르트 괴테대학 심리학 및 교육대학

7도 이상 내려가지 않아서 한국보다 체감하는 추위나 더위가 덜 한 편이다.

프랑크푸르트에서 첫 번째로 언급할 대학은 1914년에 설립된 괴테대학교(Goethe Universität Frankfurt am Main)이다. 학생 수는 약 5만 명으로 독일에서 다섯 손가락 안에 꼽히는 큰 대학이다. 2011년부터 대대적으로 캠퍼스를 이전하여 현재는 베스트엔트 (Westend), 리드베르크(Riedberg), 니더라트(Niederrad), 보켄하임(Bockenheim) 총 네 개 구역에 과별로 캠퍼스가 형성되어 있다. 베스트엔트 구역엔 주로 인문학과가, 리드베르크 엔 자연 과학 캠퍼스, 니더라트엔 의과대, 보켄하임엔 스포츠 및 수학과가 있다. 프랑크푸르 트 대학은 현재까지 19명의 노벨상 수상자를 배출한 학교이자 프랑크푸르트 학파를 낳은 사 회학 분야에서 명성 있는 학교이다. 뿐만 아니라 금융권 및 외국 인재들이 유입되며 전 과정 이 영어로 진행되는 MBA, Finance 등의 마스터 과정도 개설하였다.

막스 플랑크 유럽 법제사 연구소 (괴테대학 내)

프랑크푸르트 니벨룽엔플라츠에 있는 응용대학 건물

프랑크푸르트에서 두 번째로 언급할 대학은 1971년에 설립된 응용과학대학교(University of Applied Science)다. 약 14,000명의 학생이 재학 중이며 총 네 분야(①건축, 건설 엔지니어 및 지질학 ②정보학, 기계공학 ③경제학, 법학 ④사회복지, 건강과학)에 세분화된 전공학과가 설치되어 있다. 캠퍼스는 프랑크푸르트 남쪽의 니벨룽엔플라츠(Niedbelungenplatz)와 서쪽 구역의 노르트베스트슈타트(Nordweststadt)에 분포되어 있다. 이 대학은 이름과 같이 응용 학문을 다루므로 학제간 융합 연구나 순수학문 전공 후 본인 분야의 전문성을 높이고자 할 때 적합할 것이다. 재학 가능한 학위과정은 학사와 석사다.

독일에서 세 번째로 집값이 비싸고 대중 교통비만 한 달에 100유로에 달할 정도로 학생들이 자리잡기에 결코 친절한 도시는 아니지만 기숙사나 학생 전용 WG(공동 거주)와 학기티켓(Semesterticket)을 활용하면 큰 부담 없이 대학 생활을 시작할 수 있을 것이다.

Kassel 카셀　　카셀은 헤센 주 북쪽에 속하는 도시로 5년마다 열리는 미술 전시회 카셀도쿠멘타(Kassel Dokumenta)로 유명한 도시이다. 이 전시회는 나치의 현대미술 탄압에 반대하며 시작된 전시회로 현재는 세계적인 미술가들이 참여하고자 하는 미술 전시회 중 하나이다. 종합대학인 카셀 대학교(Universität Kassel)는 1971년에 설립되어 약 25,000명의 학생이 재학 중이다. 이 대학은 학문의 탐구 못지않게 활용을 강조하여, 거의 모든 학과에서 일정 기간 인턴 혹은 직업체험을 졸업 요건으로 두고 있다. 연구 분야에서 특히 두각을 나타내고 있는 학과는 환경학, 기후학, 나노구조학, 교육학, 언어학 그리고 예술 및 디자인 학과이다. 이 중 미대는 1777년에 미술 아카데미로 문을 열었고 지금도 '카셀 미대(Kunsthochschule Kassel)'라는 명칭을 따로 가지고 있지만 공식적으로는 카셀 종합대학 소속이다. 전공 분야는 미술교육학, 예술학, 조형학, 산업 디자인, 미디어 예술이 있으며 세계 여러 나라의 미대들과 자매결연을 맺어 교환학생 프로그램도 제공하고 있다. 동아시아에서는 중국의 사천 미대, 마카오대학 그리고 일본의 교토 세이카대학이 있다.

Fulda 풀다　　풀다는 헤센 주 중부에 위치한 인구 약 6만 8천 명의 작은 도시이다. 8세기경 설립된 베네딕토회 수도원을 중심으로 형성되었으며 19세기 초까지 주교령이 있었다. 도시의 오랜 역사처럼 아직까지 도시 곳곳에 중세시대의 건물을 찾아볼 수 있다. 풀다는 독일의 정중앙에 위치하여 예로부터 교통의 요충지였다. 이 때문에 소도시임에도 불구하고 큰 도시를 연결하는 버스 및 기차 노선은 오늘날까지도 풀다를 거친다. 기후는 프랑크푸르트 암 마인과 유사하게 평균적으로 온화한 편이며 겨울에도 영하 5도를 넘지 않을 정도로 춥지 않다. 대학교는 'HS Fulda'라고 불리는 풀다 응용과학대학교(Hochschule Fulda)가 유명하다. 풀다 과학대는 1734년 최초 개교 시 종합대학교로 설립되었다가 1974년 과학에 특화된 응용학문대학교로 전환되어 정보학, 전기학, 가정학, 식품기술학 및 건강학 등 이공계열 학과에 학업 프로그램이 집중되어 있다.

6. Niedersachsen
니더작센 주

Hannover 하노버 하노버는 과거 오스트리아 제국, 프로이센 왕국 그리고 바이에른 왕국에 지지 않는 큰 왕국이었다가 프로이센-오스트리아 전쟁 중 프로이센 왕국에 소속된 게 지금의 도시 하노버의 역사이다. 프로이센 왕국의 멸망과 해체로 인해 니더작센 주에 합쳐져 현재 주도 하노버 모습의 출발점이 되었다. 프로이센 왕국 시기부터 공업도시였던 하노버는 산업화가 매우 융성했는데 그러한 이유로 제2차 세계대전 기간 동안 폭격의 주요 대상이기도 했다.

하노버에는 총 9개의 대학이 있다. 그 중 규모가 가장 큰 대학은 1831년에 설립된 도시 남쪽에 위치한 고트프리드 빌헬름 라이브니츠 종합대학(Gottfried Wilhelm Leibniz Universität Hannover)이다. 약 3만 명이 재학 중이며 괴팅엔 대학(Georg-August-Universität Göttingen)에 이어 니더작센 주에서 두 번째로 큰 대학이다. 총 9개 분야에서 50여 개의 학과가 설치되어 있으며 독일의 주요 9개 공과대학 'TU9' 중 하나로 선정될 만큼 공과대학 분야에 포커스를 맞추고 있다.

두 번째는 1961년에 설립된 하노버 의대(MHH: Medizinische Hochschule Hannover)로, 재학생 수는 약 4천 명이다. 의예과뿐 아니라 생명의학, 생화학, 감염 생물학, 공공위생, 산파학, 치대와 치과 교정학까지 공부할 수 있는 건강 및 의학 분야계의 종합대학이라 할 수 있다. 세 번째는 하노버 수의대(THH: Tierärztliche Hochschule Hannover)로, 동물 신경 감염학과 건강 및 사료 분야를 집중적으로 연구하고 있다.

예술 분야에서는 하노버 음악연극미디어대학(HMTMH:Hochschule für Musik, Theater und Medien Hannover)이 있으며 1978년 주립 음악대학과 사립 연극학교가 합쳐져 설립되었다. 음악 분야에서는 크게 음악학, 음악사학, 음악 교육학 분야에서 세부전공을 선택할 수 있다. 미디어대학에는 신문방송학, 커뮤니케이션 연구를 비롯하여 유태음악 유럽중앙센터가 소속되어 있다. 총 33여 개의 전공 분야가 있고, 예술대학에서는 드물게 박사과정과 교수자격 과정이 설치되어 있어 예술전문인으로 성장하기에 좋은 시스템을 갖추고 있다. 그 외에도 하노버에는 경영전문대학, 니더작센 행정대학, 라이브니츠 응용대학 등이 있다.

Braunschweig 브라운슈바익

브라운슈바익은 인구 약 25만이 거주하는 니더작센에서 두 번째로 큰 도시다. 과거 브라운슈바익 공국의 수도였던 이곳은 2007년 '학문의 도시'라는 명성을 얻으며 유럽에서 떠오르는 연구도시로 주목받고 있다. 유럽을 주도하는 15개 주요 연구도시 중 브라운슈바익은 GDP(BIP)의 5.38%를 연구에 투자하는 것으로 조사되었는데, 15개 도시의 평균이 3%대인 것을 감안하면 매우 높은 수치다.

브라운슈바익은 공대가 특히 유명한데, 브라운슈바익 공대(Technische Universitat Braunschweig)는 독일에서 가장 오래된 이공계 대학으로 1745년에 설립되어 현재 약 2만 명의 학생들이 재학 중이다. 1971년 공립 전문 엔지니어 양성 학교와 합치며 학교의 규모 및 커리큘럼이 강화되었다. 대학에서 중점적으로 투자하고 있는 연구주제는 미래도시 연구, 측량학, 이동수단 연구, 감염학 등이다.

총 71개의 학과가 설치되어 있는 브라운슈바익 공대는 교육의 질을 높이기 위해 2012년부터 8백만 유로의 국가의 지원을 받아 teach4TU 프로젝트를 추진하여 강사진들에게 지속적인 계발의 기회를 제공하고 있다.

예술대학으로는 1963년에 설립된 브라운슈바익 예술대(HBK: Hochschule für Bildende Künste Braunschweig)가 있다. 약 천 명의 학생이 재학 중인 이곳은 13개 예술학과가 설치되어 있다. 학사뿐 아니라 석사과정도 밟을 수 있으며, 가장 최근에 설치된 학과는 2015년부터 신입생을 받은 시각 커뮤니케이션학과, 디지털 사회 디자인학과 및 변형디자인학과 (석사)가 있다.

7. Nordrhein-Westfalen
노르트라인-베스트팔렌 주

Bochum 보훔   보훔은 독일 서쪽 루르 지방에 위치한 인구 약 36만의 도시이다. '루르 지방(Ruhrgebiet)'이란 노르트라인-베스트팔렌 주에 있는 주요 도시들을 아울러 부르는 지역권의 명칭으로 도르트문트, 뒤스부르크, 에센 등이 루르 지방에 속한다. 보훔은 이전부터 석탄과 철강산업으로 성장한 도시였으나, 1970년대 이후 석탄산업이 쇠퇴되기 시작하면서 쇠락하고 못생긴 산업도시로 여겨졌다. 제2차 세계대전 이후 1962년 루르대학(Ruhr-Universität)이 설립되며 4만 명 이상의 학생들이 대거 유입하여 대학도시로 각광받기 시작하였다.

보훔의 간판 대학교 루르-종합대학(Ruhr-Universität Bochum)은 설립 시기부터 현재까지 4만 명 이상의 학생들이 꾸준히 진학하여 독일에서 열 손가락 안에 드는 대형 종합대학이자 독일 학생들에게 인기있는 대학이다. 그러한 이유는 고급 인력 및 연구 시스템이 잘 갖추어져 있기 때문인데, 제2차 세계대전 이후 대학 설립을 추진한 목적이 루르 지방의 성장을 뒷받침 할 수 있는 고급 인력을 찾는 일이었기 때문이다. 독일 대학 중 최초로 볼로냐 프로세스를 받아들여 미국식으로 학제개편을 했다. 이 계기로 독일의 많은 대학들이 보훔대학을 롤모델로 학제개편을 진행하기 시작했다. 보훔대학의 탄탄한 교육 시스템은 의과대학에서도 엿볼 수 있다. 루르 지방 대학 중 가장 많은 병원 및 병상을 확보하고 있는 덕분에 졸업생들에게 보훔을 벗어나 주변 여러 도시에 있는 종합병원에서 실습 할 기회를 제공하고 있다. 실제로 세계적 대기업들이 보훔 의과대를 지원하고 있어 의학관련 학과들의 교육 시스템이 매우 잘 갖추어져 있는 편이다. 독일에서 동아시아학을 가르치는 몇 안 되는 대학 중 하나이며 한국학과에서 한국을 공부하는 독일 학생들을 쉽게 만날 수 있다. 대학 캠퍼스는 시내와 비교적 떨어진 크베렌부르크(Querenburg) 지역에 위치한다.

Köln 쾰른   쾰른은 노르트라인-베스트팔렌 주에 속하는 대도시로 규모 면에서는 베를린, 함부르크, 뮌헨, 프랑크푸르트와 함께 독일에서 가장 큰 5개 도시에 꼽힌다. 기원전 38년에 세워진 역사가 매우 긴 도시이며 중앙역 바로 옆에 쾰른 대성당이 보여주듯 로마 카톨릭교 대주교가 있는 곳이다. 쾰른은 프랑크푸르트 암 마인과 마찬가지로 강(라인 강)을 끼고 있어 기후가 온화한 편이며 도시의 전경이 매우 아름답다. 또한 이곳은 예술뿐 아니라 카니발 축제로 세계적으로 유명한 도시이다. 매년 봄과 가을이 되면 각종 카니발 및 쇼가 열

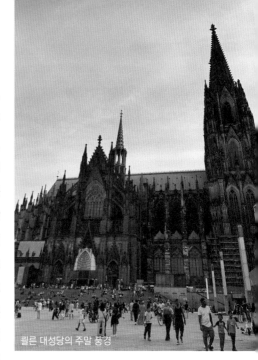

쾰른 대성당의 주말 풍경

려 화려하고 활기찬 도시의 모습을 느낄 수 있다. 독일의 대표 방송국도 모두 쾰른에 본사를 두고 있다. 뿐만 아니라 쾰른이 속한 노르트라인-베스트팔렌 주는 본이나 뒤셀도르프, 뮌스터 등 학생이 많고 도시 경관도 예쁜 도시가 많아서 학생이라면 학생증 하나로 무료로 여행을 다닐 수 있는 기회가 많다.

독일 유학을 생각해본 독자라면 한 번쯤 찾아봤을 법한 대학교가 쾰른 대학교인데, 총 재학생 수 약 5만 명으로 규모 면에서 원격 온라인대학을 제외하고 독일 내 2위를 차지하고 있고, 과도 매우 다양하여 한국 유학생들에게 충분히 매력적인 학교 중 하나이다. 소도시가 답답하게 느껴지거나 대도시와 큰 규모의 기관 및 생활 환경에 익숙한 독자라면 쾰른 대학교를 고려할 만하다. 쾰른 대학교는 하이델베르크 대학교 설립 2년 뒤인 1388년에 개교하여 유럽에서 가장 오래된 대학 중 하나이다. 프랑스에 점령되었던 시기인 1788년 문을 닫았다가 1919년 '신 쾰른 대학교(neue Universität zu Köln)'란 이름으로 다시 문을 열었다. 총 347개의 세부전공이 개설되어 있으며 6개 학부(경영경제 사회학부, 의학부, 법학부, 철학부, 수학-과

학부, 인문학부)가 개설되어 있다. 특히 경영경제 학부에 외국 학생들이 많아서 영어 강의가 많이 개설되어 있다. 쾰른대 경영학과와 법학과는 매년 독일 대학 및 학과 종합 순위에서 5위를 벗어나지 않고 있다. 쾰른 대학교는 한국의 서울대, 고려대 등과 교류를 맺고 있을 뿐 아니라 학교 내에 한국 학생회가 있어서 학교 생활을 하며 한국인들과 교류할 기회가 꾸준히 있는 부분도 장점이라 할 수 있다.

Münster 뮌스터

30년간 독일의 종교 전쟁에 마침표를 찍는 베스트팔렌 조약이 체결된 도시인 뮌스터는, 규모에서는 쾰른보다 작고 인구 밀도도 낮지만 도시 곳곳에 대학 건물이 자리 잡고 있고 대학의 규모도 커서 독일에서 손꼽히는 대학 도시이다. 도시 전체적으로 고층 건물이 거의 없고 붉은색 지붕의 작은 건물들이 산재되어 있다. 전체 거주 인구는 약 31만 명인데 이 중 5만 5천 명이 대학에 등록된 학생일 정도로 대학생 수가 많아 독일의 Top 10 대학 도시에 꼽힌다. 뿐만 아니라 초·중·고등학생을 모두 합하면 뮌스터에서 학생 신분의 인구가 약 3분의 1에 달할 정도다. 또한 뮌스터는 독일 내에서 자전거가 가장 많은 도시로 유명하다. 시내 곳곳이 자전거 친화적으로 구성되어 있으며 자전거용 고속도로 프로메나데(Promenade) 등 자전거를 위한 관련 시설들이 잘 마련되어 있다. 이러한 자전거 교통 체계가 만들어지기 시작한 시기는 1960년대 뮌스터에서 심각한 주차난이 대두되기 시작하면서부터이다. 1970년대부터 뮌스터는 주차공간이나 자동차 도로를 늘리는 대신 자전거에 투자하기 시작했고 현재

독일 철도 주식회사에서 대여해주는 자전거 call a bike

는 국내외에서 자전거를 활용한 교통 계획을 준비하는 국가들에게 롤모델이 되고 있다. 실제로 뮌스터에서 시내에 접근할 때엔 자동차보다 자전거나 도보의 속도가 훨씬 빠르며 간편하다. 자동차 이용자들에게 불이익을 주고 있어 주차시간이나 비용 면에서도 효율적이지 않다.

뮌스터에 있는 대학으로는 뮌스터 대학교(Westfalen Wilhelms-Universität)와 뮌스터 응용전문대학(Fachhochschule Münster)을 들 수 있다. 뮌스터 대학교는 1773년에 개교한 공립 종합대학교로 독일의 대형 대학 중 하나이다. 15개의 학부에 280개 학과가 설치되어 있으며 학·석·박사 과정이 모두 있다. 재학생이 가장 많은 학부는 문헌학부로 5,628명의 학생이 등록되어 있다. 의학 및 생리학에서 노벨상을 받은 게르하르트 요한네스 파울 도마크(Gerhard Johannes Paul Domagk)와 물리학 노벨상 수상자인 요한네스 게오르트 베드노르츠(Johannes Georg Bednorz)가 이 대학에서 수학했다. 중점연구 분야는 이공계 분야에서는 시스템 화학, 분자 생물학, 지리 정보학 및 배터리 연구이며 인문학 분야에서는 고대 및 현대 지역연구, 종교간 연구, 수사학 및 커뮤니케이션, 영재교육 연구 등이 있다. 뮌스터대 경영학과는 우리나라 연세대학교와 교류를 맺고 있어 매년 파견 학생을 보내고 있으며 영어로 수업을 들을 수도 있다. 또한 다른 학과에도 한국 유학생 및 교환학생도 많아 한 달 간격으로 뮌스터대 재학생 한독모임(Koreaner Deutsche Stammtisch)이 열린다. 뮌스터 응용학문대학은 1971년에 설립되어 약 1만 4천 명의 학생이 재학 중이며 독일에서 가장 큰 응용대학 중 하나이다. 총 12개의 학부와 1개의 융합학부가 설치되어 있고 화학, 건강학, 환경학, 과학 마케팅 등 주로 이공계 분야 연구에서 두각을 나타내고 있다.

이 밖에도 뮌스디에시는 카셀 도구멘타와 함께 유럽 3대 미술행사로 손꼽히는 '뮌스터 조각 프로젝트(Skulptur Projekte Münster)'가 10년마다 열린다. 도시 곳곳에 미술품이 설치되기 때문에 입장료가 없고 도시를 거닐며 편안하게 작품을 감상할 수 있다. 이 행사로 뮌스터는 10년에 한 번씩 엄청난 관광객을 수용하고 있다.

8. Saarland
자를란트 주

Saarbrücken 자브뤼켄   자를란트 주는 프랑스와 독일 접경 지역에 있는 인구 99만의 주로, 30년 전쟁부터 제1차 세계대전까지 프랑스는 이곳을 자국에 병합하려는 시도를 했다. 그러나 병합에 실패하였고 1935년 이후 완전히 독일 영토가 될 수 있었다. 자를란트 주의 주도는 자브뤼켄으로 인구는 18만 명이다. 도시 곳곳에 대학 건물이 산재하고 있어 대학도시 중 하나이다. 프랑스 국경과 매우 가까우며 모젤 강의 지류인 자르(Saar) 강이 흐른다. 이러한 국경 및 역사적 흐름의 영향으로 불어와 유사한 사투리가 널리 쓰인다.

자를란트 주에 있는 유일한 대학은 자를란트 종합대학교(Universität des Saarlandes)로 자브뤼켄에 위치해 있다. 약 1만 7천 명의 학생이 재학 중이며 20%가 외국 학생들이다. 1948년 첫 설립 당시엔 프랑스의 지원하에 낸시 대학교 부속 대학으로 설립 되었는데 독일어와 프랑스어 강의를 모두 지원한 덕분에 인터내셔널 대학으로 떠올랐다. 130개 학과가 설치되어 있으며 이 중 약 30개 학과는 '인터내셔널 학과'로, 학위 중 해외대학에서 일정 기간 수학해야 하며 졸업 시 자를란트 대학과 해외 대학의 이중 학위를 취득할 수 있다. 자를란트 대학교는 특히 전산정보학 분야에서 세계적으로 연구성과를 인정받고 있으며, 재료공학자들과 의학 및 약학자들이 'NanoBioMed' 영역에서 활발히 합동 연구를 하고 있다.

9. Sachsen
작센 주

Dresden 드레스덴   한국 사람들 사이에서도 경치가 좋고 예쁘기로 소문난 드레스덴은 독일 동부 (구 동독 지역) 작센 주의 주도이다. 드레스덴이 아름다운 모습을 간직하고 있는 이유는 사치스럽고 호화로웠던 작센 왕조의 영향을 받은 것이다. 18세기 작센의 지배자였던 프리드리히 아우구스트(Friedrich August)는 현재 관광도시로 발돋움하게 한 녹색 천장(Grünes Gewölbe), 젬퍼 오페라하우스(Semperoper), 츠빙거 궁전(The Dresden Zwinger)을 설립했다. 그러나 제2차 세계대전 때 연합군의 폭격으로 도시 중심부의 60% 이상, 그 중에서도 15㎢에 달하는 구역이 완전히 파괴되었다. 구 동독 시기에 역사적으로 중요한 몇몇 건축물만 재건하다가 1990년 통독 이후 국가 부조에 힘입어 재건에 박차를 기울였고 지금의 모습을 되찾게 되었다.

대학에 있어서는 독일 공대 연합체 TU9에 속해 있는 드레스덴 공대(TU Dresden)가 유명하다. 이 대학은 2012년 독일 엘리트 대학 중 하나로 선정되었는데, 공대라고 하여 공학 계열만 있는 게 아니라 베를린 공대처럼 일반 인문사회계열 학과도 설치되어 있다. 공립학교이며

드레스덴 음악대학 본관(출처: 드레스덴 음악대학 홈페이지)

학생수는 약 3만 7천 명에 달한다. 드레스덴에서 특히 많은 한국 학생들이 재학하고 있는 대학은 칼 마리아 음대(HfM: Hochschule für Musik Carl Maria von Weber)로, 이곳은 드레스덴 최초의 궁중 음악학교이자 지금은 세계적인 오케스트라 단원들이 강사진으로 재직 중이다. 오케스트라 음악, 오보에, 클라리넷, 호른, 튜바, 성악, 지휘, 작곡, 음악교육, 고전음악 등 학과들이 매우 세분화되어 있으며 학·석·박사 과정에 모두 진학할 수 있다. 총 재학생 수는 약 600명인데 이 중 30%가 외국 학생일 정도로 세계 음악인들에게 널리 알려진 학교이다. 작센 주의 방침에 따라 첫 학업 과정(학사, 석사)은 무료이며 청강 혹은 두 번째 학위자(이미 학위 졸업장이 있는 사람)는 과에 따라 학기별로 400~1,400유로의 수업료를 지불해야 한다.

Leipzig 라이프치히

라이프치히는 규모 면에서는 드레스덴을 능가하는 작센 주 최대 도시다. 바로크 시대를 대표하는 음악가 요한 세바스티안 바흐(Johan Sebastian Bach)의 유해가 안치되어 있는 곳으로 세계 음악인들의 성지로 유명한 곳이다. 역사적으로는 제1차 세계대전 이전의 가장 큰 전쟁이었던 1813년 10월 16일 라이프치히 전투(Völkerschlacht)가 벌어졌던 곳이기도 하다. 현대사에서는 통독에 결정적 영향을 끼쳤던 1989년 월요일의 시위(Montagsdemonstration)가 일어나면서 '영웅의 도시'라는 별명을 얻었다. 이 시위는 1989년 9월 4일에 시작된 평화 행진 시위로 라이프치히를 필두로 드레스덴, 할레, 막데부르크, 로스톡, 포츠담 등에서도 같은 행진이 줄을 이었다. 여행의 자유 및 독일 사회주의 통일당의 해체를 염원하던 구 동독 시민들이 "Wir sind das Volk(우리는 하나의 민족이다)"를 외치며 당시 정치상황에 강하게 반발하였다.

라이프치히 대학 본관

라이프치히는 인구 50만이 넘는 결코 작지 않은 도시지만 시내 면적이 넓지 않아 생활반경은 소도시보다 약간 큰 정도이다. 대도시를 좋아하는 독자라면 다소 지루할 수 있겠지만 시간에 쫓기는 현대인이나 시간을 절약해야 하는 학생들에게는 알맞은 환경이라 할 수 있다. 시내가 작은 반면 녹지와 공원이 많아 날씨가 좋은 날 산책이나 여가를 즐기길 수 있는 공간이 매우 풍부하다. 날씨도 온화한 편이어서 4월 중순이면 20도를 웃돌고 한겨울에도 최대 영하 5도 이하로 내려가지 않는 정도이다.

라이프치히에서 손꼽히는 대학은 라이프치히 종합대학교(Universität Leipzig), 라이프치히 응용과학대학교(HTWK: Leipzig University of Applied Science), 그래픽 및 서적예술대학(HGB: Hochschule für Grafik und Buchkunst), 펠릭스 멘델스존 음악예술대학(Hochschule für Musik und Theater Felix Mendelssohn)을 들 수 있다.

2009년 개교 600주년을 맞이한 라이프치히 종합대학은 1409년에 설립되어 하이델베르크 대학과 견줄 만한 오랜 전통과 역사를 자랑한다. 동독 시절에는 칼 마르크스 대학(Karl-Marx-Universität)이란 이름을 갖고 있었다. 세계 2차대전 이후 대학 건물의 60%, 서적의 70%가 소실되거나 폐기되어 문을 닫았다가 1946년에 고고학과를 필두로 다시 학위과정을 열기 시작했다. 당시 라이프치히는 소련군 점령지에 있었기 때문에 대학 운영을 유지하기 위해 소련이 지시하는 교육기관의 조건을 어느 정도 충족시켜야만 했다. 그 흐름의 일환으로 학생회 일원들을 FDJ(Freie Deutsche Jugend, 자유독일 청년당)에서 선발했고 대학에는 강사진들의 모임인 '막스-레닌주의 인스티투트'가 있었다. 이 대학에서 교편을 잡았던 유명인은 역사학자 테오도어 몸젠, 화학자 빌헬름 오스트발트, 수학자 뫼비우스 등이 있으며 우리에게 익숙한 인물 중에는 철학자 니체, 작가 괴테, 음악가 슈만과 바그너 그리고 독일 총리 앙겔라 메르켈이 있다. 라이프치히 대학은 언어학, 문화학, 교육학, 화학, 물리학, 방송학 및 의대가 특히 유명하다. 통독 이전 시절 동독에서 최초로 신문방송학과를 개설했던 대학이다. 또한 독일에서 유일하게 소르브학과가 있는 학교인데, 소르브족(Sorben)이란 독일 코트부스에서 드레스덴 지역, 특히 라우지츠(Lausitz) 지역에 집중적으로 살고 있는 약 6만 명 내외의 슬라브족으

로 언어는 폴란드어나 체코어와 비슷한 소르브어를 사용한다. 뿐만 아니라 대학의 규모가 큰
만큼 100% 영어수업을 진행하는 학과(American Studies)도 있다. 다른 도시와 차별되게
라이프치히에는 그래픽 및 서적예술대학(HGB: Hochschule für Grafik und Buchkunst)
이 있는데, 학생 수 약 560명의 크지 않은 규모이지만 유럽에서 알아주는 예술 전문대학으
로 250년이 넘는 역사를 자랑한다. 주요 학과는 서적예술, 그래픽 디자인, 사진, 미디어예술
로 한정되어 있다. 학위는 기본과정(Grundstudium) 2년, 전문과정(Hauptstudium) 3년으
로 총 5년이다. 마이스터 과정, 마스터 및 박사 과정도 설치되어 있어서 본인 분야에서 전문
성을 꾸준하고 깊게 쌓아 나가기에 적합하다.

　라이프치히는 주도가 아님에도 불구하고 매년 인구 및 생활 규모가 눈에 띄게 성장하고 있
다. 그에 반해 생활비나 집세가 많이 저렴하고 축제와 놀거리가 많아 독일 학생들에게 학업
도시로 각광받고 있는 곳이다. 구 동독 지역이다보니 한국 유학생들에게는 서독 지역에 비해
선호도가 떨어지는데, 교육 및 생활 수준이 서독과 다름없으면서 생활에 부담이 덜하기 때문
에 실제로 유학생활을 하는 학생들 사이에서는 만족도가 높은 편이다.

10. Thüringen
튀링엔 주

Erfurt 에어푸르트   에어푸르트는 독일 중부에 위치한 튀링엔 주의 주도이다. 인구 21만 명의 작은 도시에 깨끗하고 고즈넉하여 65세 이상 은퇴한 독일인들이 노후에도 떠나지 않는 도시 중 하나이다. 도시 근처에 큰 강이나 바다가 없어 전형적인 내륙의 날씨를 보여주며 매우 건조한 편이다. 도시의 명물은 크래머 다리(Krämer Brücke)와 에어푸르트 돔 그리고 돔 주변을 둘러싸고 있는 요새이다. 페터스베르크(Zitadelle Petersberg) 요새는 17세기에 지어진 것으로 현재까지 유럽에서 가장 잘 보존된 요새 중 하나로 손꼽힌다. 종교개혁을 일으킨 마틴 루터가 학·석사 학위를 취득한 곳이자 진로를 변경하여 신부의 길을 처음 걷기 시작한 역사적인 도시이기도 하다.

에어푸르트 대학 도서관 내부

에어푸르트 종합대학은 독일에서 세 번째로 오래된 대학이지만 현대식 캠퍼스를 가지고 있어 학생들이 캠퍼스 라이프를 즐길 수 있도록 조성해 두었다. 종교, 교육, 법, 언어, 문학, 철학 등 인문학 분야가 두드러진 교육 프로그램을 제공한다. 이공계학과가 없는 것은 아니지만 인문학과에 비해 매우 소수이다. 기차로 약 1시간 떨어진 소도시 일메나우(Ilmenau)에 공대 중점 대학이 따로 있기 때문에 에어푸르트에서 공대 진학을 희망하는 학생들은 대부분 일메나우까지 통학한다. 에어푸르트 대학의 재학생 수는 약 5천 7백 명으로 비교적 소규모 대학에 속한다. 시끌벅적한 분위기를 접하기는 어렵지만 큰 장점으로는 교사와 학생 간 소통의 기회가 많다는 점이다. 학교 자체적으로 멘토링 프로그램뿐 아니라 외국 학생들과 에어푸르트 주민들 간 교류의 기회를 제공하는 행사가 꾸준히 있다. 이는 외국인과의 교류 기회가 적은 에어푸르트 주민에게도 인기가 있어서 매년 외국 학생들 및 독일인 모두에게 유익한 대표 행사로 꼽히고 있다. 이런 점 때문에 에어푸르트로 교환학기나 유학을 하는 학생들의 만족도가 높으며 질적으로 우수한 교육시스템이 구축되어 있다. 뿐만 아니라 캠퍼스 및 기숙사부터 시내 중심까지 걷거나 자전거를 이용하여 20분 이내로 다닐 수 있어서 생활이 편리하고 시간을 절약할 수 있다. 학업에 많은 시간을 투자해야 하는 독자나 통학 시 드는 시간을 줄이고 싶다면 에어푸르트를 고려할 만하다.

Weimar 바이마르

바이마르는 튀링엔의 주도 에어푸르트에서 기차로 약 30분 떨어진 도시로, 인구 6만 5천밖에 안 되는 작은 도시이지만 명성으로는 에어푸르트보다 더 유명하다. 1919년 독일을 공화국으로 선포했던 '바이마르 헌법'이 제정된 곳이자 바흐, 괴테, 실러, 니체 등 독일문화에서 이름을 떨친 인물들이 이 도시에 족적을 남겼기 때문이다. 괴테는 바이마르 공국의 재상이자 대공비 도서관의 관장으로 재직했으며 대표작 『파우스트』를 집필하였다. 바이마르는 지금까지도 '독일 문화의 수도'라 불리고 있으며 괴테박물관, 실러하우스, 바우하우스 등과 같은 문화유산이 남아있다.

바이마르에는 바우하우스 대학교(Bauhaus-Universität Weimar)가 있으며 1980년 설립되었다. 설립 당시 목적은 예술 학교였으며 1919년 발터 그로피우스에 의해 '공립 바우하우스 바이마르'란 명칭의 대학으로 전환되고 '예술과 기술의 융합'이란 모토에 맞추어 운영되었다. 바우하우스 대학은 현재 일반 종합대학이지만 현재까지도 예술 및 건축 분야에서 두각을 나타내고 있다. 총 40개의 학과가 설치되어 있으며 중점연구 분야는 공학과 건축의 융합학문이다. 융합학문에 중점을 두고 있는 부분에서 알 수 있듯, 창의적인 시도를 환영하는 학문적 분위기가 형성되어 있다. 도시 건축학, 미디어 건축학, 유럽 도시학, 통합 도시 개발 디자인, 건축 엔지니어 등의 학과는 영어 과정도 설치되어 있어 세계 여러 대학과 활발하게 교류중이다.

바이마르 국립극장 앞에 있는 괴테와 쉴러 동상

독일의 주(Bundesland) 및
주도(Bundeshauptstadt)

독일은 공식 명칭 '독일 연방 공화국(Bundesrepublik Deutschland)'에서도 알 수 있듯, 16개 주가 연방제로 운영되고 있는 나라다. 그래서 각 주마다 주법, 주의 상징인 문장(Wappe: 바페), 지지 정당 및 지정 공휴일이 조금씩 다르다. 따라서 다른 주로 거주지를 옮기면 달라진 분위기와 법에 혼란을 겪기도 한다. 지금과 같은 체제를 갖춘 계기는 1648년 베스트팔렌 조약으로, 조약 체결 후 점점 신성로마제국의 영향력이 약화되자 각 지방의 큰 도시를 중심으로 중소도시가 발달하기 시작했다. 독일의 연방기본법과 초대 내각이 구성되고 독일 연방공화국이 정식 수립된 건 1949년이었다.

〈독일의 16개 주 및 주도 목록〉

	주명	한글표기	주도	약어표기
1	Baden-Württemberg	바덴-뷔르템베르크	Suttgart	BW
2	Bayern	바이에른	München	BY
3	Berlin	베를린	Berlin	BE
4	Brandenburg	브란덴부르크	Potsdam	BB
5	Bremen	브레멘	Bremen	HB
6	Hamburg	함부르크	Hamburg	HH
7	Hessen	헤센	Wiesbaden	HE
8	Mecklenburg-Vorpommern	메클렌부르크-포어포메른	Schwerin	MV

9	Niedersachsen	니더작센	Hannover	NI
10	Nordrhein-Westfalen	노르트라인- 베스트팔렌	Düsseldorf	NW
11	Rheinland-Pflaz	라인란트-팔츠	Mainz	RP
12	Saarland	자를란트	Saarbrücken	SL
13	Sachsen	작센	Dresden	SN
14	Sachsen-Anhalt	작센-안할트	Magdeburg	ST
15	Schleswig-Holstein	슐레스비히- 홀슈타인	Kiel	SH
16	Thüringen	튀링엔	Erfurt	TH

＊베를린, 브레멘, 함부르크는 주명과 주도가 같다.

독일의 주(노란색 주는 통독 전 구 동독 지역)

독일의
고등 교육기관별
특징

독일의 고등 교육기관은 우리 나라 '대학' 또는 '대학교'에 준하는 교육과 학위를 제공하는 기관으로, 성격을 불문하고 '혹흐슐레(Hochschule)'라 통칭한다. 전국적으로 약 450여 개가 있으며, 이에 속하는 기관으로는 종합대학교(Universität), 응용전문대학교(Fachhochschule), 응용학문대학교(Hochschule für angewandte Wissenschaft)와 음악대학교(Musikhochschule), 무용대학교(Tanzhochschule), 영화대학교(Filmhochschule) 등 예술 전문 특수대학교로 분류할 수 있다.

이 중 330여 개 기관은 국립, 120여 개 기관은 사립이다. 국립대학은 원래 전액 등록비가 무료였으나 2006~2007년 사이에 주별로 소액의 등록비를 내야 하는 것으로 규정이 바뀌었다. 그러나 등록비를 내면 받는 학생증으로 교통시설이나 다양한 기관을 무료 혹은 할인된 가격으로 방문할 수 있기 때문에, 학기마다 수백만 원에 달하는 등록비를 내는 한국에 비해 아직까지 독일은 교육비가 매우 저렴한 편이다. 독일서 규모가 가장 큰 40개 상위 대학의 등록금 평균은 학기당 273유로(약 38만 원)이며, 등록금이 가장 비싼 대학은 하노버의 라이브니츠 대학교(Leibniz Universität)와 프랑크푸르트 암 마인의 요한 볼프강 괴테 대학(Johann Wolfgang Goethe-Univertätit)이다(단, 같은 학교라도 학과에 따라 1,000유로 이상의 등록비를 받는 곳도 있다).

고등교육 기관을 다니는 학생들, 즉 대학(원)생은 독일어로 Student(슈트덴트) 혹은 Studierende(슈트디어렌데)라고 한다. 영어의 'student'와 유사하지만 독일어로 Student는 '대학(원)생'만 지칭한다는 점을 주의해야 한다(특히 교통티켓을 끊을 때 영어로는 구분을 할 수 없어서 잘못된 티켓을 끊을 수 있다). 대학 강사는 정규직·비정규직 상관없이 Dozent(도쩬트)라고 부른다. 보통 교수는 Dozent라 칭하지 않으며 Professor(프로페쏘어) 혹은 Dr.(독토)를 성 앞에 붙여 부른다. 대학의 총장은 Rektor(렉토어) 혹은 Präsident(프레지덴트)라고 한다. 총장은 교수직에 있다가 총장에 출마하는 경우가 많다. 학과의 집중 연구 분야나 학과 커리큘럼을 관장하는 학과장은 Dekan(데칸)이라 부른다. 행정을 담당하는 행정총장은 Kanzler(칸쯜러)라고 하는데, 일반적으로 연구자나 교수직과는 관계없는 행정 분야 전문가다.

* 위에 소개된 직업명 끝에 -in을 붙이면 여성이 된다.

1. 종합대학교 Universität

종합대학교란 이름 그대로 이론 연구에 초점을 둔 대학으로 각 순수학문을 심도 깊게 공부할 수 있도록 전문화된 기관이다. 독일에는 약 110여 개의 종합대학교가 분포해 있으며 총 1만여 개의 학과가 개설되어 있다. 독일 종합대학의 대부분은 국립으로 학교 이름을 보면 학교가 있는 도시와 창립자 혹은 학교에 명성을 떨친 유명인을 알 수 있다. 예를 들어, 독일서 가장 오래된 대학인 하이델베르크 대학교의 공식 이름은 '루프레히트-칼스 하이델베르크 대학(Ruprecht-Karls-Universität Heidelberg)'인데, 루프레히트 1세는 14세기 대학 설립을 최초 지시한 선제후의 이름이며 칼은 1803년 대학의 조직 편성을 주도한 후작 Karl Friedrich의 이름에서 유래했다.

⠿ 우수 종합대학 랭킹 및 대학별 평가(2023년 기준)

사실 독일의 대학은 우리나라나 미국에 비해 평준화가 되어있어 순위의 영향력이 매우 적은 편이다. 재미있게도 아비투어를 마친 학생들이 대학을 선정할 때 중요하게 꼽는 요소 중 하나가 '생활비 수준' 또는 '통학의 편리함'이다. 실제로 필자가 다녔던 학교에서도 많은 학생들이 진학 이유를 '집과 가깝기 때문'이라고 언급했다.

미국의 《US뉴스 앤 월드 리포트(US News & World Report)》나 영국의 《파이낸셜 타임즈(Financial Times)》가 미국의 대학평가 순위를 발표하듯 독일 내 우수 대학을 발표하는 주 매체는 《데어 슈피겔(Der Spiegel)》, 《디

짜이트(Die Zeit)》 등이다. 《짜이트》는 CHE-Ranking을 활용하고 있으며 《슈피겔》은 맥킨지(McKinsey)와 AOL의 자료를 합하여 발표하고 있다. 이러한 랭킹은 아비투어를 마친 학생들이 대학을 선정하는 데 어느 정도 도움을 줄 수는 있으나, 대학 간 경쟁이 심해지고 대학을 기업화할 수 있다는 면에서 독일 내 비판의 목소리가 적지 않다. 그래서 대다수의 독일 대학과 대입 관련 기관들은 일괄적인 랭킹 정보를 공유하지 않고 있다.

그럼에도 불구하고 Top 10 종합대학을 알아보기 위해 영국 잡지회사 《TIMES》에서 나온 《타임즈 고등교육 Times Higher Education(THE)》 잡지에서 공식 발표한 세계 1000개의 우수 대학 중 상위 100개 대학에 포함된 10개의 독일 대학 리스트를 가져와 보았다.

순위	학교이름	학교위치	세계순위
1	Technische Universität München 뮌헨 공과 대학교	바이에른 주 뮌헨	30
2	Ludwig-Maximilians-Universität München 루드비히 막시밀리안 뮌헨 대학교	바이에른 주 뮌헨	38
3	Ruprechts-Karls-Universität Heidelberg 루프레히트 칼스 하이델베르크 대학교	바덴-뷔르템베르크 주 하이델베르크	47
4	Humboldt-Universität zu Berlin 훔볼트 대학교	베를린	87
5	Rheinisch-Westfälische Technische Hochschule Aachen 라인 베스트팔렌 아헨 공과 대학교 (RWTH)	노르트라인-베스트팔렌주 아헨	90

6	Rheinische Friedrich-Wilhelms-Universität Bonn 라인 프리드리히 빌헬름 본 대학교	노르트라인-베스트팔렌주 본	91
7	Eberhard-Karls-Universität Tübingen 에버하르트 칼스 튀빙엔 대학교	바덴-뷔르템베르크 주 튀빙엔	95
8	Freie Universität Berlin 베를린 자유 대학교	베를린	102
9	Georg-August-Universität Göttingen 게오르크 아우구스트 괴팅엔 대학교	괴팅엔	111
10	Albert-Ludwigs-Universität Freiburg 알베르트 루드비히 프라이부르크 대학교	바덴-뷔르템베르크 주 프라이부르크	128

　그 밖에 영국의 뉴스 및 정보제공 기업인 로이터(Reuters) 통신에서 발표한 유럽의 혁신대학 Top 100에는 23개의 독일 대학이 포함되어 있다. 혁신대학 선정 기준에는 특허권 신청 및 학술논문 발표 개수가 포함되며 그 중 상위 3개 대학은 다음과 같다.

순위	학교이름	학교위치	유럽순위
1	Universität Nürnberg-Erlangen 뉘른베르크 에를랑엔 대학교	Erlangen, Bayern 에를랑엔	5
2	Technische Universität München 뮌헨 공과 대학교	München 뮌헨	8
3	Ludwig-Maximilians-Universität München 루드비히 막시밀리안 뮌헨 대학교	München 뮌헨	8

이처럼 종합적인 순위를 참고할 수는 있지만, 이는 어디까지나 종합적이고 일괄적인 평가이기 때문에 보다 실질적인 도움을 받기 위해서는 자신이 희망하는 학과의 특징 및 연구분야를 참고하는 게 좋을 것이다.

본인이 목표하는 바에 따라 학교 순위는 얼마든지 다양해질 수 있다. 또한 독일 대학은 순위 경쟁이 심하지 않다. 따라서 학교생활에 있어서 무엇이 본인에게 가장 중요한지 판단하여 학교를 선정한다면 실패가 적을 것이다.

2. 응용전문대학교 Fachhochschule

응용전문대학교는 우리나라의 '전문대'와 이름과 성격이 비슷한 교육기관이다. 즉, 학문 그 자체를 연구자의 시각으로 공부하기보다는 순수학문에서 파생된 응용학문 및 직업환경에 필요한 지식과 능력을 배우는 곳이다. 학업 기간에 관련 기관이나 회사에서 실습 혹은 인턴십(Praktikum) 과정을 반드시 수료해야 하고 졸업생들 대부분이 졸업과 동시에 직업을 구하여 사회로 진출하는 편이다. 한국에서는 전문대가 종합대학보다 학습량이 적다는 부정적 이미지 때문에, 독일의 응용전문대학교가 종합대학에 가지 못한 학생들이 가는 곳이라는 인식이 있다. 그러나 독일의 종합대학과 응용대학교는 근본적으로 설립목적과 교육과정의 방향이 다르기 때문에 응용전문대학교에 진학한다고 하여 학업과정이나 졸업 후 차별을 받는 경우는 거의 없으며 오히려 전문성을 더 인정 받는 경우도 많다. 독일어로는 Fachhochschule(파흐호흐슐레) 또는 Hochschule für angewandte Wissenschaft(호흐슐레 퓌어 안게반테 비센샤프트)라 칭하며 줄여서 FH 혹은 HaW로 표기한다. 종합대학교처럼 대부분 국립이지만 학교 이름에 도시 이름을 넣지 않는 곳도 많다.

⠸ 우수 응용대학 랭킹 및 대학별 평가(2018년 기준, Studycheck.de)

응용대학 랭킹은 《디 짜이트》 외에 매년 대학을 평가하고 랭킹을 공개하는 스터디체크(www.studycheck.de)의 데이터를 참고하려 한다. 해당 기관에서는 다음 사항을 기준으로 독일 전국의 응용대학을 평가했다.

전공 내용 / 강사진 / 강의 종류 / 학교 시설 / 캠퍼스 생활 /
그룹 활동 / 도서관 / 학생식당 / 졸업생의 추천 점수

그 중 상위 10개 대학은 다음과 같다.

순위	학교이름	학교위치	총점(10점 만점)
1	Internationale Hochschule Liebenzell (IHL) 리벤쩰 국제 응용대학	Liebenzell, Baden-Württemberg 리벤쩰	9.42
2	Fachhochschuld für die Wirtschaft Hannover (FHDW) 하노버 경제 응용대학	Hannover, Niedersachsen 하노버	9.35
3	accadis Hochschule Bad Homburg 바트 홈부르크 아카디스 응용대학	Bad Homburg, Hessen 바트 홈부르크	9.17
4	Hochschule Hof 호프 응용대학	Hof, Bayern 호프	9.04
5	Hochschuld Zittau·Görlitz 찌타우 응용대학	Zittau, Sachsen 찌타우	8.99
6	Hochschule Reutlingen 로이틀링엔 응용대학	Reutlingen, Baden-Württemberg 로이틀링엔	8.95
7	Hochschule der Medien Stuttgart 슈투트가르트 미디어 응용대학	Stuttgart, Baden-Württemberg 슈투트가르트	8.92
8	Hochschule Furtwangen (HFU) 푸르트방엔 응용대학 전산학, 기계학, 경제학, 미디어학, 건강학 중심	Furtwangen, Baden-Württemberg 푸르트방엔	8.89
9	Medical School Hamburg (MSH) 함부르크 메디컬 스쿨 응용과학 관련학과 및 의대	Hamburg 함부르크	8.89
10	Hochschule Harz 하르츠 응용대학	Harz, Sachsen-Anhalt 하르츠	8.88

3. 직업교육과정 Ausbildung

아우스빌둥(Ausbildung: 직업교육)이란 학생들이 중등학교를 졸업한 후 희망하는 산업현장에 바로 투입되어 실무와 이론을 동시에 배우는 교육 과정이다. 교육청이 대학이나 학교를 담당하는 반면 직업교육을 관리 및 담당하고 있는 기관은 IHK(Industrie und Handelskammer: 인두스트리 운트 한델스 캄머. 상공회의소)이다. 아우스빌둥을 통해 진입할 수 있는 직업은 공무원, 경찰, 관세사, 미용사, 자동차 정비공, 치기공사, 사회복지사, 요양사, 제빵사, 시계장인 등 모두 345개로 그 범위가 생각보다 다양하고 넓다. 아우스빌둥에 진입하기 위해서는 일단 본인이 원하는 직업군과 아우스빌둥을 지원하는 산업체(기업)에 직접 컨택해야 한다. 외국인이라고 하여 특별히 제한하는 부분은 없으나 중등교육(한국의 고등학교)에 준하는 졸업장은 있어야 한다. 아우스빌둥 역시 입학 정원이 있으므로 지원자가 많을 시 성적이 고려될 수밖에 없다. 만약 지원자가 김나지움 수료에 해당하는 수능 성적, 즉 아비투어가 있을 시 과정을 반년 정도 단축할 수 있다.

아우스빌둥에 합격하면 실습생[Auszubildene: 아우스쭈빌덴데. 줄여서 Azubi(아쭈비)라고 부른다] 혹은 교육생(Lehrling: 레어링) 자격을 얻는다. 아우스빌둥의 기본과정은 3년으로 대학교 학사과정과 비슷하거나 조금 짧다. 그러나 종합대학처럼 시간표를 자유롭게 짤 수 없으며 보통 일주일에 하루 이틀은 직업이론교육을 받고 나머지 삼일은 현장에 나가서 실무를 배운다. 현장에서 일을 가르쳐 주는 사람들을 장인(Meister: 마이스터)이라고 부른다. 세계 어느 나라를 가든 기술직이나 노하우를 전수 받으려면 수개월에서 몇 년 동안 허드렛일을 하는 경우를 쉽게 볼 수 있는데 아우스빌둥도 이와 비슷하다. 현장에 투입되면 처음 몇 개월간은 마이스터가 시키는 잡일부터 시작하여 서서히 본격적인 기술을 배우게 된다.

최근 우리나라에서도 독일의 아우스빌둥에 관심을 가지고 있는 사람들이 늘어나고 있다. 특히 독일이 전통적으로 긴 역사를 가지고 있는 기계조립, 시계공, 제빵 등이 인기인데, 접근하기 전에 몇 가지 유의사항이 있다. 첫 번째는 비자 문제다. 해외에서 거주 및 일을 하려면 비자문제는 항상 떼려야 뗄 수 없는 부분인데 아우스빌둥에 지원하기에 가장 유리한 비자는 워킹홀리데이 비자다. 독일에 있는 한국인들이 많이 갖고 있는 비자가 크게 '워킹홀리데이비자', '어학비자', '오페어비자', '학생비자', '취업비자'인데 아우스빌둥은 수입이 발생하기 때문에 '어학비자'나 '학생비자'로는 사업체와 교육계약이 불가능하다(두 비자 모두 수입활동에 제한이 있다). 따라서 만 30세 이하는 워킹홀리데이비자로, 30세 초과 지원자는 취업비자와 같이 수입활동이 자유로운 비자를 취득한 후 접근하는 것이 좋다. 다만 워킹홀리데이 비자기간은 1년이므로 이 비자가 만료되기 전에 아우스빌둥을 시작해야 한다. 또한 워킹홀리데이비자는 일생에 단 한 번밖에 받을 수 없으므로, 이 기간에 주로 어학 공부를 할 계획이라면 차라리 어학비자를 먼저 받는 게 효율적이다.

둘째, 아우스빌둥의 핵심은 '현장교육'이다. 즉, 이론보다 실무가 우선인 과정이므로 직업학교가 아닌 실무를 배울 사업체 혹은 마이스터를 먼저 찾아야 한다. 직업학교에 공석이 있다고 해도 실무 현장에서 아우스빌둥 자리를 찾지 못하면 과정을 시작할 수 없다. 따라서 본인이 원하는 사업체나 마이스터에게 아우스빌둥 자리가 있는지, 어떻게 시작할 수 있는지 등을 문의하여 자리를 확보해야 한다. 직업학교는 사업체에서 연결해 주거나 자동으로 공석이 배정되므로 추후 생각해도 늦지 않다. 외국인이라 소통이 원활하지 못할 것을 우려하여 주저하는 사업체도 종종 있는데, 미리 독일어를 공부하여 사업체 연결 시 독일어 능력을 증명한다면 더욱 좋은 인상을 줄 것이다.

셋째, 수입만으로 생활하기 빠듯할 수 있다. 위에서도 언급했듯 아우스빌둥도 타인의 노동력을 쓰는 것이기 때문에 사업체에서는 교육생에게 임금을 지불하며, 임금은 매년 조금씩 인상된다. 교육과정 중 가장 월급을 많이 받는 직군은 공사현장 시공자, 항공 관제사, 관세사 등인데 교육 첫 해에 평균 950~1,300유로(세전, 서독 기준)의 월급을 받는다. 이미 동·서독의 구분이 없지만 도시마다 생활수준이 다르기 때문에 임금격차가 존재하며 동독 지역의 임금이 조금 더 낮다. 예를 들어 950유로를 받는다고 해도 세금을 제하면 750유로(한화 약 100만 원) 남짓일 것이다. 100만 원이 상위 월급 직군이므로 다른 대부분의 직군은 그보다 덜 받는다고 보면 된다. 제빵사의 경우 한 달에 실 수령액이 약 400유로(한화 약 52만 원)인데 독일 생활에 관심있는 독자라면 알겠지만 이 금액으로는 월세와 에너지 사용료 그리고 보험이 비싼 독일에서 생존하기 어렵다. 집 값이 아무리 싼 지역이라고 할지라도 침대와 책상만 있는 방 한 칸도 300유로가 넘기 때문에 아우스빌

등 외에 재정적인 지원이 필수라고 할 수 있다. 따라서 아우스빌둥을 시작하기 전, 약 3년을 꼬박 뒷받침할 수 있는 경제적인 준비가 반드시 필요하다.

많은 독일 학생들도 대학 진학과 직업교육 사이에서 고민한다. 그러나 학위와 직업교육 수료증이 주는 영향은 과정종료 이후 많이 다르므로 두 과정의 차이점을 명확히 알고 본인에게 맞는 것이 무엇인지 판단해야 할 것이다. 오른쪽의 체크리스트를 읽어보며 나에게는 무엇이 적합할지 생각해 보자.

Studium? oder Ausbildung?

고민하고 있는 당신을 위한 자가 체크리스트

① 자신이 이루고자 하는 최종 꿈에서 요구하는 조건은 무엇인가?

　학위인가, 직업교육 증명서인가?

② 자신의 목표 분야에서 일하고 있는 지인이 있는가? 그 사람이 밟은 과정은 무엇인가?

③ 자신의 수능 및 현재 가진 점수로 합격 가능성이 높은 것은 대학교인가 직업교육인가?

④ 실무적인 일을 배우고 싶은가, 혹은 이론을 심도 깊게 공부하고 싶은가?

⑤ 실무 현장에서 허드렛일을 해야 할 수도 있다. 각오가 되어 있는가?

⑥ 두 과정 모두 경제적인 지원이 필요하다. 이 부분에 대한 해결책은 무엇인가?

⑦ 선택에 따라 도시를 옮겨 이사를 가야 할 수도 있는가? 만약 그렇다면 새 도시에서

　적응할 자신이 있는가?

⑧ 구체적인 지원 시기는 언제인가? 일정에 맞추어 서류준비를 할 수 있는가?

가장 인기 있는 아우스빌둥 Top 10

1. Bankkaufmann/-frau: 은행원

2. Kaufmann/-frau im Einzelhandel: 소매업 상인

3. Kaufmann/-frau für Büromanagement: 사무원

4. Fachkraft für Lagerlogistik: 물류산업체 전문인력

5. Kaufmann/-frau im Großhandel: 도매업 상인

6. Industriekaufmann/-frau: 산업체 관리직

7. Verkäufer/-in: 판매원

8. Fachinformatiker/-in: 전산 전문가

9. Kaufmann/-frau für Spedition: 운송 및 물류업 상인

10. Fachinformatiker/-in(Anwendungsentwicklung): 전산 전문가(활용개발 분야)

아우스빌둥 관련 사이트

• 아우스빌둥 www.ausbildung.de

사이트 메뉴 설명

Berufe entdecken: 직업 발견하기

Ausbildungsplatz finden: 아우스빌둥 자리 찾기

Rund um die Ausbildung: 아우스빌둥에 관하여

Duales Studium: 이원학업

• 상공회의소 아우스빌둥 찾기 www.ihk-lehrstellenboerse.de

사이트 메뉴 설명

Finde Deinen Ausbildungsplatz! 당신의 아우스빌둥 기회를 찾으세요!

Welcher Beruf passt zu Dir? 당신에게 알맞은 직업은?

Finde Dein Praktikum! 당신의 인턴십 기회를 찾아보세요!

Die neuesten Ausbildungsplätze 최신 아우스빌둥 목록

4. 통신대학교 Fernuni

　통신대학교(Fernuniversität)란 원격으로 수업에 참여하되 일반대학과 같은 학위를 취득할 수 있는 대학을 말한다. 거의 모든 수업은 온라인으로 이루어지는데 학기말 시험을 보거나 튜터링에 참여하려면 현장에 출석해야 한다. 독일 최초이자 유일한 공립통신대학은 하겐 통신대학교(Fernuniversität in Hagen)이다. 통신대학의 수업 시스템은 온라인 및 우편 등을 활용하며 과제를 인터넷으로 제출하고, 비디오 컨퍼런스를 활용하여 수업토론을 하거나 우편을 활용하여 행정관리를 한다.

　위에서 언급한 하겐 통신대학교는 1974년에 세워진 대학으로 학사와 석사학위 과정이 개설되어 있으며 문화학, 사회학, 법학, 정보학, 경영학 등이 설치되어 있으나 일반 종합대학처럼 모든 세부 학과가 있는 것은 아니다. 보통 별도의 입학시험 없이 학업을 시작할 수 있고 학업시간을 자유롭게 조정할 수 있다는 점에서 직장을 다니며 공부를 하려는 사람들에게 인기가 많다.

　하겐 통신대학교 외에도 일부 사립대학교에서 통신대학 과정을 제공하고 있으니 관심이 있다면 온라인에 'Fernuni(통신대학)', 'Uni für Weiterbildung(추가교육을 위한 대학)', 'Fernstudium in Deutschland(독일의 통신대학)'를 검색해 보자.

5. 직장인 대학교 Uni für Berufstätige

직장인 대학교란 직장을 다니며 학업을 병행하는 과정으로, 아비투어 (수능)를 보지 않고 바로 사회생활을 시작해서 대학 진학을 못 했거나, 학위 취득은 했으나 직업과 연관된 두 번째 학위를 취득하려는 사람들을 타깃 으로 한다. 아비투어 성적이 없을 경우 직장 경험이 이를 대신하기 때문에 1년 이상 경제활동을 한 사람들에게 추천할 만하다. 퇴근시간에 맞춰 오후 6시 이후 혹은 주말에 주로 강의가 개설된다. 일반 종합대학에서 따로 오후 및 주말 학업과정을 개설하기도 하지만 대부분은 사립대학에서 더 많은 프로그램을 제공한다. 사립대학은 특성상 등록비가 발생하는데 적게는 학기 당 200유로, 많게는 1,000유로 이상을 지불해야 한다. 오후 및 주말에도 수업에 참여하기 어려운 학생들을 위해 온라인 강의도 개설되는 점에서는 통신대학(Fernuni)과, 직업과 연관된 프로젝트를 미리 경험할 수 있다는 점 에서는 이원학업(Duales Studium)과 유사한 특징을 보인다.

일반 종합대학이 직장인 대학과정을 운영하고 있는 경우는 마부르크 대 학(Uni Marburg), 브란덴부르크 공대(TU Brandenburg), 지겐 대학(Uni Siegen) 등이 있으며, 앞서 통신대학으로 소개된 하겐 통신대학(Fernuni Hagen)도 해당된다. 대표적인 직장인 사립대학에는 1993년에 문을 연 FOM대학(FOM Hochschule)이 있다. FOM대학은 독일 전역 30개 도시 및 오스트리아 빈에 사무실이 있으며 본관은 노르트라인-베스트팔렌 주 에센(Essen)에 위치하고 있다. 전 분야에 걸쳐 40개 이상의 학과가 설치되어 있고 학사 및 석사학위 과정도 있다. 졸업 시 일반학위와 차별 없이 인정 받을 수 있어서 매년 많은 직장인들이 접근하고 있는 추세이다.

다만 사립인 만큼 등록비가 적지 않은데, 평균 매월 약 300유로의 등록 비를 지불해야 한다. FOM대학의 학사 과정이 대부분 7학기로 구성되어 있으므로 최소 총 12,600유로가 등록금으로 들어가는 셈이다. 여기에 부 수적인 도서비용 및 교통비용까지 더하면 15,000유로 이상은 족히 들어간 다. 종종 회사에서 부분 혹은 전액 교육비용을 지원하기도 하니 지원하기 전 직장에 문의해 보는 게 좋다.

[독일 유학 **깨알**정보]

Duales Studium
듀알레스 스튜디움:
이원학업

독일의 일반대학 학위과정은 보통 주 5회 대상으로 본인이 시간표를 짠 대로 수 업에 나간다. 한 학기는 6개월로 우리나라 대학과 매우 유사한데, 이러한 일반과정 을 밟는 것을 폴짜이트스튜디움(Vollzeitstudium: 전일학업)이라 부른다. 그런데 요즘 FH(Fachhochschule: 응용대학교)를 중심으로 '듀알레스 스튜디움(Duales Studium: 이원학업)'이 뜨고 있다.

이원학업이란 기본 학위 과정을 밟으며 동시에 일을 함께 하는 것이다. 정식으로 채용되어 평생직장으로 일할 수 있는 것은 아니지만 학위 과정 내내 회사를 다니며 돈을 벌 수 있으며, 평가가 좋으면 졸업 후 정식 취업을 할 수 있다. 종합대학에서 전일학업과정으로 학교를 졸업하면 가장 큰 단점은 졸업 후 낯선 취업시장에 뛰어들어야 한다는 점이다. 많은 학위 과정이 인턴십을 제공하고 있으나 실제 직장생활에 얼마나 도움이 될지는 미지수다.

이원학업 과정은 이러한 단점을 크게 보완하고 미래를 대비할 수 있는 매력이 있다. 이원학업 과정에 지원하기 위해서는 먼저 아우스빌둥(Ausbildung: 직업교육 과정) 자리를 확보한 뒤 FH(응용대학교)에 등록해야 한다. 아우스빌둥 자리를 얻지 못하면 이원학업 과정을 등록할 수 없다. 학위를 무사히 마치면 일반 학사학위에 추가로 아우스빌둥 졸업장을 함께 준다. 예를 들어 뮌스터 응용대학(FH Münster)의 경우 전공에 따라 Bachelor of Arts, Bachelor of Science, Bachelor of Engineering 학위와 아우스빌둥 졸업장을 수여한다. 종합대학의 일반 학사 과정을 졸업하면 대부분 Bachelor of Art 혹은 Bachelor of Science를 수여하는 데 반해, 이원학업은 더 세부적이고 전문화 되어있으며 실제 현장기술까지 습득한 인력을 양성하는 과정이다. 단 학업과 일을 병행해야 하므로 주말이나 방학 시간을 매우 타이트하게 보낼 수밖에 없고, 그로 인해 대학 생활의 낭만이 줄어드는 게 큰 단점이다.

이원학위 과정 졸업생이라도 학위에 계속 뜻이 있다면 석사 과정에 등록할 수 있다. 석사 과정은 비슷한 분야의 학과 중 FH(응용전문대학) 혹은 Uni(종합대학) 중 자유롭게 선택 가능하다. 또한 일과 학업을 병행할 수 있는 마스터 과정을 운영하는 학교도 많으므로 마스터 과정에 간다고 하여 꼭 직장을 포기할 필요는 없다.

04
독일 대학
전공 탐색하기

학위 과정을 생각하는 사람이라면 누구나 꿈을 이루기 위해 어떤 전공이 도움이 되고 결정적인 기여를 할지 질문을 던지고 조언을 구한다. 그러나 올바른 선택이란 사실 존재하지 않는다. 우리는 최대한 꿈에 가까워질 수 있는 선택을 할 뿐이며, 복수전공이나 전과를 통해 첫 선택을 조금씩 수정하게 된다. 따라서 어렸을 때부터 확고한 목표나 희망전공이 있던 게 아니라면 전공을 탐색하는 과정은 매우 중요하다. 독일은 한국보다 전공 선택에 더 신중한 편이다. 전공과 관계없이 졸업 후 비교적 자유롭게 직장에 지원할 수 있는 우리와는 달리 독일은 상당수의 직업이 특정 분야의 전공(학위)를 요구하고 학위가 없으면 해당 분야의 경험이라도 요구하기 때문이다. 전공과 직업의 괴리가 크다고 판단할 경우 취업 시 서류심사나 인터뷰에서 탈락시키는 사례가 많다.

예를 들어, 대학에서 법학과 영문을 전공했는데 호텔 매니저가 되고 싶은 학생이 있다고 가정하자. 한국이라면 언어능력이나 해외연수 등을 강조하여 취업 시 바로 호텔 그룹사에 도전해 볼 수 있겠으나 독일에선 그것만 가지고는 거의 불가능하다. 또한 독일에선 아직까지 전공과 직업군을 같은 분야의 연장선으로 생각하고 평가하는 분위기가 지배적이기 때문에 이 학생은 서류에서 탈락될 확률이 높다. 법학과 영문이 전공임에도 불구하고 호텔에 일하고 싶은 분명한 동기와 추가 경험이나 자격이 필요하다. 사설 직업교육 학원에서 호텔경영이나 관광경영을 공부하여 자격증이 있다거나, 호텔에서 아르바이트를 2년 이상 한 경험이 있다면 접근해 볼 만하겠다. 물론 그보다 더 좋은 방법은 이미 대학에서 호텔경영을 전공하여 2~3학년 때 인턴과 아르바이트를 병행해서 실무경험을 쌓은 뒤 졸업시즌에 맞춰 직장을 구하는 것이다.

대부분의 직장 근무시간은 하루 8시간이다. 학생도 하나의 직업이라고 생각하면 하루에 8시간 이상을 투자할 수 있는 재미있고 롱런할 수 있는 전공을 선택해야 한다. 독일 학생들은 본인을 잘 아는 부모님, 친구, 친척을 비롯하여 대학 입학관리처의 상담서비스와 전공박람회를 적극 활용하고 있다. 각 대학마다 스튜디엔베라퉁(Studienberatung: 학업상담소)이 있는데 보통 해당 전공의 선배나 강사 혹은 행정 선생님이 직접 상담을 해준다. 자신의 고등학교 성적을 가져가면 입학 가능 여부를 어느 정도 예측해 주기도 한다. 외국학생이라도 받을 수 있는 서비스이므로, 독일 현지에서 유학을 준비한다면 영문 성적증명서와 수능성적 등을 준비해서 직접 상담을 받아보는 것도 큰 도움이 된다. 단, 상담 때 예측해 준 결과가 정확하지 않을 수 있으므로 맹신하기보다 참고만 하는 것이 좋다.

　이제 주요 단과대학별 학과를 살펴볼 것이다. 모든 전공을 다 언급하면 좋겠지만, 독자들의 직관적인 이해를 돕기 위해 굵직한 과들 위주로 소개할 것이며 《디 짜이트》에 소개된 우수 대학도 함께 언급하겠다. 우수대학 선정에 고려된 주요 부분은 '재학생들의 종합평가'와 '전반적인 학업환경'이며 유학생에게 중요한 부분이 될 만한 다음의 요소도 고려하였다(알맞은 시기에 졸업할 확률, 국제학생을 위한 시설 그리고 교수진들의 케어링 등). 평가 점수는 상(Spitzgruppe), 중(Mittelgruppe), 하(Schlussgruppe) 세 단계로 부여되었다. 랭킹을 맹신하지는 않되, 본인의 관심전공에 좋은 평가를 받고 있는 곳이 어디인지 살펴본다면 대학 선정에 도움을 줄 것이다.

더 많은 정보는
www.abi.de
www.studieren.de
www.daad.de

1. 인문 및 사회대학

/// 영문학과 Anglistik ///

영문학과의 종합평점이 가장 높은 곳은 뒤셀도르프 대학교(Uni Düsseldorf)와 보훔 대학교(Uni Bochum)이다. 학업 환경, 졸업 시기 및 해외경험 기회 제공 면에서 최고 평점을 받은 대학으로는 만하임 대학교(Uni Mannheim)가 있다.

/// 교육학과 Bildungswissenschaft, Erziehungswissenschaft ///

교육학과는 전공에 따라 성인교육(Erwachsenenpädagogik, 평생교육), 사회교육(Sozialpädagogik) 미디어교육(Medienpädagogik) 및 특수교육학(Sonderpädagogik)과 등으로 나뉜다. 학생들에게 가장 높은 평점을 받은 학교는 하겐 통신대학교(Fern Uni Hagen), 2위는 쾰른 대학교(Uni Köln)가 차지했다. 종합평점 및 학업환경, 졸업조건까지 고려하면 올덴부르크 대학교(Uni Oldenburg)가 상위권에 있다.

/// 동아시아학과 Ostasienwissenschaft ///

동아시아학이란 이름 그대로 동아시아에 속하는 국가인 한국, 중국 그리고 일본에 대하여 연구하는 학문이다. 학교 커리큘럼에 따라 한국학(Koreanistik), 중국학(Sinologie), 일본학(Japanologie)을 구분하여 전공할 수 있으며 아시아 국가의 역사뿐 아니라 사회 문화까지 전반적으로 공부한다. 동아시아학이 설치된 학교는 해당 언어도 함께 가르치며 독일로 교환학생을 온 아시아 학생들과 교류가 활발하게 이루어지는 편이다. 동아시아학과는 다음의 6개 대학에 설치되어 있다[두이스부르크-에센대학(Uni Duisburg-Essen), 하이델베르크 대학(Uni Heidelberg), 함부르크 대학(Uni Hamburg), 괴팅엔 대학(Uni Göttingen), 보훔대학(Ruhr Uni Bochum), 프랑크푸르트 대학(Uni Frankfurt)]. 두이스부르크-에센대학과 프

베를린 자유대학교 한국학과 메인 홈페이지

랑크푸르트 대학은 근대 동아시아학 연구에 초점이 맞춰져 있다. 한국학(Koreanistik 또는 Koreastudien)이 개별전공으로 설치된 학교는 튀빙엔 대학(Uni Tübingen), 보훔 대학, 베를린 자유대학(FU Berlin) 및 함부르크 대학(Uni Hamburg)이다.

/// 독어독문학과 Germanistik ///

우리나라 대학에서는 독어독문학과가 독일어를 비롯하여 독일 문화 및 문학을 배우는 학과인데 반해, 독일의 독어독문학과는 학과 이름 그대로 독일어 언어와 문학을 연구하는 데 초점이 맞춰져 있다. 즉, 독일의 국어국문학과라고 이해하면 된다. 기초언어 수업이나 가벼운 생활문화에 대한 강의는 적으며, 문학개론 및 어학개론 과정이 1학년 때부터 시작된다. 실용 비중보다는 순수 학문적인 측면에 비중이 있다. 학생들의 종합평점이 높은 대학은 부퍼탈 대학(Uni Wuppertal), 보훔 대학(Uni Bochum) 및 밤베르크 대학(Uni Bamberg)이다. 그중 밤베르크 대학은 교수진의 케어가 꼼꼼하며 졸업 시 직업탐색 측면에서도 적극적인 지원을 하는 것으로 평가받고 있다.

/// 법학과 Rechtswissenschaft, Jura ///

법학과는 일반학사 과정(3년)보다 조금 긴 7학기 혹은 8학기 과정이며, 1~2학기 과정에서 전반적인 개요 및 유럽의 법에 대해 공부하고 학기가 올라갈수록 디테일하고 다루기 까다로운 법률에 대해 배운다. 재학생들이 가장 높은 평점을 준 대학은 하겐 통신대학(Fernuni Hagen)과 뮌스터 대학(Uni Münster)이다. 교수진의 연구활동 및 연구지원금 그리고 학교 시설적인 측면까지 고려하면 뮌스터 대학이 더 높은 평점을 취득하였다.

/// 사회학과·정치학과 Soziologie, Sozialwissenschaften ·Politikwissenschaft ///

사회학과 정치학은 각 특성이 다르지만 사회과학 연구라는 측면에서 일맥상통 한다. 정치학은 국가권력의 현상과 갈등, 권력의 투쟁 및 타협에 대해 연구하는 학문이며, 사회학은 넓은 의미로 인간 사회에서 일어나는 사회적 행위를 연구하는 학문이다. 재학생에게 가장 높은 평점을 받은 대학은 보훔 대학(Uni Bochum)과 베를린 자유대학(FU Berlin)이다. 종합평점은 베를린 자유대학에 뒤쳐지지만 학업환경, 졸업시기 및 커리큘럼에서 우수한 점수를 받은 학교는 괴팅엔 대학(Uni Göttingen)이다.

/// 심리학과 Psychologie ///

심리학과는 다른 인문학과에 비해 과학적 방법론을 많이 활용하기 때문에, 학기 초 멘토링이나 강의를 통해 자연과학적 지식을 쌓는 과정 및 훈련이 중요하다. 학기 초반에 신입생의 지원이 잘 이루어지는 학교로 보훔 대학(Uni Bochum), 밤베르크 대학(Uni Bamberg), 만하임 대학(Uni Mannheim), 뒤셀도르프 대학(Uni Düsseldorf), 함부르크 사립 의과대학(Medical School Hamburg)이 있다. 학생들의 종합평가에서 1위를 차지한 대학은 보훔 대학교다.

/// 로맨스어문학과 Romanistik ///

'로맨스어'란 라틴어에서 발달한 이탈리아어, 스페인어, 프랑스어 등을 통칭하여 일컫는 것으로 로맨스어문학과는 로맨스어를 사용하는 국가의 언어 문화 및 문학을 연구하는 학문이다. 비단 유럽 국가뿐 아니라 식민지의 영향으로 로맨스어를 활용하는 아메리카나 아프리카 문화권도 함께 포함된다. 로맨스어문학과가 유명한 대학으로는 본 대학(Uni Bonn), 뮌헨 대학(LMU München), 쾰른 대학(Uni Köln)이 있다.

브레멘 대학교 인문대학 강의동

2. 경영대학

// 경영학과 Betriebswirtschaftslehre(BWL) //

한국에서도 가장 인기있는 학과 중 하나인 경영학과는 독일에서도 거의 모든 대학에 설치되어 있을 정도로 흔하면서 선호도가 높은 학과이다. 공립대학 중 종합평점이 가장 높은 학교는 뮌헨 공대(TU München) 그리고 바이로이트 대학(Uni Bayreuth)이다. 사립대학 중에서는 프랑크푸르트 스쿨(Frankfurt School)이 1위를 차지했다. 응용전문대학 중 좋은 평가를 받고 있는 곳은 뮌스터 응용대학(FH Münster), 보훔 응용대학(HS Bochum), 포츠하임 응용대학(HS Pforzheim) 등이 있다. 경영학과는 졸업 후 취업을 희망하는 학생이 많으므로 교육 과정에서 취업을 지원하는 이원학업도 고려할 만하다.

// 경제학과 Wirtschaftswissenschaft //

기업의 생리에 대해 공부하는 경영학과와는 달리 경제학과는 자본의 분배, 가격 결정과 같은 한정된 자원에 대해 연구한다. 따라서 자연스럽게 경제수학, 통계, 분석과 같은 수리적인 사고가 요구되어 경제학을 어렵게 느끼는 학생들이 많다. 다수의 독일 대학에서 이 점을 고려하여 1학년에게는 멘토링 및 수학 강의를 따로 제공하고 있다. 강의, 해외기회 및 학업환경에서 모두 상위 랭킹을 차지한 학교는 프랑크푸르트 대학(Uni Frankfurt)이며, 그 뒤를 파더본 대학(Uni Paderborn), 마인츠 대학(Uni Mainz) 그리고 호헨하임(Uni Hohenheim) 대학이 잇고 있다.

// 경영정보학과 Wirtschaftsinformatik //

경영정보학과란 기업에서 경영을 위해 사용하는 컴퓨터 및 통신 기술을 공부하고 연구하는 학과이다. 대표적으로 우리나라의 많은 기업이 활용하고 있는 자원관리시스템인 ERP, 고객관리시스템 CRM 등이 있다. 회사의 실무를 원활하게 하는 데 없어서는 안 될 요소이기 때문에 이러한 경영 시스템 전문가의 수요가 점점 높아지고 있는 추세이다. 공립대학 중 종합평가가 좋은 학교는 두이스부르크-에센 대학(Uni Duisbrug-Essen)이며, 학사과정 중 직업경험을 제공하는 부분에서 상위그룹에 있는 학교로는 막데부르크 대학(Uni Magdeburg), 뮌스터 대학(Uni Münster), 지겐 대학(Uni Siegen) 등이 있다. 응용전문대학 중에서 상위 그룹으로는 아욱스부르크 응용대학(HAW Augsburg), 레겐스부르크 응용대학(OTH Regensburg), 칼스루헤 응용대학(HS Karlsruhe)이 있다.

/// 사회경제학과 Volkswirtschaftslehre(VWL) ///

VWL은 Nationalökonomie, Wirtschaftliche Staatswissenschaften 이라고 불리는데 사회 문제와 그 문제가 경제에 미치는 영향을 공부하는 학문이며 사회조사 활동이 큰 틀을 이룬다. 재학생 종합평점에서 상위를 차지한 학교는 프라이부르크 대학(Uni Freiburg), 뮌헨 대학(Uni München)이며 강의, 졸업 및 학업환경에서 모두 우수한 평가를 받은 학교는 만하임 대학(Uni Mannheim), 바이로이트 대학(Uni Bayreuth), 괴팅엔 대학(Uni Göttingen) 등이다. 응용전문대학 중에서는 오스나부뤼크 응용대학(Hochschule Osnabrück)과 베를린 응용대학(HTW Berlin)이 우수한 대학으로 평가받고 있다.

3. 이공계 및 과학대학

/// 물리학과 Physik ///

재학생 종합평점이 높은 대학은 뮌스터 대학(Uni Münster), 하이델베르크 대학(Uni Heidelberg), 괴팅엔 대학(Uni Göttingen) 및 뉘른베르크/에를랑엔 대학(Uni Nürnberg-Erlangen) 등이 있다. 이공계 대학을 선택할 때에는 단순히 학교평점이 아니라 학교의 중점연구 분야가 무엇인지도 탐색하면 좀 더 적절한 학교를 추려낼 수 있다. 언급한 학교 중 뮌스터 대학은 입자 물리학(Elementarteilchen), 고체(Festkörper) 및 물질 물리학(Materialphysik)에, 하이델베르크 대학은 천체물리학(Anstrophysik)과 생물리학(Biophysik) 및 화학 물리학(Chemie Physik)에 중점을 두고 있다.

/// 생물학과 Biologie ///

생물학과의 재학생 평점이 높은 곳은 괴팅엔 대학(Uni Göttingen), 뒤셀도르프 대학(Uni Düsseldorf) 등이며 전반적인 학업환경 및 학생 케어링 그리고 연구실 인턴십 등 다방면에서 높은 평가를 받은 곳은 브라운슈바이크 공대(TU Braunschweig)와 콘스탄츠 대학(Uni Konstanz), 프라이부르크 대학(Uni Freiburg) 등이다.

/// 지구과학과 Geowissenschaften ///

지구과학과 재학생 종합평점, 신입생 케어링, 연구지원 및 인턴십 지원 측면 등 대부분의 영역에서 1위를 차지한 곳은 아헨공대(RWTH Aachen)이다. 그 외에 두 개 이상 영역에서 좋은 평가를 받은 대학으로는 괴팅엔 대학(Uni Göttingen), 튀빙엔 대학(Uni Tübingen), 브레멘 대학(Uni Bremen) 등이 있다. 특히 아헨 공대는 비단 졸업 시즌뿐 아니라 학기 말에도 연구소나 기업체 실습기회를 제공하여 학생들이 공부한 내용을 기업현장에 바로 적용해 볼 수 있는 기회를 풍부하게 제공하고 있다.

/// 수학과 Mathematik ///

수학과는 순수학문을 배우는 학과로, 바로 직업현장과 연결되기 보다 모든 과학 및 산업 분야에서 필수적으로 이용되는 기본사고를 공부한다. 따라서 강사진의 밀착 케어링 및 직업 실습의 기회를 제공하는 학교에 진학하면 졸업 후 진로선택에 도움이 될 것이다. 재학생 평가 1위와 2위를 차지한 대학은 뮌헨 대학교(LMU München)와 베를린 공대(TU Berlin)이다. 그러나 학업환경과 강사진들의 케어링 및 연구지원 측면을 고려하면 카이저스라우테른 공대(TU Kaiserslautern), 켐니츠 공대(TU Chemnitz) 그리고 막데부르크 대학(Uni Magdeburg)이 좋은 평가를 받고 있다.

// 컴퓨터 공학과 Informatik //

최근 인기가 급상승하고 있는 컴퓨터 공학과는 디지털 기계를 활용한 정보의 형성, 저장 및 가공 그리고 시스템적 사고에 대해 공부한다. 엔지니어 측면과 수학적 측면이 융합되어 탄생한 학과이므로 논리적 사고는 필수적이라 하겠다. 컴퓨터 공학과에서 우수대학으로 평가받는 학교는 도르트문트 공대(TU Dortmund), 다름슈타트 공대(TU Darmstadt), 뮌헨·가르힝 공대(TU München·Garching) 및 아헨 공대(RWTH Aachen)다. 공대가 집중적으로 많은 점이 주목할 만하다. 그중에서도 신입생 케어링, 학업 및 연구지원 등 다방면에서 상위 평가를 받은 곳은 아헨 공대이다.

// 화학과 Chemie //

현 화학과 재학생들에게 가장 높은 평점을 받은 대학은 뮌헨·가르힝 공대(TU München·Garching)와 아헨 공대(RWTH Aachen)이며 그 뒤를 뒤셀도르프 대학(Uni Düsseldorf)이 잇고 있다. 재학생 평가 외에 종합평점, 졸업시기 및 강의평가까지 종합하면 아헨 공대, 바이로이트 대학(Uni Bayreuth) 그리고 보훔 대학(Uni Bochum)이 1~3위를 차지했다.

4. 예술대학

예술대학은 특수성을 고려해 전공가능 학과가 많은 공립대 중심으로 소개하겠다.

/// 베를린 예술대학교 Universität der Künste Berlin(UdK Berlin) ///

'우데카'라고 불리는 베를린 예술대학교가 제공하는 전공학과는 총 55개이다.

대표 학과들을 알파벳 순서로 나열하면 Alte Musik(고전음악), Architektur(건축), Bilden-de Kunst(시각예술), Bühnenbild(무대예술), Design(디자인), Gesang·Musiktheater(연극음악), Gesellschafts-und Wirtschafskommunikaten(경제커뮤니케이션), Jazz(재즈), Kirchenmusik(교회음악), Klavier(피아노), Komposition(작곡), Kostümbild(무대의상예술), Künstlerisch-Pädagogische Ausbildung Musik(예술교육·음악교육), Orgel(오르간), Schauspiel(연기), Szenisches Schreiben(각본창작), Tanz(안무), Tonmeister(음향), Visuelle Kommunikation(시각 커뮤니케이션) 등이 있다. 음악, 무대예술, 안무, 디자인, 의상, 연기 및 커뮤니케이션을 비롯하여 예술에서 가능한 거의 모든 분야에서 전문성을 키울 수 있는 세계 최대의 교육환경을 제공하고 있다. 학교의 명성답게 한국인 유학생들이 특히 선호하는 예술학교로 매년 수많은 인재를 배출하고 있다.

우데카 입시에서 눈에 띄는 점은 Ohne NC 학과(입시시험이나 상대평가를 따로 거치지 않는 학과)가 하나도 없다는 점이다. 즉, 모든 지원자는 심사과정 및 실기시험을 치러야 한다. 또한 지원기간이 일반 종합대학교보다 조금 이른 매년 2월 중순~3월 중순에 시작하여 4월 말에 마감하며, 학사와 석사 간 차이도 있으니 본인이 지원하려는 과의 지원일(Bewerbungsfrist)를 검색하는 일이 우데카 입학의 첫걸음이다.

우데카의 실기시험 기간은(학사 지원기준) 피아노학과는 6월 말, 연극 성악과는 3월 초와 4월 초, 연기학과는 2월 중순에서 3월 초에 시행된다. 이 또한 학과마다 다르므로 홈페이지를 참조하거나 각 학과 담당자에게 직접 문의하는 것이 가장 정확하다. 아래는 대표 학과 및 담당자 연락처 목록이다. 만약 본인의 희망학과가 없다면 중앙문의처로 연락하면 된다.

UdK 학위과정 안내 사무실 연락처 및 주소(개별 상담예약 가능)

대표 전화번호: 030 31850

우편주소: 아래 형식으로 작성해야 한다.

> Universität der Künste Berlin
> (학과/수신자 이름)
> Postfach 12 05 44
> D-10595 Berlin

중앙 안내처 StudyGuide

안내 분야: 지원 및 합격과정, 인포메이션 이벤트, 등록 및 취소, 학생증 관련 행정

Email: studyguide@udk-berlin.de

전화: 030 3185 1480

미술전공

Prof. Burkhard Held (held@udk-berlin.de)

Hardenbergstr. 33, Raum 250, Berlin-Charlottenburg

전화: 030 3185 2231

예술교육 전공(교사과정 포함)

담당: Prof. Ursula Neugebauer (klasse-neugebauer@udk-berlin.de)

주소: Hardenbergstr. 33, Raum 061, Berlin-Charlottenburg

전화: 030 3185 2122

음악교육 전공(교사과정 포함)

담당: Prof. Dr. Rebekka Hüttmann (huettemann@udk-berlin.de)

예술교육 아우스빌둥 과정

담당: Prof. Dr. Ulrich Mahlert (u.mahlert@web.de)

주소: Fasanenstr. 1B, Raum 306, 10623 Berlin

전화: 030 3185 2764

음향효과 전공

담당: Prof. Wolfgang Loos (wolfgang.loos@udk-berlin.de)

주소: Fasanenstr. 1B, Raum 03, Tonmeisterbüro, 10623 Berlin

전화: 030 3185 2740

성악·연극음악 전공

담당: Prof. Errico Fresis

상담 예약: Frau Julia Rogge (julia.rogge@udk-berlin.de)

전화: 030 3185 2254

연기 전공

담당: Herr Daniel Nartschick (schauspiel@udk-berlin.de)

전화: 030 3185 2983

무대예술 전공

담당: Herr Oliver Brendel (brendel@udk-berlin.de)

각본창작 전공

담당: Dr. John von Düffel (vondueffel@gmx.de)

전화: 030 3185 2660 (전화로 상담시간 예약)

연극·연기교육 전공

담당: Prof. Dr. Ulrike Hentschel (uhen@udk-berlin.de)

전화: 030 3185 2562

라이프치히 음대 내부

// 라이프치히 음악·연기대학 Hochschule für Musik und Theater

"Felix Mendelssohn Bartholdy" Leipzig(HMT) //

라이프치히 예술대학은 독일에서 가장 오래된 음대로 역사가 깊은 교회음악과가 설치되어 있다. 1992년 한스오토 연극학교를 흡수하며 '음악 및 연기대학'으로 이름을 변경하였다. 대표 학과로는 고전음악(Blockflöte, Traverflöte, Naturhorn, Violone, Viola, Historischer Gesang 등), 타악기, 관악기, 성악, 피아노, 작곡, 지휘, 오르간, 현악기 전공이 있다.

라이프치히 종합대학(Uni Leipzig) 음대와 구분된다. 종합대학에는 연구 중심의 음악학과(Musikwissenschaft)만 개설되어 있다.

펠릭스 멘델스존 바톨디 음대의 지원은 연기학과(11월 말)를 제외하고 3월 말에 마감한다. 원서접수 전용 온라인 포털에서 지원하는데, 접수기간인 3월 한 달을 제외하고는 사이트가 열리지 않으므로 시기를 놓치지 않도록 주의한다. 서류지원이 끝나면 6월 초에 실기시험이 시행된다. 실기 결과는 6월 20일 온라인 지원 포털에 일괄 공지되며 입학 및 개강 시기는 10월 초다. 학업 행정에서 특히 눈에 띄는 점은 공립대학 치고 등록비가 상당히 높다는 점이다. 2016년 10월부터 EU 외 국가 출신 학생들은 학기당 1,800유로의 수업비를 지불해야 한다. 두 번째 학위자의 등록비는 900유로이다. 그 외에는 학기당 회비 약 202유로가 있다. 대부분의 공립대가 학기 회비를 제외하고 내는 비용이 없는 데 반해 학생들의 부담이 상당하다고 할 수 있다.

외국인 지원자(원서 접수 및 선발과정) 문의처

담당: Frau Inka Daubner-Mensching (inka.daubner-mensching@hmt-leipzig.de)

전화: 0341 2144 620

기타 학교 행정관련 문의

담당: Frau Liliia Haidash (inka.daubner-mensching@hmt-leipzig.de)

전화: 0341 2144 629

/// 함부르크 음악·연기대학

Hochschule für Musik und Theater Hamburg (HfMT Hamburg) ///

함부르크 음악 연기대학에 설치된 학과는 총 39개로, 악기 전공, 성악, 음악연출, 연기연출, 재즈, 음악치료, 문화 및 미디어 관리 등을 전공할 수 있다. 대부분의 독일 대학이 겨울학기에 신입생 모집이 집중되어 있는 데 반해 함부르크 음대는 (학사 기준) 일 년에 두 번 신입생을 모집한다. 원서접수는 라이프치히 HMT와 마찬가지로 지원 전용 온라인 포털을 이용한다. 'ELISA'라고 불리는 학교 전용 사이트가 있으며 학교 홈페이지를 통해 접속할 수 있다. 지원기간은 악기, 재즈, 작곡, 성악, 음악교육 등 음악 관련 대부분의 학과가 2월 15일부터 4월 1일이며 4월 4일까지 모든 서류가 도착해야 한다. 김나지움 교사양성 음악교육과는 12월 1일부터 1월 10일 내에 접수, 서류도착 마감일은 1월 14일이다. 연기학과의 접수일은 7월 1일부터 11월 15일, 서류 도착 마감일은 12월 7일이다. 매년 마감일이 유사하더라도 학과에 따라 변동이 있을 수 있으니 반드시 직접 확인하도록 하자.

다른 예대도 유사하겠지만 함부르크 음대는 독일어 수준을 더욱 엄격하게 지키고 있다. 학업 시작 기준은 B2이며 학사 합격자는 학기 시작 전까지 B2 증명서를 제출하지 못할 경우 학교에 등록할 수 없다. 석사 합격자는 첫 학기 내에 미제출 시 다음 학기 등록이 불가하며 재학이 취소된다.

학과 종합 중앙안내처

메일: : studium@hfmt.hamburg.de

전화: 040 428482 01

국제처

담당: Frau Katharina Strauer

메일: international@hfmt-hamburg.de

전화: 0151 111 62040

// 쾰른 음악·무용대학 Hochschule für Musik und Tanz Köln(HfMT Köln) //

한국인 유학생들 사이에서 '쾰른 음대'로 불리는 이곳은 안무와 음악에 특화된 교육을 하는 국립음대이다. 독일에서 라이프치히와 베를린 음대 다음 세 번째로 설립된 국립음대로, 원래 음악전문 교육학교로 운영해 오다가 2009년 무용(Tanz) 전공이 추가되었다. 음악대학답게 각 악기 분야에서 쟁쟁한 교수진들이 재직하고 있다. 전공 가능한 악기는 트럼펫, 피아노, 바이올린, 비올라, 첼로, 더블베이스, 오르간, 기타, 타악기, 바순, 클라리넷, 오보에, 호른, 플룻, 하프, 트럼본이며 물론 작곡, 지휘, 성악 전공도 개설되어 있다. 개설 전공학과 수는 학사 기준 24개다.

쾰른 음대는 학교 교사과정이 포함된 학과, 교회음악, 오케스트라 센터, Pre-College를 제외하고 겨울학기에 집중적으로 신입생을 모집한다. 여름학기 원서접수는 이전 해의 10월 1일, 겨울학기는 그 해의 3월 1일에 마감한다. 따라서 대부분의 한국인 유학생이 모이는 악기 및 음악 관련 전공입시는 3월부터 시작되며 10월 초에 개강한다고 보면 된다. 원서접수는 학교에 직접 서류로 접수한다. 홈페이지에서 신청서를 다운받아 작성하고 필요서류를 함께 첨부하여 우편으로 보낸다. 신청서 외에 필요한 서류에는 이력서, 현재까지 관련 학업 및 대회 증명서, 어학 증명서(B2), 원서접수비 지불 확인증(은행 이체확인서)이다. 한국어로 발급된 증명서는 복사 및 번역하여 공증을 받는 게 확실하다. 모든 서류가 도착해야 지원이 완료되며 학교에서 개별적으로 부족한 서류에 대해 통지하지 않으므로 빠진 서류가 없는지 잘 체크해야 한다. 실기시험 기간은 5월 말에서 6월 20일경이다. 실기시험을 보기 위해서는 서면으로 신청해야 시험을 치를 수 있으므로 홈페이지에서 'Antrag auf Zulassung zur künstlerischen Eignungsprüfung Bachelor(학과명)'을 다운받아 작성하여 학교로 보낸다.

Fachbereich1. 작곡, 건반악기전공 문의

담당: Prof. Josef Anton Scherrer (JosefAnton.Scherrer@hfmt-koeln.de)

Fachbereich2. 오케스트라 지휘, 현악기전공 문의

담당: Prof. Harald Schoneweg (harald.schoneweg@hfmt-koeln.de)

Fachbereich3. 관악기, 하프, 타악기전공 문의

담당: Prof. Ulrich Flad (ulrich.flad@hfmt-koeln.de)

Fachbereich4. 성악, 연극(무대)음악전공 문의

담당: Prof. Mechthild Georg (mechthild.georg@hfmt-koeln.de)

Fachbereich5. 음악교육, 음악학, 합창단 지휘전공 문의

담당: Prof. Dr. Claudia Meyer (claudia.meyer@hfmt-koeln.de)

Fachbereich6. 재즈·팝 전공 문의

담당: Prof. Dieter Manderscheid (dieter.manderscheid@hfmt-koeln.de)

현대무용 전공 문의

담당: Prof. Vera Sander (vera.sander@hftm-koeln.de)

거주, 장학금 및 어학코스 관련 문의

공통메일: betreuungsbuero@hfmt-koeln.de

// 카셀 예술대학 Kunsthochschule Kassel(KhK) //

카셀 예술대학은 예술 이론, 실습 및 교육을 종합적으로 가르치는 독일에서 몇 안 되는 예술대학이다. 대부분의 학과가 미술, 디자인 및 미디어 관련 학과에 집중되어 있으며 학사, 석사와 박사 통틀어 9개의 학과가, 학사에는 예술학(Kunstwissenschaft) 전공만 설치되어 있어 다른 예대에 비해 선택의 폭이 다소 좁은 편이다. 예술학과에서는 중세부터 현대예술까지 예술 역사에 대한 전반적인 이론을 공부하면서 전통적 현대적 미학이론을 통해 다양한 주제들을 분석하는 훈련을 한다. 학업 중 사진, 퍼포먼스, 영화, 설치예술 등 자신만의 중점 분야를 선택하여 좀 더 깊이 있는 전문성을 기를 수 있다.

카셀 예술대학의 지원 시기는 일반 종합대학과 마찬가지로 7월 15일 마감이며 uni-assist (우니아시스트) 포털을 통하여 접수한다. 학교에서 직접 연락이 오는 경우를 제외하고 학교로 보내야 하는 서류는 없다. 원서는 우선적으로 uni-assist로 발송해야 한다. 빠지는 서류나 보충해야 할 부분이 있을 수 있으므로 학교에서는 4월 15일까지 접수준비를 마치도록 권장하고 있다.

외국인 유학생 관련 중앙 문의처

메일: studieren@uni-kassel.de

조형예술전공 문의

담당: : Frau Franziska Weygandt (studierendeberatenkunst@uni-kassel.de)

예술교육(교사 과정)전공 문의

담당: Frau Louisa Jacobs (studierendeberatenlehramtkunst@uni-kassel.de)

예술학전공 문의

담당: Frau Hardt (studierendeberatenkunstwiss@uni-kassel.de)

산업디자인전공 문의

담당: Frau Charlotte Kreiss (studierendeberatenproduktdesign@uni-kassel.de)

시각커뮤니케이션전공 문의

담당: Herr Patrick Barzagar-Nazari (studierendeberatenviskom@uni-kassel.de)

예대 입시에 가장 중요한 부분은 물론 실기시험이겠지만 최근 들어 독일어의 중요성이 점점 높아지고 있다. 약 10년 전만 하더라도 B1 수준이면 대학 지원에 큰 걸림돌이 되지 않았으나 현재는 B2 이상의 성적이 요구되고 있다. 전공 분야의 실기실력은 우수하나 대학 강의에서 교수가 하는 말을 못 알아듣는 경우가 많아서 적지 않은 독일 대학에서 곤란한 상황들을 겪었기 때문이다. 독일어로 시험을 치른다 해도 결국 시험을 위한 시험공부만 할 뿐, 시험 외에는 독일어로 거의 소통하지 않는 사례가 많았다. 이는 분명 독일 대학에서 지향하는 바가 아닐 것이다. 예술대학은 학교 수준과 명성이 매우 중요하기 때문에, 이미 본국에서 많은 트레이닝을 받고 온 아시아 학생들을 유치하면 학교 수준을 높이는 데 직접적인 도움이 된다. 대부분의 독일 예대는 실력 좋은 아시아 지원자들을 유치할 준비가 되어있다. 그러나 최소한의 의사소통조차 되지 않는다면 선발에 있어서 주춤할 수밖에 없을 것이다. 실제로 필자는 독일어 실력 때문에 실기시험에서 고배를 마셔야만 했던 사례를 여럿 보았다. 하지만 오히려 이러한 점을 이용하여 독일어 실력만 탄탄하게 갖춰 놓는다면 입시에서 매우 유리한 고지를 차지하고 교수진들에게 좋은 인상을 남길 수 있을 것이다. 뿐만 아니라 독일인 동기들도 쉽게 사귈 수 있으므로 그야말로 예대입시에 있어 독일어 공부는 일석삼조 이상의 효과를 볼 수 있는 투자이다.

지원하는 학교에 따라 B2에 준하는 '자격증'을 제출해야 하는 경우와 'Kursabschluss(어학수업 수료)'를 제출하는 경우가 있다. 자격증을 내야 하는 경우 Goethe Institut, Telc, Test DaF 혹은 DSH 등 자신에게 맞는 자격증을 선택하여 시험을 치르면 된다. Test DaF는 TDN3등급, DSH는 DSH1이 B2에 해당된다. 반면 Kursabschluss를 내야하는 경우는 해당 레벨 어학코스를 이수했다는 증명만 필요하므로 현재 다니는 어학원의 증명서를 지원 대학에서 인정하는지 알아본 뒤 코스를 마치면 되겠다.

5. 체육대학

/// 스포츠과학과·체육과 Sportwissenschaften ///

스포츠과학과는 제2차 세계대전 후에 발전되기 시작한 새로운 학문으로 스포츠를 생물학, 사회과학 등 여러 과학 분야에서 연구하는 학문이다. 스포츠를 역사적, 생리학적, 심리학적, 사회학적, 철학적인 관점 등에서 연구하고 싶다면 스포츠과학과에 진학할 만하다. 대표적인 세부전공으로는 레저스포츠, 스포츠재활, 스포츠매니지먼트(체육경영)가 있다. 체대에 속하는 만큼 각 대학마다 실기시험(Eignungsprüfung: 자격시험)이 존재하는데 실기합격증을 받으면 체대에 정식 지원할 수 있다. 공식적으로는 실기시험을 합격한 대학에만 지원할 수 있지만 종종 타 대학 합격증을 인정해주는 곳(보훔과 쾰른 대학교)이나 해당 주 전 지역에 통용되는 시험도 있으므로 미리 알아보는 게 좋다.

재학생에게 압도적으로 높은 점수를 받은 대학은 쾰른 체대(Deutsche Sportschule Köln)이다. 종합평점에서는 바이로이트 대학(Uni Bayreuth)과 보훔 대학(Uni Bochum)이 상위권을 차지했다. 쾰른 체대는 독일 유일의 체육전문 대학교로, 체육과 관련된 거의 모든 학과가 설치되어 있다. 즉, 비단 몸을 움직이는 체육 종목뿐 아니라 운동치료, 재활, 운동 신경학, 스포츠 저널리즘 등을 전공할 수 있다.

쾰른 체육대학, 보훔 대학 체육학과

종목	합격기준	
	남자	여자
100m 단거리 달리기 Sprint	13.4초	15.5초
높이뛰기 Hochsprung	1m 40cm	1m 20cm
투포환 Kugelstoßen	7.25kg, 7m 60cm	4kg, 6m 75cm
오래 달리기 Ausdauerlauf	3000m, 13min	2000m, 10min
체조 Turnen	뜀틀 - 높이뛰기 1.25m 외 마루, 철봉, 턱걸이	뜀틀 - 높이뛰기 1.20m 외 마루, 철봉, 링
수영 Schwimmen	1m 높이 다이빙, 20m 잠영, 기술수영, 100m 접영 및 자유형	
단체전 Mannschaftsspiele	농구, 축구 핸드볼, 하키, 배구 중 택 1	
개인전 (라켓) Rückschlagspiele	배드민턴, 테니스, 탁구 중 택1	

바이로이트 대학 체육학과 (바이에른 체대 지원 규정 www.bayspet.de 참고)

- 제1일차: 기구체조, 종목경기, 수영

- 제2일차: 안무 (혹은 종목경기), 육상

- 채점기준: 1(sehr gut)~6(ungenügend)로 배부되며, 하나 이상 항목에서 4점 이하를 받았을 경우 불합격.

오래 달리기 종목은 4점 이상 취득 필수.

종목	합격기준	
	남자	여자
기구체조 Gerätturnen	마루	마루
단거리 달리기 Leichtathletik	60m	60m
오래 달리기 Leichtathletik	3000m	2000m
공 던지기 Ballweitwurf	200g, 3번 시도 가능	200g, 3번 시도 가능
수영 Schwimmen	100m 자유 수영 (기록 측정)	
단체 경기 Spiel	농구, 축구, 핸드볼, 배구 중 택 1	
안무 Tanz	기계체조. 사전등록 시 3개 음악 중 택 1 미리 선택한 음악에 맞추어 12m x 12m 면적의 매트에서 시행. 미 선택 시 추가 단체 경기 시행	

6. 의학·약학대학

/// 약학과 Pharmazie ///

약대 중 재학생 평가가 높은 대학은 마부르크 대학(Uni Marburg), 뮌스터 대학(Uni Münster), 본 대학(Uni Bonn) 등이다. 의대와 더불어 약대의 기본 입학조건 역시 까다로운 편이며 모든 대학 전반적으로 커리큘럼 시스템을 잘 갖추고 있다. 공부가 쉽지 않은 만큼 강사나 교수진들의 케어가 중요한데, 이 부분에서는 그라이프스발트 대학(Uni Greifswald), 하이델베르크 대학(Uni Heidelberg), 브라운슈바익 공대(TU Braunschweig)가 상위권을 차지했다. 실험실 시설이 좋은 곳으로는 이 네 개 대학과 더불어 킬 대학(Uni Kiel), 프랑크푸르트 대학(Uni Frankfurt a. M.) 그리고 베를린 자유대(FU Berlin)도 좋은 점수를 받았다.

/// 의예과 Medizin ///

종합대학 중 재학생 평가가 높은 상위학교는 하이델베르크 대학(Uni Heidelberg), 뮌헨 대학(LMU München), 베를린 자유대학(FU Berlin), 베를린 훔볼트대학(HU Berlin), 쾰른 대학(Uni Köln) 등이다. 전반적인 학업환경 측면에서는 괴팅엔 대학(Uni Göttingen)과 아헨 공대(RWTH Aachen) 역시 좋은 평가를 받고 있다. 의대에 진학하면 학업 초기부터 공부해야 할 양이 상당히 많은데, 앞서 언급한 학교 중 학업 초기 지원이 잘 되어있는 학교로는 상위 5위권 내에 아헨 공대와 하이델베르크 대학이 포함되어 있다.

독일 의대는 한국의 의대보다 입시 문턱이 낮은 것으로 유명하다. 이 말은 일부는 맞고 일부는 틀리다. 독일에서는 한국 수능만큼 아비투어 점수가 전국에서 손꼽을 만큼 우수하지 않아도 되지만, 1점대 이하(소수점 점수를 부여한다)로 떨어지면 합격 가능성이 상당히 희박하기 때문이다. 한국 유학생의 경우에도 마찬가지로 한국의 수능 혹은 대졸자들은 대학 학점을 독일식으로 환산했을 시, 1점대 초반을 받아야 승산이 있다고 할 수 있다. 또한 의대라 할지라

도 다른 과들과 마찬가지로 대학 순위에 의존하는 게 아니기 때문에 지원자 개개인의 스타일이나 삶의 방식에 따라 학교를 선택하는 편이다. 더군다나 의대는 6년을 다녀야 하므로 본인의 성향과 맞지 않으면 긴 학업기간 내내 고생할 수도 있다.

따라서 본인에게 중요한 부분이 무엇인지 먼저 나열해 보자. 대학의 규모, 도시의 분위기, 대학병원의 유무, 커리큘럼, 교수진, 유명도 정도가 대표적인 체크리스트일 수 있다. 유학생활 경험자로서 실제로 필자에게 도시의 분위기는 상당히 중요했다. 더구나 의대는 6년을 살아야 하므로 도시의 문화나 교통의 편리성, 외국인에 대한 호의도 등 모든 부분에서 세심하게 체크하는 것을 추천한다. 또한 수업과 연계하여 병원에서의 실습이 필수이므로 대학에서 대학병원까지의 동선도 고려해야 한다. 대학병원이 없는 대학의 경우엔 가장 가까운 도시의 대학병원에서 실습하게 된다. 즉, 수업 후 다른 도시로 장시간 이동해야 하는 일이 자주 발생한다는 의미다.

의대를 지원할 때 잊지 말아야 할 점은 졸업 시 국가고시(Staatsexamen)를 치뤄야 하는 부분이다. 즉, 대학 졸업 여부는 물론 학점도 좋아야 하지만 국가고시의 합격 여부에 따라 졸업이 최종 결정된다. 국가고시는 독일의 전 지역에서 같은 시험을 보기 때문에 이 시험에 통과하는 즉시 '의사 자격'을 갖추는 것이라 할 수 있으므로 지원 시 학교가 이 국가고시 준비를 어떻게 대비하여 주는지 커리큘럼을 살펴보는 것도 도움이 될 것이다.

/// 치의학과 Zahnmedizin ///

재학생 평가가 높은 상위 치대는 프랑크푸르트 대학(Uni Frankfurt a. M.), 뮌헨 대학(LMU München), 뮌스터 대학(Uni Münster), 베를린 자유대(FU Berlin) 및 훔볼트(HU Berlin)대 순이다. 교수진의 연구실적과 신입생 케어링 및 종합평점 모두 상위권을 차지한 곳은 바이에른 주의 레겐스부르크 대학(Uni Regensburg)과 라인란트팔츠 주도에 있는 마인츠 대학(Uni Mainz)이다.

치대 역시 국가고시(Staatexamen) 합격과 동시에 졸업여부가 결정되며 학업과정은 의대보다 한 학기 짧은 5년 반(11학기) 과정이다. 임플란트(인공치아 이식학), 잇몸학, 미용치의학, 보존학(뿌리치료), 교정치의학 중 선택하여 집중 전공 할 수 있다. 치과는 다른 과보다 환자와의 직접적인 소통이 잦은 과이므로 커뮤니케이션 능력이나 상담에 소질을 갖추고 있으면 더욱 도움이 된다.

의대 적성시험 TMS
(Test für Medizinische Studiengänge)와
Test AS

TMS

독일 의대 선발 과정은 한국처럼 수능 점수(아비투어 점수)가 큰 영향을 미치지만 절대적인 합격을 보장하지는 않는다. 좋은 아비투어 점수, 고등학교 자연계열 과목 점수와 더불어 '의대 적성시험(TMS)' 점수도 당락을 좌우할 수 있는 한 요소다. 이 시험은 '의대 공부를 하기에 적합한지'를 테스트하는 시험이며 상대평가이기 때문에 다른 응시자들의 성적과 운도 중요하다. 적합성 테스트이므로 의대에서 배우게 될 전문지식은 출제되지 않지만 의대 공부에 필요한 정확도, 데이터 분석능력 및 수학적 사고 등을 측정한다. 간혹 아비투어 점수가 만족스럽지 못한 학생들이 가산점을 위해 이 시험을 보기도 하는데, 일부 대학은 의대 지원 시 필수로 지정하고 있다.

한국에서 독일로 바로 지원하는 외국인 학생의 경우 응시하지 않아도 된다. 다만 독일에서 아비투어에 준하는 Studienkolleg(슈투디엔콜렉)* 과정을 밟아 의대에 진학하는 외국 유학생이라면 시험을 치러야 한다. 이 시험은 독일 내에서 한 사람이 평생 단 한 번밖에 볼 수 없다.

관련 정보: https://cip.dmed.uni-heidelberg.de/tms-info/tms-info/index.php?id=ueber_den_tms(TMS 공식 사이트)

* 유학생 사이에서 '콜렉'이라고 부르기도 한다.

Test AS

TestAS는 Test für ausländische Studierende(외국 학생들을 위한 시험)의 약자로, 외국인이 독일 대학에서 수학할 능력이 있는지를 평가하는 시험이다. 기본적인 수학능력이 측정 대상이므로 대학에서 배우게 되는 전문지식을 요구하거나 독일어 능력 자체를 평가하지 않는다. 시험 언어는 영어와 독일어 중 선택할 수 있으며 응시자의 성격, 대학 지원동기나 개인적인 흥미 또한 시험과도 아무런 연관이 없다. 보통 한국에서 수능을 치른 적이 있는 사람이라면 TestAS 시험을 봐도 주어지는 혜택이 없으나, 독일 대학으로 오면서 문·이과를 변경하려는 사람은 지원하는 대학 측에 본인의 학업능력을 어필할 수 있기 때문에 응시하는 것도 나쁘지 않다. 특히 수능성적이 없는 사람이라면 TestAS로 가산점을 주는 학교도 있다.

시험은 Kerntest(공통 분야)와 Studienfeldspezifische Testmodule(전공특수 분야) 두 부분으로 나눠진다. Kerntest는 학과와 관계없이 필수로 요구되는 능력을 측정하고, Studienfeldspezifische Testmodule에서는 지원학과에서 특별히 요구되는 부분을 집중 측정하게 된다. 예를 들어, 공대를 지원 한다면 전공특수 분야 측정 하위에 'Technische Zusammenhänge analysieren(기술적 관계 분석하기)' 가 있다. 이 파트에서는 논리적이고 사실에 입각하여 생각하면 풀 수 있는 아래와 같은 문제들이 등장한다.

Technische Zusammenhänge analysieren 예시문제

탱크차에 물이 반 정도 들어 있습니다. 아래 그림은 다음과 같이 세 가지의 다른 상황을 보여주고 있습니다. 일정속도로 운행, 급제동, 가속 운행. 아래 표 중 상황에 알맞은 그림이 짝지어진 것을 고르시오.

Ein Tankwagen ist halb gefüllt. Die Bilder zeigen ihn in drei unterschiedlichen Situationen: Fahren mit konstanter Geschwindigkeit, Abbremsen, Beschleunigen.

Welche Zuordnung von Bildern und Situationen ist richtig?

	konstante Geschwindigkeit	Abbremsen	Beschleunigen
(A)	Bild 3	Bild 2	Bild 1
(B)	Bild 2	Bild 1	Bild 3
(C)	Bild 1	Bild 2	Bild 3
(D)	Bild 3	Bild 1	Bild 2

Tsts AS 예시문제

따라서 한국에서 공부했던 분야와 매우 다른 학과를 유학할 계획이라면 TestAS 에 응시하는 것도 독일 대학에 어필할 수 있는 한 가지 방법이다. 시험은 매년 세 번 시행되며, 한 사람이 여러 번 응시해도 된다. 연령대의 상위 제한은 없지만 만 18세 이하(고등학교 2학년)는 응시할 수 없다. 덧붙여 앞서 언급한 Kerntest(공통 분야) 와 Studienfeldspezifische Testmodule(전공특수 분야)는 분리하여 볼 수 없으 며 시험을 볼 때마다 함께 치러야 한다.

관련 정보: www.testas.de

05

유학 기본 준비사항
(학·석·박사 공통)

1. 전형방식 및 서류

1) NC·ohne NC

독일은 대학마다 입학 전형이 조금씩 달라서 학교 홈페이지에서 직접 전형을 확인해야 하는데, 이때 가장 먼저 눈에 띄는 것이 'NC' 또는 'ohne NC(NC 없음)'이다. NC란 Numerus Clausus의 약자로 '입학정원제'를 뜻한다. 즉, 학과별로 할당된 정원이 있어서 학교의 기준에 의해 합격자를 선별하는 제도인데 쉽게 말해 '점수대로 줄 세워서 자르는' 방식이다. 아비투어(수능) 성적, 고등학교 성적, 학업동기서, 기타 활동 등을 합산하여 점수를 내기 때문에 무조건 수능 성적이 좋다고 해서 합격하는 것은 아니지만, '명백히 수능 점수가 반영되는 전형'이다. 같은 학교라도 NC를 적용하는 학과와 적용하지 않는 학과가 있고, 같은 과라도 학교마다 NC를 적용하기도 적용하지 않기도 한다. 유일하게 모든 학교에서 NC를 적용하는 학과는 의예과, 치의학과, 약학과 그리고 수의학과이다.

NC는 지엽적 방식(Örtlich)와 주 할당 방식(Zentral)으로 나눠진다. 지엽적 방식은 대학 자체적으로 NC 학과를 지정하는 방식으로 이 방식 때문에 같은 학과라도 학교에 따라 입학 전형이 달라진다. 주 할당 방식은 연방주에서 공식적으로 학과 정원을 정해주는 방식이다. 보통 의·약대에 해당된다. 또한 NC 방식이라서 무조건 입학 커트라인이 높은 것은 아니며, ohne NC라고 하여 무조건 입학이 가능한 것도 아니다. NC의 합격점수는 매년 다르기 때문에 전년 입학결과를 참고할 수는 있지만 전적으로 신뢰하기에는 무리가 있다. 정확한 합격기준은 모든 지원이 끝난 뒤 지원자들의 점수대에 따라 결정되는 상대평가 방식으로, 일반적으로 평균보다 낮은 점수를 받으면 합격을 기대하기 어렵다. NC 전형 방식은 학과 나름대로 가장 적합한 학생을 선별하기 위해 정한 것이므로 강의 내용이나 학교의 분위기 등이 본인의 희망과 유사하다면 지레 겁먹지 말고 도전해 보는 것이 좋다.

2) 점수 외 반영 요소

수능 점수 외에 당락을 좌우하는 요소는 지원(학업)동기서와 면접 그리고 관련 경력서다. 학교마다 반영하는 비교과 반영 영역이 다르므로 개별적으로 확인해야 한다. 먼저 '관련 경력서'란 학과와 연관된 봉사활동이나 짧은 인턴십 또는 일한 경험으로 우리나라 전형의 비교과 활동에 해당한다. 객관적으로 활동을 인정받을 수 있는 증명서가 있어야 한다.

면접은 보통 교수 혹은 강사와 1:1로 진행되는데, 20~30분 정도 학업의 지원동기와 미래계획을 집중적으로 묻는다. 영어 학위과정이 아니면 독일어로 진행되므로 인터뷰 연습을 미리 해두는 게 좋다. 독일이 아닌 외국에 체류하고 있는 지원자는 스카이프(Skype)로 면접을 진행하기도 하니 예체능처럼 실기를 보지 않는 학과 지원자는 굳이 현장에 갈 필요가 없다.

세 번째 점수 외 요소는 '지원(학업)동기서'다. 독일 대학 합격에서 학업동기서의 영향력은 생각보다 크다. 동기서의 내용은 간결하면서도 솔직하게 쓰는 것이 좋다. 분량은 워드 글자크기 10~11 기준 2장을 넘지 않도록 해당 학교와 학과를 선택한 이유를 풀어내면 된다. 두괄식, 미괄식, 나열식

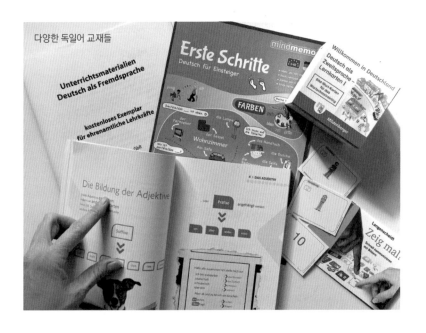

다양한 독일어 교재들

등 서술 방식은 상관 없으나 '막힘없이 잘 읽히게' 쓰는 것이 중요하다. 또한 평가자는 학업을 시작하지 않은 사람이 썼다는 점을 전제로 읽는 것이다. 그러므로 일부러 학술용어를 쓰려고 애쓸 필요도 없다. 동기서는 인터뷰나 개인면담 때 활용될 수 있기 때문에 반드시 본인이 써서 독일인에게 교열을 받는 게 좋다. 외국인 지원자라도 읽는 사람의 흐름을 방해할 수 있는 오타나 기본 문법이 틀리는 것은 최대한 지양해야 한다. 반드시 두 번 이상 꼼꼼히 교열과 첨삭을 받는 것을 추천한다.

2. 어학 준비

1) 독일어 레벨과 시험 종류

외국인 지원자가 독일 대학에 진학하기 위해 그 무엇보다 중요한 부분은 독일어 수준이다. 영어 학위 과정에 등록하는 학생을 제외한 모든 외국 학생들은 학교를 지원할 때 학과마다 요구하는 독일어 수준을 충족하고 있어야 한다. 독일 대학 및 대학원의 경우 의대와 예체능을 제외하고 별도의 진입시험이 없기 때문에 독일어 수준이 당락을 좌우하는 경우가 꽤 많다. 대입에 쓰이는 대표적인 독일어 시험에는 Test DaF(테스트다프) 와 DSH(데에스하)가 있다. 두 시험 모두 독일어 TOEFL이라고 생각하면 이해가 쉬우며 모두 Hören(듣기), Lesen(읽기), Schreiben(쓰기), Sprechen(말하기) 영역으로 구성되어 있다.

두 시험을 상세히 살펴보기 전에 언어능력을 평가하는 유럽공식지표에 대해 살펴보기로 한다. 독일어 능력도 이 지표에 따라 평가하고 있으며, 이력서에 본인의 언어능력을 어필할 때에도 활용하면 쉽고 간단하다. 'GER(Gemeinsamen Europäischen Referenzrahmen)'라고 부르는 이 지표는 유럽의 다양한 언어와 언어능력시험을 서로 효과적으로 비교하기 위해 만든 '외국어 능력수준 참조규준'이다. 레벨은 A, B, C로 나눠지는데, 레벨 A는 기본 언어 활용 수준, 레벨 B는 스스로 언어를 활용하는 수준을 말하며 레벨 C는 언어를 자유자재로 활용할 수 있는 수준이다. 세 가지 레벨은 다시 세부 레벨 1과 2로 나눠진다.

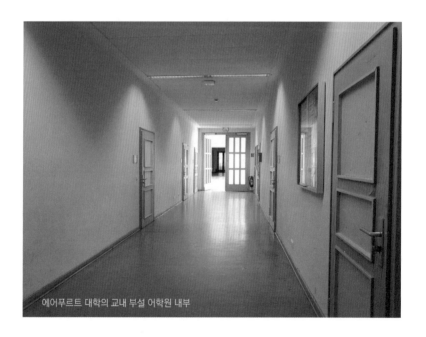

에어푸르트 대학의 교내 부설 어학원 내부

〈GER 공식 홈페이지에 명시된 레벨에 따른 언어능력〉

레벨	능력
A1 – Anfänger A1 – 초보자	일상에서 사용하는 구체적인 목적이 있는 요구에 쓰이는 매우 간단한 표현이나 문장을 이해하고 활용할 수 있다. 스스로와 타인을 남에게 소개할 수 있으며 다른 사람이 소개한 사람에 대해 질문을 던질 수 있다. 예를 들어, 사는 곳이나 친구들 혹은 갖고 있는 물건에 대해 질문하고 답할 수 있다. 상대방이 천천히 간단한 방식으로 말한다면 이해할 수 있다.
A2 – Grundlegende Kenntnisse A2 – 기본 지식을 갖춘 자	가족에 대한 정보나 장보기 등 직관적인 의미가 담긴 문장과 자주 쓰이는 표현을 이해할 수 있다. 일상적으로 접하는 주변 환경에서 일어나는 반복적인 상황을 이해 및 묘사할 수 있다.
B1 – Fortgeschrittene Sprachverwendung B1 – 진보된 언어활용자	직장, 학교, 여가시간에 대해 표준어를 사용해 말하면 주제를 이해할 수 있다. 여행 시 발생하는 일반적인 상황에서 그 나라의 언어를 활용하여 문제를 해결할 수 있다. 사람들의 관심사에 대해 표현할 수 있으며 자신의 경험, 꿈, 희망이나 목표에 대해 이유를 덧붙여 묘사할 수 있다.
B2 – Selbstständige Sprachverwendung B2 – 자립적인 언어활용자	복잡한 텍스트나 추상적인 주제를 이해할 수 있다. 전문 토론 중심 내용을 이해할 수 있다. 모국어 화자가 보통 속도로 말해도 큰 어려움 없이 빠르게 이해한다. 다소 다양한 주제에 대해 명확하고 자세히 표현할 수 있다. 주제에 대한 자신의 입장을 장·단점을 들어 설명한다.
C1 – Fachkundige Sprachkenntnisse C1 – 숙련된 전문 언어능력을 갖춘 자	까다롭고 긴 텍스트의 내용뿐만 아니라 함축된 의미까지 파악할 수 있다. 단어를 찾아봐야만 하는 큰 노력 없이도 빠르고 유창하게 구사할 수 있으며 직장이나 학업 혹은 직업 교육에서도 유연하게 언어를 활용할 수 있다. 복잡한 대상에 대해 자세하고 구성지게 설명할 수 있으며 여러 문장의 이음말을 적절하게 활용한다.
C2 – Annähernd muttersprachliche Kenntnisse C2 – 모국어 화자의 언어능력에 근접한 자	듣거나 읽는 거의 모든 부분을 쉽게 이해한다. 여러 출처를 통해 얻은 정보를 요약하고 근거를 들어 다시 설명할 수 있다. 매우 빠르고 정확할 뿐 아니라 유창하게 표현하며 복잡한 주제에서도 뉘앙스를 살려 정확하게 표현한다.

각 레벨에 해당하는 시험이 별도로 있으며, B2 이상은 앞서 언급한 Test DaF나 DSH로 자신의 레벨을 검증 받을 수 있다. 대학에 입학하기 위한 수준은 일반적으로 B2~C2이므로 두 시험이 가장 대표적으로 활용되는 것이다. 각 레벨에 해당하는 시험으로는 독일문화원(괴테 인스티투트)과 텔크(telc)에서 주관하는 시험이 있다. 두 시험의 내용 및 구성은 유사하나 텔크에서 주관하는 시험의 종류(이민자용, 어린이용, 청소년 이민자용 등)가 조금 더 다양하다. 한국인은 대부분 괴테 인스티투트 시험에 응시하는 편이다.

레벨	독일문화원(Goethe Institut)	텔크(telc)
A1	Fit in Deutsch1 (Junior) Start Deutsch1	telc Deutsch A1, telc Deutsch A1 Junior
A2	Goethe-Zertifikat A2	telc Deutsch A2, telc Deutsch A2+Beruf
B1	Goethe-Zertifikat B1	telc Deutsch B1, telc Deutsch B1+Beruf
B2	Goethe-Zertifikat B2	telc Deutsch B2, telc Deutsch B1+B2 Beruf
C1	Goethe-Zertifikat C1	telc Deutsch B2+C1+Medizin Fachsprachprüfung, telc C1 +Beruf/+Hochschule
C2	Goethe-Zertifikat C2: GDS	telc Deutsch C2

독일어 자격증이 하나도 없다고 하여 모두 취득할 필요는 없으며, 본인의 역량에 따라 하나씩 취득해도 되고, 한 번에 대입용 시험에 도전해도 된다. 중요한 것은 학교 지원과 동시에 충족되는 레벨의 자격증을 제출해야 한다는 점이다.

이제 레벨 구분에 대해 파악했으니 대입에 활용되는 시험인 Test DaF와 DSH를 자세히 살펴보자. 먼저 공통적으로 두 시험은 모두 학업과 관련된 언어행위의 능력을 파악하는 고급수준의 독일어 시험이다. 매년 2~4회 이상 실시되며 듣기, 읽기, 쓰기, 말하기 네 가지 영역을 평가한다. 이처럼 목적은 같지만 두 시험은 큰 차이점이 있는데, 첫 번째 차이점은 Test DaF는 한국과 독일에서, DSH는 독일 현지에서밖에 칠 수 없다는 점이다. 그 이유는 Test DaF는 독일에 자체 연구소가 있어서 그곳에서 출제 및 채점을 한다. 따라서 시험 응시 장소는 독일에서 허가 받은 전 세계 시험센터이며, 응시 후 시험지는 독일 Test DaF 연구소로 취합되어 채점된다. 우리나라에는 인천대학교 테스트다프센터에서 주관하고 있으며 시험은 인천대, 연세대, 고려대, 조선대, 부산외국어대에서 치를 수 있다. 매년 4~6회 시행되고 있다. 독일 현지에서 치를 경우 응시 가능횟수가 더 많으며 한국 센터와 관계없이 바로 Test DaF 홈페이지를 통해 시험지역과 날짜를 선택하고 결제하면 응시할 수 있다.

반면 DSH 시험은 독일 대학에서 자체적으로 출제 및 시행하는 어학시험이다. 따라서 시험의 기본 틀은 지키되, 각 대학이 독립적으로 문제를 출제한다. 즉, 독일 현지 외에는 시험에 응시할 수 없다. 시험에 각 대학의 성격이 반영되기 마련이며 응시자들은 이를 반드시 고려하고 모의고사를 다수 풀어보아야 한다. 예를 들어 TU(공대)의 DSH는 과학과 관련된 지문이 자주 출제될 확률이 높다. DSH를 치를 경우 가장 큰 장점은 자신이 목표하는 대학의 성격을 어학공부를 통해 미리 파악할 수 있다는 점과 해당 대학에 지원 할 경우 100% 자격인정이 된다는 점이다. 한 대학에서 DSH에 합격한 경우 보통 다른 대학에서도 자격이 인정되는데, 학교에 따라 추가 시험을 요구할 수도 있다.

2) Test DaF와 DSH 시험 구성 및 특징

::: Test DaF 테스트다프

Test DaF는 'Test Deutsch als Fremdsprache'의 줄임말로 위에서 언급했듯, 외국어로서의 독일어 능력을 평가하는 시험이다. 시험 영역은 듣기, 읽기, 쓰기, 말하기이며 응시료는 각 나라별로 다르지만 보통 200~250 유로 사이다. 응시하려는 나라에 따라 신청 방식이 조금씩 다르지만 공통적으로 www.testdaf.de를 통해 신청할 수 있다. 접수는 시험날짜로부터 약 두 달 전에 시작되며 한 달간 신청기간이 지속된다. 접수 신청 이후 응시를 취소할 경우엔 응시료를 환불받을 수 없다. 시험 결과는 응시 후 약 6주 뒤에 발표되며 TDN 3, 4, 5 총 세 개의 등급으로 나누어져 영역별로 각각 표기된다. TDN 3, 4, 5는 각 B2, C1, C1.2에 해당한다. 즉, 4개 영역(듣기, 읽기, 쓰기, 말하기)에서 개별 등급을 받게 된다. 대학마다 영역을 구분하여 최소 등급을 요구하는 곳도 있고, 평균 등급을 명시해 놓은 곳도 있다. 예를 들어 어떤 학생이 읽기와 쓰기에서 5등급을 받고 말하기와 듣기에서 3등급을 받았다고 가정하자. 지원하려는 대학에서 '읽기와 쓰기 평균 4등급 그리고 말하기 5등급'을 최소 등급으로 규정하고 있다면 읽기와 쓰기에서 5등급을 받았더라도 말하기 등급을 충족시키지 못했으므로 지원 조건을 충족하지 않는다. 그러나 만약 이 학생이 'Test DaF 평균 4등급'을 최소 등급으로 지정하는 대학에 지원한다면 지원 조건을 충족하는 것이다.

시험을 구성하는 4가지 영역은 독일어로 Leseverstehen(읽고 이해하기), Hörverstehen(듣고 이해하기), Schriftlicher Ausdruck(글을 이용한 표현), Mündlicher Ausdruck(구두 표현)으로 표기된다. 읽기 영역은 모두 선다형(Multiple Choice) 형태로 객관식이며, 듣기 영역은 객관식과 주관식이 혼재되어 있다. 또한 한 번만 들려주는 부분도 있고 말하기의 속도가 빠르므로 응시생들이 가장 어려워하는 부분 중 하나이다. 쓰기 영역은 그래픽이나 지표를 활용하여 강의에서 프레젠테이션을 한다고 가정하고 내용을 일목요연하게 풀어내는 문제와 주어진 주제에 대해 자신의 의견을 피력하는 문제가 출제된다. 말하기 영역은 친구와 대화를 하거나 조언을 해주고 강의에서 발언하는 등 일종의 짧은 롤 플레이 형식으로 출제되며, 직접 사람과 대화하는 게 아니라 문제를 듣고 녹음하는 형식으로 진행된다. 따라서 문제별로 주어진 시간인 1~3분 이내에 출제 의도에 맞게 답변해야 높은 점수를 받을 수 있다. 유창한 발음보다 조리 있는 발언이 중요하니 단시간에 핵심 내용을 전달하는 연습을 하면 도움이 된다.

일반적으로 전 영역에서 TDN4 등급 이상을 취득하면 독일 대학 입학에 필요한 조건이 충족되어 독일어 때문에 당락이 좌우될 일은 거의 없다. 종종 과에 따라 특정 영역에 TDN5 등급을 요구하는 경우도 있으나 일반적인 경우는 아니다. TDN4 이하를 취득했다 할지라도 무조건 대입에 떨어진다는 의미는 아니므로 재도전하되, 대학에 미리 문의해 보는 게 좋다. 학과에 따라서는 일부 TDN3 등급을 인정하거나 입학 후 1년 내에 새 증명서를 제출하면 만회해 주는 경우도 있기 때문이다.

::: DSH 데에스하

DSH는 'Die Deutsche Sprachprüfung für den Hochschulzugang'의 줄임말로, 이름 그대로 대입을 위한 독일어 능력을 평가하는 시험이다. 시험 영역은 Test DaF와 마찬가지로 듣기, 읽기, 쓰기 그리고 말하기 영역으로 나눠지며 응시료는 대학에 따라 차이가 있지만, 일반적으로 30~200유로 선이다. 동일 대학 어학 수업을 들은 학생은 최소 응시료를 지불하지만 어학 수업을 듣지 않은 외부 학생은 행정 처리비가 응시료에 포함되기 때문에 다소 비싼 편이다. 시험 접수는 보통 학기 시작 약 두 달 전부터 시작되며 개강 3~4주 전에 시험이 시행된다. 시험 결과는 학기 시작 전에 알수 있으며 곧바로 학교 지원에 활용할 수 있다. DSH는 각 영역별로 등급이아닌 정답의 정도를 퍼센트(%)로 환산하여 통보하는데 4가지 영역을 종합하여 1~3 중 하나의 등급을 받게 되며, 그중 3등급이 가장 높다. Test DaF 시험의 TDN4, 유럽 언어능력 기준의 C1에 해당하는 DSH 등급은 2등급이며 DSH 2등급부터 대학 지원에 활용할 수 있다.

Test DaF와 가장 큰 차이점은 문제 유형이다. Test DaF가 객관식 위주인 반면, DSH는 주관식 위주의 시험이다. 읽기와 듣기 모두 주어진 텍스트의 내용과 구조를 파악하고 질문에 단문형으로 답하거나 혹은 텍스트

Sprachenzentrum

DSH-Zeugnis®

Herr / <u>Frau</u> _____

geb. am _____ in _____

hat die „Deutsche Sprachprüfung für den Hochschulzugang" (DSH) mit folgendem Ergebnis abgelegt:

Gesamtergebnis: **DSH-2** *[DSH-3 / DSH-2 / DSH-1]*

In den Teilprüfungen wurden erreicht:

Schriftliche Prüfung:	**75 %**
Hörverstehen:	67,5 %
Textproduktion:	79,5 %
Leseverstehen:	67 %
Wissenschaftssprachliche Strukturen:	94 %
Mündliche Prüfung:	**85 %**

Ein Gesamtergebnis DSH-2 weist die sprachliche Studierfähigkeit für die uneingeschränkte Zulassung oder Einschreibung zu allen Studiengängen und Studienabschlüssen an allen Hochschulen aus.
Mit Erreichen der Ebene DSH-3 werden besonders hohe Deutschkenntnisse nachgewiesen. Die DSH-3 liegt über dem für die Zulassung oder Einschreibung erforderlichen Niveau. Ein Gesamtergebnis DSH-1 weist eine eingeschränkte sprachliche Studierfähigkeit aus und wird von der Universität Erfurt nicht als Zulassungsvoraussetzung anerkannt.

Beschreibung der mit dem Prüfungsergebnis nachgewiesenen sprachlichen Fähigkeiten s. Rückseite.

Empfehlung zu weiteren Sprachkursen:

_____

_____

DHS-2등급 자격증 예시

를 요약 및 조합해야 한다. 이미 주어진 보기가 없으므로 응시생들이 부담을 느낄 수 있으나 텍스트의 요지를 파악하면 모두 답할 수 있는 문제이므로 지레 겁을 먹을 필요는 없다. 쓰기 영역은 Test DaF의 쓰기 영역과 유사하게 주어진 주제나 표 혹은 사진을 글로 풀어 설명하면 된다. DSH시험에서 가장 눈에 띄는 부분은 '학술 독일어 능력' 평가다. 한국어도 논문에서 쓰는 어체와 에세이에 쓰는 어체가 다르듯, 독일어도 학술지나 논문에 지배적으로 등장하는 문장 구조나 구성 방식이 있다. 대학 전공 서적 독서 및 논문 작성을 위한 고등 독일어를 미리 평가하는 것이다. 다소 복잡하고 어려워 보이지만 학교에 다니면 무조건 습득해야 하는 부분이므로 상대적으로 여유로운 어학공부 시기에 준비하면 시간을 아낄 수 있다. 실제로 필자는 Test DaF보다 DSH를 준비하며 공부했던 내용이 학업에 더 직접적인 도움이 되었다. 마지막 영역은 말하기 시험으로 Test DaF에서는 기계에 녹음을 했던 방식과 달리 직접 독일인 평가자와 대화를 해야 한다. 시험 시간은 20~30분이며, 텍스트나 사진을 참고하여 주제에 대한 자신의 의견을 피력하는 형식이다. 시험 시작 전 자료를 미리 받아 준비할 시간을 준다. 응시자가 피력한 내용에 대해 평가자는 질문을 할 수 있으며 질문에 대응하는 방식이나 언어적 능력이 평가 대상이 된다.

DSH를 준비하는 가장 효율적인 방법은 시험을 치르고자 하는 대학 어학원의 DSH 준비반을 수강하여 차근차근 공부해 나가는 것이다. 어학원 강사가 출제자 및 평가자인 경우가 많기 때문에 시험에 가장 근접한 방식으로 준비할 수 있도록 도움을 주며 대학에 관한 정보도 들을 수 있다. 물론 어느 시험이나 그렇듯 누구의 도움 없이 스스로 준비해도 무방하다.

Test DaF 시험 응시방법

한국에서의 Test DaF 시험은 인천대학교 독어독문학과에서 담당하고 있다. 시험은 인천 대학교 및 서울의 Test DaF-Testzentrum(테스트다프-테스트젠트룸)에서 응시할 수 있다. 시험의 응시료는 210유로(약 25만 원)이며, 등록법은 다음과 같다. 전 세계 어디에서 응시해 도 등록 방법은 같으니 익혀두면 편리하다.

(인천대학교 독어독문학과 홈페이지: https://german.inu.ac.kr/german/1830)

-직접 각 시험사이트에 접속하여 등록한다.

-온라인 등록 시 이름, 생년월일 등은 성적표에 기록될 사항이므로 여권에 사용하는 영문이 름과 동일하게 기입해야 한다. 한국인의 경우 Mittelname(미들네임)은 비워놓으면 된다.

-시험장에 지참하고 올 신분증(여권, 주민등록증 또는 운전면허)의 번호를 바르게 기입한다.

-학생증은 신분증으로 인정되지 않는다.

-시험시행일 임박해서 이메일로 발송되는 안내문을 꼼꼼히 참고한다.

세부 등록 절차는 다음과 같다.

1. Test DaF 홈페이지(testdaf.de)에서 Jetzt Anmelden을 클릭한다.

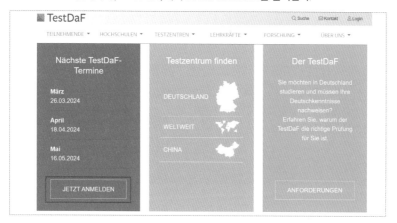

2. 응시하고자 하는 날짜의 화살표(Anmeldung)을 클릭한다.

3. 한국에서 응시한다면 Weltweit, 독일에서 응시한다면 Deutschland를 선택한다.

4. 국가에서 Südkorea(대한민국)과 시험에 응시할 기간을 넉넉히 설정하여 검색한다.

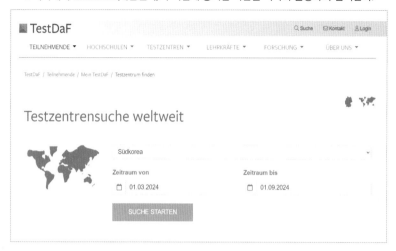

5. 원하는 응시일과 장소를 선택하여 Anmelden(등록하기)를 클릭하면 등록 절차가 시작
된다. 추후 시험 결과를 간편하게 확인하기 위해 홈페이지에 가입하는 것을 추천한다.

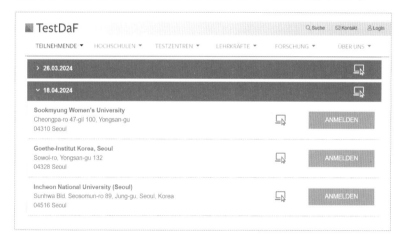

3) 독일어 교육 기관

독일어 교육 기관은 크게 독일문화원, 대학 부속 어학원, 주민 문화센터, 사설 어학원 4가지로 분류할 수 있다. 각 기관의 특징이 다르므로 본인에게 맞는 기관을 선택하면 되겠지만 공통적으로 반드시 체크해야 할 부분이 있다. 바로 '어학 수업 이수 증명서의 인정 여부'이다. 독일문화원 및 대학 부속 어학원의 증명서는 예외 없이 이수 시간이 인정되지만, 주민 문화센터 및 사설 어학원은 경우에 따라 수업 이수 시간을 인정받지 못하는 경우도 있다. 따라서 강의 등록 전 이수 증명서가 공식적으로 발급되는지의 여부를 반드시 문의해야 한다.

/// 괴테 인스티투트(독일문화원) Goethe Institut ///

우리말로 '독일문화원'이라 불리는 괴테 인스티투트는 1925년에 설립된 도이체 아카데미 (Deutsche Academy)의 후신으로 개원하였다. 비단 한국에만 있는 것이 아니라 독일을 비롯하여 전 세계에 약 146개의 문화원이 있으며 독일과 소재 국가의 문화교류 및 독일어 교육을 실시하고 있다. 괴테 인스티투트와 연결된 괴테 센터, 어학시험 파트너 학원 등을 포함하면 160개 이상의 기관이 네트워크로 연결되어 운영 중이다. 전 세계의 독일문화원에서 사용하는 교재와 어학 강좌 시스템은 유사하며 어학 레벨 기준은 유럽 공통지표 GER을 따른다. 더불어 독일문화원은 2년 과정의 독일어 강사 양성 프로그램을 운영, 독일어 전공자나 독일어 강사로의 진출을 희망하는 사람들에게 인기가 많다. 주한독일문화원은 서울 본원을 중심으로 대전, 광주, 대구 부산에 분원을 운영 중이다.

독일문화원 초기에는 레벨별로 어학강좌가 직관적이고 단순했지만 독일어 학습의 수요가 높아지고 경쟁 어학 기관이 늘어나며 강좌의 종류가 매우 다양해졌다. 취미로 배우는 성인

반 및 어린이반, 시험 준비반, 비즈니스 독일어반 등이 있으며 강좌 시간과 기관도 선택할 수 있다. 강의료는 성인반 일반 강좌 기준, 주 2회 출석 시 13주(약 3개월)에 약 55만 원이다.

서울 독일문화원 본원

주소: 서울 특별시 용산구 소월로 132, 04328 (버스 402, 405번 '남산도서관' 하차)

방문시간: 월~금, 오전 9시~오후 6시

전화: 02-2021-2800

이메일: info-seoul@goethe.de

서울 독일문화원 위치

/// 대학 부설 어학원 Sprachenzentrum an der Universität ///

'Sprachen(언어)'와 'Zentrum(센터)'의 합성어인 언어센터는 일반 종합대학 내에서 운영되고 있는 어학원을 말한다. 각 학교에 설치된 전공에 부합하는 언어는 물론, 수요가 많은 외국어까지 매우 다양한 언어를 손쉽게 배울 수 있는 게 특징이다. 에어푸르트 대학(Uni Erfurt)의 경우 현재 17개 언어를 제공, 총 160여 개 강좌가 개설되어 있다. 상대적으로 학생이 많은 독일어 강좌 수가 가장 다양하며 선생님의 성향도 다르므로 가능하면 미리 1~2회 수업을 들어보고 등록을 결정해도 된다. 바로 등록하기보다 대학 부설 어학원(Sprachenzentrum)에 찾아가서 상담을 받아보는 게 좋다. 또한 수요가 적은 언어는 해당 학과 학생들에게 우선순위가 배정되는 경우도 있으니 참고하자. 조금 아쉬운 점은 재학생이라도 소정의 강의료를 내야 한다는 점이다. 그러나 학교 등록금에 어학원 행정비 및 사용료가 포함되어 있지 않기 때문에

에어푸르트 대학 부설 어학원 건물(Sprachenzentrum)

당연한 것이다. 강의료는 지역과 학교마다 다르지만 일반적으로 시간당 15~20유로로 선이며 재학생의 경우 할인을 해 주는 학교도 있다.

대학 부설 어학원을 이용할 경우 가장 큰 장점은 대입 독일어 시험을 전략적으로 준비할 수 있는 부분이다. 특히, 해당 대학 진학을 희망하고 부설 어학원의 DSH 집중 대비반을 수강한다면 혼자 공부하여 시험을 치르는 것 이상의 점수를 기대해도 좋다. 수업에서 시험에 대해 직접 언급하지는 않지만 소속 대학의 DSH 유형을 기준으로 수업이 구성되기 때문이다. 뿐만 아니라 학교와 멀지 않은 곳에 있기 때문에 강의 일정에 맞춰 효율적으로 이동할 수 있다. 선생님들 역시 학교의 사정을 잘 알고 있으므로 학생의 입장을 더 잘 이해해 주는 면도 있으며, 질문이 생겼을 시 일반 사설 어학원보다 방문 및 질문이 자유로운 부분도 큰 장점이다.

/// 주민 문화센터(주민대학) Volkshochschule ///

줄여서 VHS라고 부르는 주민 문화센터는 도시 혹은 구마다 설치되어 있고 주변에 사는 주민이라면 누구나 자유롭게 등록하여 들을 수 있다. 주민 문화센터는 운동부터 예술까지 다양한 분야의 강좌를 제공하는데 언어 강좌가 대체로 인기가 많다. 규모가 큰 센터의 경우 20개가량의 언어 수업이 개설되며 심지어 독일 수화도 배울 수 있다(수화도 언어와 같아서 나라마다 다르다).

대학 부설어학원과 대비되는 점은, 제공 언어는 많으나 강좌가 다양하지 않으며 등록생이 적을 경우 기존 등록자가 있더라도 폐강될 확률이 높다는 점이다. 이렇게 폐강이 반복되면 그 언어강좌는 영구 폐강되는 경우도 있다. 따라서 소수의 강좌가 개설되고 상대적으로 등록생이 많은 기초반 위주로 개설된다. 다음 코스에 선생님이 바뀔 수도 있고, 더 높은 레벨 강좌가 생성되지 않을 수도 있다. 또한 누구나 접근하기 쉽기 때문에 함께 수업을 듣는 사람들의 성향 및 국적도 매우 다양하다.

문화센터 강좌만 가지고 대입 독일어 준비가 불가능한 것은 아니지만 B2 이상의 강좌 수가 많지 않으므로 집중하여 시험만 대비하기엔 부족한 부분이 있다. 또한 레벨이 같더라도 일반 강좌와 시험 대비반의 성격은 확연히 다르기 때문에 일반 강좌를 듣더라도 시험 대비는 개인적으로 따로 해 주어야 한다. 대부분의 센터가 시의 지원을 받기 때문에 강의료는 코스당(약 1~3개월) 100유로 내외로 매우 저렴한 편이다.

/// 사설 어학원 Private Sprachschule ///

사설 어학원은 말 그대로 우리나라에서 흔히 볼 수 있는 일반 '어학원'을 말한다. 한국에 비해 독일의 사설 어학원은 수가 적은 편이며 체인 형태의 어학원은 더욱 찾아보기 드물다. 유명 체인으로는 인링구아(Inlingua), 베얼리츠(Berlitz)가 있지만 베얼리츠는 미국에, 인링구아는 스위스에 본사를 두고 있는 외국기업이다. 사설 어학원은 주민센터나 대학 부속 어학원보다는 조금 비싸지만 괴테 인스티투트보다 훨씬 저렴하기 때문에 많은 유학생들이 독일어를 공부하기 위해 이용하는 시설이다. 특히 한국인들에게는 '학원'이란 개념이 너무나도 익숙하기 때문에 바로 어학원으로 접근하는 사람이 많은 것으로 보인다.

사설 어학원의 장점은 큰 체인 어학원을 이용할 경우 나름대로 검증된 선생님들이 많다는 점이다. 큰 체인의 경우 엄격한 심사를 거쳐 풀타임으로 고용된 전임 강사들이 많지만 각 학원만의 교육방식을 지켜야 하기 때문에 학원 문화와 학생의 성향도 잘 맞는 게 중요하다. 물론 선생님의 경우 사람마다 스타일이 다르고 실력이 있다 해도 강의에서 발휘되는 정도가 다르기 때문에 개인 어학원과 체인 어학원 중 어디가 더 우수하다고 평가할 수는 없다. 그러나 어떤 선생님을 만나느냐가 결과에 영향을 미치는 것은 분명하므로 선생님이 맞지 않는다면 반을, 그래도 맞지 않는다면 학원을 바꿔 보기를 추천한다.

사설 어학원 비용은 한 달 기준으로 200~800유로 이상이다. 다소 차이가 큰 이유는, 단순히 어학 수업만 듣는 경우가 있고 숙박까지 제공하는 경우도 있기 때문이다. 숙식이 포함된 어학 프로그램은 가격이 높다. 숙식 어학원에 등록하려는 경우 방을 미리 확보해야 하기 때문에 적어도 3개월 전에는 컨택하는 것이 좋다.

독일어학 일정에 따라
독일 입국시기
결정하기

독일어 공부 기간 및 시험 일정은 독일 입국 일정에 큰 영향을 미치는 요소 중 하나다. 학교 입학 2년 전 즈음 독일에 가서 천천히 어학을 준비하는 경우라면 상관없지만, 단순 체류와 어학에 드는 비용을 최대한 줄이기 위해서는 어학 일정을 전략적으로 짜고 그에 근접하게 독일에 입국하는 게 좋다. 시간 및 비용을 절약하기 위해 필자는 실제로 아래와 같은 전략으로 입국 계획을 세웠다.

1. 독일 유학을 결심하는 순간부터 독일어를 준비한다. 스스로 준비하면 시간이 오래 걸리고 학습 시간을 인정받지 못하므로, 수업시간 이수 증명서를 발급하는 어학원에서 강의를 수강한다.

2. 최종 대입 시험인 Test DaF와 DSH 중 어떤 시험을 볼 것인지 결정한다. 두 시험의 특징이 다르므로 본인의 성향에 맞는 시험을 선택하면 되는데, 시험의 실시 횟수로만 보자면 Test DaF의 기회가 훨씬 많다. (Test DaF 연중 6~7회, DSH 연중 2회)

3. 시험 일정과 대입 '지원' 시기를 최대한 가깝게 조율한다. 학교 지원 시 어학서류 제출을 필수로 하는 대학이 많고, 시험을 치른 후 성적표를 받기까

지 약 6주가 걸리므로 [시험준비(어학코스 기간)+시험일(1일)+성적통보(6주)+대학지원 시작]으로 계산하여 어학코스 시작 전 입국하면 비교적 빈틈 없는 일정으로 진행할 수 있다.

4. 만약 독일에서 기초 코스부터 밟고 싶다면 3번의 일정 맨 앞에 기초 코스 기간을 더한다. 예를 들어, [기초 코스(6개월)+시험대비반(2개월)+시험일(1일)+성적통보(6주)+대학지원 시작]으로 계산하면 된다. 기초 코스는 intensiv 반을 수강하면 빨리 진행할 수 있으니 각자 상황에 맞게 선택한다.

5. 이렇게 대강 입국 일정이 잡히면 곧바로 집을 알아본다. 한국에서 온라인으로 집을 알아보는 게 쉽지 않고 집주인 역시 현지에 있지 않은 사람에게 집을 주기를 꺼려하므로 단기 거처나 지인 혹은 기숙사를 제공하는 어학원에 문의해 본다.

실제로 필자는 유학 결심 당시 독일어 B2와 C1 자격증이 있던 상태(교환학생 시기에 B2 및 시험대비 코스를 수강하여 Test DaF와 DSH를 취득)로, 기초 코스 기간을 줄일 수 있었다. 또한 유학 시작 전 최대한 한국에서 많은 시간을 보내고 싶어서 학교 지원 및 합격 통보도 한국에서 받았으며 독일에는 입학 2주 전에 입국했다. 덕분에 독일에서 단순 체류 및 어학에 드는 초기 비용을 상당 부분 줄일 수 있었다.

3. 학비와 생활비

독일은 교육비가 조금 들기로 유명해서 경제적인 이유로 독일 유학을 선택하는 학생들이 적지 않다. 이런 세간의 평가만큼 실제로 독일에서 '학업에 드는 비용'은 많지 않다. 독일에서 거주하는 모든 아이들은 국적 관계없이 부모가 함께 있다는 전제하에 양육비(Kindergeld)를 받을 수 있다. 정확히 말하면 국가에서 부모에게 약 200유로씩 매달 주는 돈으로 아이가 만 18세가 될 때까지 받을 수 있다. 사교육이 적기 때문에 이 돈으로 아이의 생활 필수품 정도는 충당할 수 있다. 성인이 되고 대학에 들어가면 갑자기 엄청난 학비를 감당해야 하는 우리와 달리 독일 대학은 이러한 현상을 막기 위해 국가에서 공립대학에 한해 지원을 아끼지 않고 있다. 덕분에 대학생들은 학기마다 평균 200~300유로의 저렴한 등록비로 대학시설 및 도시 내 교통을 자유롭게 활용할 수 있다.

이처럼 학업 자체에 드는 비용은 큰 부담이 없으나 생활비를 간과해서는 안 된다. 복지가 잘 되어있는 만큼 독일은 월세, 보험, 공과금, 인터넷 사용료가 한국에 비해 비싼 편이다. 각 주마다 차이가 있지만 독일 DAAD(Deutscher Akademischer Austauschdienst: 독일 학술교류처)에서 발표한 유학생의 한 달 생활비는 평균 842유로이다. 평균은 최저와 최고까지 합산한 수치이므로, 필자의 경험과 최근 2023년 이후 물가를 고려해 볼 때 최소 매월 1,000유로에서 1,500유로까지 드는 게 현실적인 수치이다. 이 중 가장 큰 비율을 차지하는 부분은 단연 월세.

• 월세 - 약 400유로

난방비를 포함한 금액으로 생활비 중 가장 큰 부분을 차지한다. 2019년까지만 해도 학생들의 평균 월세가 300유로대였는데 펜데믹을 거치며 400유로대로 진입했다. 학교에서 제공하는 기숙사에 거주하면 거의 이 수준에서 결정되지만, 일반 아파트의 쉐어하우스나 원룸을 찾는다면 부동산 가격 원칙에 따라 최소 500유로에서 높게는 1,000유로대에 달한다.

• 교통비 - 약 95유로

독일 학생 중 약 87%는 학기 등록금을 내면 발급되는 Semesterticket을 활용하고 있다. 등록금 중 95유로 정도는 교통비에 해당한다. 자가를 운용할 경우 보험비 및 유지비는 한 달에 150유로 이상 고려해야 한다.

• 교재 및 문구용품 - 약 30유로

전공교재와 문구용품 등이 해당된다. 전공에 따라 교재비의 차이가 큰 편이다.

• 인터넷, 핸드폰, 방송 수신료 - 약 31유로

독일의 인터넷 서비스는 한국보다 느리면서 가격은 비싼 편이다. 기숙사나 쉐어하우스 메이트와 함께 나눠쓰면 1인당 양 5~10유로로 해결할 수 있다. 개인적으로 해결할 경우 많게는 월 60유로까지 들 수 있다. 독일의 월세에는 대부분 인터넷이 포함되어있지 않기 때문이다.

핸드폰은 충전식 프리페이드와 약정식이 있는데 알뜰폰 약정에 가입하면 한 달에 10유로 남짓으로 무제한 전화와 데이터 약 5GB 이상을 사용할 수 있는 요금제도 많다.

특이한 부분은 '방송 수신료'다. 2013년까지만 해도 집안에 방송 수신 기기(텔레비전, 라디오)가 없으면 수신료를 청구하지 않았다. 그러나 이를 확인할 방법이 모호하고 연체를 처리하기 어려운 데다 방송을 수신할 수 있는 기기가 컴퓨터 및 핸드폰으로 확대되면서 기기 소유

여부와 관계없이 모두 의무 지불이 되었다. 한 달에 18.36유로이며 월 단위, 3개월 단위, 1년 단위 중 본인이 원하는 대로 지불할 수 있다. WG기숙사 및 쉐어하우스는 가구당 18.36유로 이므로 하우스 메이트가 많을수록 개인 부담이 덜하다.

• 보험비 – 약 80유로

독일에 부모가 함께 있어서 가족보험을 드는 경우를 제외하고 모든 유학생들은 학생용보험에 가입해야 한다. 가족보험이 있는 독일인이라 할지라도 만 25세 이상이면 의무적으로 가족보험에서 분리된다. 유학생들은 대부분 사보험보다 상대적으로 비용적 부담이 덜한 공보험에 가입하는 편인데, 대표적인 회사로 AOK와 TK가 있다. 한 달 보험비용은 약 80유로이며 만 30세가 넘으면 보험비용이 인상된다. 학생보험에 가입하지 않으면 학교등록 및 비자신청도 할 수 없다. 공보험은 어느 회사나 혜택 및 가격이 유사하니 학교마다 설치된 보험사의 상담 창구나 대리점을 활용하면 된다. 독일 입국 전일 경우 홈페이지와 이메일을 통해서 가입할 수 있다.

• 식비 – 약 170유로

식비는 일 평균 8유로, 월 최하 240유로가 들며 외식이나 장을 많이 볼 경우 더 들 수 있다. 슈퍼마켓 물가는 한국보다 대체적으로 저렴하지만 인건비가 비싸기 때문에 외식은 우리나라보다 1.5~2배 비싸다. 마트는 같은 물건이라도 지점이나 마트 브랜드별로 물가가 조금씩 다르다. 에데카(Edeka)와 테굿(Tegut)이 약간 비싼 대신 유기농 물품과 신선식품 및 생선을 다수 취급한다. 그와 비슷하거나 약간 저렴한 수준의 레베(Rewe)가 있다. 'city'혹은 'to go'가 붙은 지점은 우리나라 편의점과 비슷하여 주말에도 문을 여는 대신 가격이 비싸다. 레베보다 저렴한 마트는 페니(Penny), 네토(Netto), 알디(Aldi), 리들(Lidl)이 있다. 유기농 전문취급 마트로는 알나투라(Alnatura)와 덴스(Denns)가 있다. 매주 세일 품목이 다르므로 온라인에서 전단지(Prospekt)를 미리 검색하면 알뜰하게 장을 볼 수 있다. 독일 슈퍼마켓은 보통 평일엔 오후 8시까지, 토요일은 오후 6시까지 운영하며 일요일과 공휴일은 휴무이다. 소도시의 경우 토요일 정오면 문을 닫는 곳도 있으니 주중에 미리 장을 봐 두어야 한다. 단, 식당과 카페는 문을 연다.

• 옷 – 45유로

아무리 학생이어도 최소한의 품위 유지비는 드는 법이다. 캐주얼한 옷이나 속옷 구매 등 학생의 품위 유지에 드는 비용을 독일에서는 공식적으로 45유로 선으로 책정하고 있다. 학생은 쇼핑에 큰 돈을 쓰기 어려우므로 PRIMARK, H&M, C&A와 같은 저렴한 아울렛이나 브랜드를 선호하는 편이다. 만약 씀씀이가 크다면 전체 생활비가 크게 증가할 것이다.

• 운동 및 취미생활 – 61유로

책상에 앉아있는 시간이 긴 학생들에게 건강 및 네트워크를 위해 운동과 취미생활은 필수이다. 학교에서 제공하는 운동 프로그램에 등록하면 한 달에 20유로 남짓으로 저렴하게 운동을 즐길 수 있다. 학교 프로그램은 등록 경쟁이 치열하니 서두르는 게 좋다. 만약 학교 프로그램을 놓쳤다면 VHS(주민 문화센터)를 이용 해보자. 학교와 비슷한 가격의 운동 프로그램이 많다. 그 외 사설 센터는 한 달 40~60유로의 등록비가 든다.

• 여행 – ××유로

학생 때는 상대적으로 자유시간이 많고 시간 운용이 자유로우므로 여행을 계획하기 쉽다. 특히 유학생들은 9개 나라가 인접한 독일의 지리적 강점을 이용하여 근교 유럽국가로 여행을 많이 다닌다. 학생 신분으로 저렴하게 여행하는 방법으로 첫째는 학교 Semesterticket을 이용해 무료로 갈 수 있는 인근 도시를 여행하는 것이다. 둘째는 DB(도이체반)에서 제공하는 반카드(Bahnkarte)를 만들면 고속열차 이용 시 최소 25~50% 할인을 받을 수 있다. 얼리버

드로 이미 할인가에 구매했을지라도 중복할인이 되니 참고하자. 분만 아니라 독일은 고속버스 시스템도 잘 구축되어 있다. 도착시간이 중요하지 않다면 버스를 이용하는 편도 좋다. 세 번째는 학교에서 제공하는 여행 프로그램이나 동아리를 활용하는 것이다. 예를 들어 라이프치히 대학에는 빌마(Wilma)라는 학생용 여행 프로그램이 있다. 라이프치히에서 학교를 다니는 사람이라면 누구나 참여할 수 있으며 버스나 숙소를 따로 준비할 필요가 없어 신청비만 내면 바로 떠날 수 있다. 새로운 친구를 사귈 수 있다는 점도 큰 장점이다.

위의 항목들을 모두 합하면 한 달에 약 980유로(약 137만 원)가 고정지출이 되고, 여기에 여행이나 외식 등을 추가하면 넉넉히 1,500유로 정도의 지출을 예상해야 한다.

독일의 저축은행 Sparkasse(슈파카쎄)는 매달 학업과 생활을 위해 600~1,250유로가 들 것이라고 예상했다. 그러나 필자의 경험과 독일학업 및 유학에 대한 방대한 정보 및 정보를 공유하는 각종 포럼의 정보를 종합해 보면 최대 1,800유로 이상 들 수 있다.

4. 비자 및 체류허가증

학교 합격증이 나오면 학생용 체류허가증을 받을 수 있는 기본 조건은 충족된 셈이다. 한국에 있는 독일 대사관에서 미리 6개월짜리 비자를 받아오는 경우도 있는데, 어차피 독일에 와서 다시 체류허가증을 받아야 하므로 입국 후 허가증을 바로 신청해도 늦지 않다. '비자'와 '체류허가증'이 혼용되어 쓰이는 이유는 '비자'는 입국 시 필요한 서류인데 한국은 독일과 쉥겐 조약이 맺어져 있으므로 입국 시 비자가 필요 없고 체류허가증 없이

도 3개월간 머물 수 있기 때문이다.

즉, 한국에서 임시 비자를 받았든 안 받았든, 한국에서 학교 합격증을 받아서 독일로 오는 경우엔 독일 도착 후 3개월(90일) 이내에 체류허가증 신청을 완료해야 한다. 허가증을 받기 위해 가장 중요한 부분은 재정 증명인데 이를 위해 슈페어콘토(Sperrkonto)라 불리는 계좌를 개설하여 본인이 독일에서 재정적 문제없이 체류할 수 있음을 증명해야 한다. 슈페어콘토를 만드는 방법은 먼저 일반 계좌를 개설한 뒤, 한 달에 720유로 이상 본인이 체류할 기간만큼 계산하여 한 번에 계좌에 입금한다. 그리고 입금 된 계좌를 슈페어콘토로 전환시키면 된다. 슈페어콘토로 전환하면 그 계좌에서는 한 달에 일정금액 이상 돈을 인출할 수 없게 된다. 슈페어콘토를 지원하는 은행은 대표적으로 저축은행(Sparkasse)과 도이체 방크(Deutsche Bank)가 있으며 처음 개설 시 슈페어콘토로 활용할 예정이라고 알려야 한다. 첫 계좌개설에 1~2주, 한국에서 이체한 돈이 도착하기까지 약 5일 그리고 슈페어콘토로 전환하는 데 1주 정도 소요되기 때문에 늦어도 비자 신청 3주 이전에 계좌를 개설하는 게 좋다. 계좌 준비가 완료되면 은행의 확인증을 받아 외국인청에 제출하면 된다.

재정증명과 학교 합격증 이외에 준비해야 할 서류는 학생용 공보험 가입증명서(혹은 신청 증명서)와 본인 여권, 허가증 신청서 그리고 신청 비용이다. 실제 신청 방법은 〈10. 체류허가증 신청하기〉에서 자세히 다루기로 한다.

Deutsche Bank

Deutsche Bank Privat- und Geschäftskunden AG

Ausländische Studenten
Alter Wall 53
D-20457 Hamburg

Frau

Ref-Nr.

18. April 2016

Sehr geehrte Frau ●●●,

gerne bestätigen wir Ihnen den Kontostand per 07.04.2016 in Höhe von 7.437,43 Euro auf Ihrem Konto.

Auf dem Konto wurde der folgende Sperrvermerk angebracht.

„Ein Guthaben in Höhe von 8.040,00 Euro (Sperrguthaben) ist gesperrt zu Gunsten der öffentlich-rechtlichen Gebietskörperschaft, der die für den jeweils aktuellen bzw. im Falle des Wegzugs aus dem Bundesgebiet für den letzten innerdeutschen Wohnort des Kontoinhabers zuständige Ausländerbehörde zuzurechnen ist (Sperrbegünstigte), vertreten durch diese Ausländerbehörde.

Der Kontoinhaber kann über das Sperrguthaben monatlich in Höhe von 670,00 Euro verfügen.

Die erstmalige Verfügung über das Sperrguthaben setzt im Falle der Eröffnung eines Sperrkontos die Unterzeichnung eines gesonderten Serviceauftrages durch den Kontoinhaber in einer Filiale der Bank in Deutschland voraus. Darüber hinaus sind Verfügungen über den gesperrten Betrag nur mit Zustimmung der Sperrbegünstigten möglich. Verfügungen über sonstiges Guthaben des oben genannten Kontos sind von dieser Regelung ausgenommen.

Sobald das Sperrguthaben gemäß dieser Vereinbarung verbraucht worden ist, erlischt die Sperre. Im Übrigen erlischt die Sperre nur, wenn der Bank eine ausdrückliche schriftliche Freigabe der Sperrbegünstigten vorliegt."

Eine Ausfertigung dieses Schreibens haben wir zur Information an die für Sie zuständige Ausländerbehörde weitergeleitet.

Für diese Bestätigung belasten wir Ihr oben genanntes Konto mit dem auf dem „Zusatzblatt zur Eröffnung/ Verlängerung eines Sperrkontos für ausländische Studenten" angegebenen Entgelt.

Bei Fragen informieren Sie sich bitte im Internet unter
https://www.deutsche-bank.de/pfb/content/pk-konto-und-karte-internationale-studenten.html

Dieses Schreiben wurde maschinell erstellt und ist ohne Unterschriften gültig.

외국인 학생용 슈페어콘토 발급확인증. 해당 확인증을 체류증 신청 시 함께 내면 된다.

독일에 미리 체류하며 어학 및 대입을 준비하더라도 재정 확인은 언제나 필요하기 때문에 예외 없이 위와 같은 방법으로 슈페어콘토를 준비해야 한다. 차단(Sperren)된 재정 상태에 따라 받을 수 있는 체류 허가의 기간이 달라질 수 있다. 즉 9,000유로를 증빙하면 1년짜리 체류증이, 18,000유로를 증빙하면 2년짜리 체류증이 나올 수 있다. 그러나 이는 외국인청 담당 직원 재량이므로 항상 적용되는 것은 아니며 반대로 증빙 금액이 부족할 경우 1년 미만의 체류증을 받을 수도 있다.

5. 숙소와 생활방식

학생의 신분으로 이용할 수 있는 거주 형태는 크게 기숙사, 일반 WG, 원룸 그리고 홈스테이로 나눌 수 있다. 먼저 기숙사는 학교 기숙사와 사설 기숙사로 나뉘는데, 학교 기숙사는 해당 학교 재학생에게 우선권을 주기 때문에 접근 및 신청 방식이 쉽다. 사설 기숙사는 교회나 특정 기관에서 운영하는 기숙사로 그 수가 많지 않은 데다 모집 기간도 일정치 않으며 학생뿐 아니라 일반인도 함께 생활한다는 면에서 차이가 있다. 기숙사 비용도 사설 기숙사가 좀 더 높은 편이다. 기숙사는 보통 학교 입학이 결정되고 등록을 한 후 바로 신청할 수 있는데 신청한다고 하여 모두 방을 배정받는 것은 아니며 배정받는다 할지라도 본인이 원하는 기숙사에 들어가지 못할 수도 있다. 학교 재학생이 많고 도시가 클수록 경쟁이 치열하여 신청을 최대한 서둘러야 한다. 멀리서 온 외국 학생이라고 하여 편의를 봐주거나 우선권을 주는 경우는 없다. 따라서 기숙사 신청을 서두르되, 배정받지 못할 경우를 대비하여 주변 사설 기숙사나 베게(WG: Wohngemeinschft: 공동 주거시설. 플랫)를 미리 알아보는 것이 좋다.

또한 독일의 기숙사는 한국 대학들의 기숙사와 몇 가지 부분에서 차이가 있다. 기숙사 건물은 대부분 캠퍼스 내에 있는 게 아니라 시내 몇 구역에 나뉘어 산발적으로 분포되어 있다. 위치뿐 아니라 가격, 방의 모습, 설치된 가구 등 모든 것이 건물 혹은 층마다 다를 수도 있다. 따라서 기숙사에 산다고 하여 무조건 통학시간이 절약되는 것은 아니다. 또한 독일의 기숙사는 통금이나 관리자가 없다. 건물을 관리하는 하우스마이스터가 있지만 건물에 상주하는 경우는 드물며 상주한다 할지라도 방범 관리의 역할은 하지 않는다. 대신 건물당 1~2명의 학생 관리자가 있는데, 같은 기숙사 거주 학생들의 불편함을 수집 및 학교에 전달하고 학생 간 불화가 생길 시 이를 중재해주는 역할을 한다. 취사는 기본적으로 직접 해야 하며 식당이 있는 기숙사는 매우 드물다. 따라서 건물만 학생 전용일 뿐, 한국에서의 자취 생활과 같다고 보면 된다. 세탁은 따로 공동 세탁실이 있으며 1회당 1~3유로로 동전을 넣고 사용하면 된다.

앞서 기숙사를 원하는 대로 배정받을 수 없다고 했는데, 예를 들어 2인 WG 기숙사를 선택했다 할지라도 6인 WG로 배정될 수 있다. 그리고 함께 지내게 될 플랫메이트의 성향을 선택할 수 없다. 신청자가 많을수록 희망사항이 받아들여지지 않을 확률이 높다. 본인이 절대 포기할 수 없는 부분이 있다면 신청 시 어필 할 수는 있으나 대부분 적용되기 어렵다. 따라서 기숙사에 들어가게 되면 함께 생활하는 플랫 메이트들과 적극적인 소통과 이해 그리고 배려가 필수이다. 기숙사의 비용은 도시, 학교마다 다르지만 플랫 메이트가 1인 이상 있는 WG의 방 하나당 월 평균 150~400유로이며 플랫 메이트가 없는 1인실의 경우 600유로 이상인 기숙사도 있다. 보증금은 별도이며 1~2개월치 월세이다.

여러 불편함에도 불구하고 기숙사에 사는 가장 큰 이유는 비용적으로 저렴하고 함께 사는 플랫 메이트나 다른 층의 학생들과 어울려 친해질 수 있는 기회가 많기 때문이다. 또한 계약 해지 후 이사까지 기간이 짧기 때문에 교환학생이나 인턴 등 거주 환경에 변수가 많은 학생들은 행정적 불편함이나 재정적인 낭비를 줄일 수 있다. 자세한 기숙사 신청 방법은 〈09. 거주지 구하기〉에서 살펴볼 것이다.

두 번째로 학생들이 선호하는 거주 형태는 일반 WG이다. WG(베게)는 독일어 Wohngemeinschaft(본 게마인샤프트: 주거 공동체)의 약자로 일반 원룸보다 저렴하기 때문에 학생들이 가장 먼저 고려하게 되는 거주 형태다. 위 기숙사 설명에서 언급했듯 2명 이상 사는 기숙사는 모두 WG로 볼 수 있으나, 모든 WG가 기숙사는 아니다. 즉, 방이 2개 이상인 아파트도 경우에 따라 WG로 사용될 수 있다. 집 주인이 허락하고 법적으로 문제가 되지 않는 범위 내에서 많은 아파트들이 WG로 활용되고 있으며 인터넷에서도 'WG'만 따로 선택하여 찾을 수 있다. 아파트는 집마다 거주 등록을 할 수 있는 인원수가 정해져 있으므로 이에 맞춰 공동 플랫이 형성된다고 보

Münchfeld energetisch generalsaniert 2010	2010	**Franz-Werfel-Str. 9** **55122 Mainz** Nah gelegen dem Universitäts- und Hochschulcampus *Uni Campus:* ca. 7 min Fußweg *HS Campus:* ca. 15 min Fußweg *HS Holzstraße:* mit Bus/Bahn ca. 20 - 25 min	96 4 100	**12er WG ca. 15 m²** € 385,00 **4er WG ca.18 m²** € 415,00 *alle Zimmer mit eigenem Bad*	🅿 12er WG: 🚲@🛏🍴📺 4er-WG: 🚲@🛏🍴
Hechtsheim 3 Gebäude	1992	**Generaloberst-Beck-Straße 4-8** **55129 Mainz** Nahe an Kliniken der Universität *Uni & HS Campus:* mit Bus/Bahn ca. 20 - 30 min *HS Holzstraße:* mit Bus ca. 10 min	308 78 16 **400**	Zimmer in WG ca. 20 m² Wohnfläche, Zimmer ca. 10 m² **2er WG** € 354,00 - € 384,00 **3er WG** € 346,00 **4er WG** € 354,00	🅿 (11,00€/Monat) 2,3,4er-WG: 🍴📞🚲@🛏
K3	2010	**Lucy-Hillebrand-Str. 4-18** **55128 Mainz** Auf dem Hochschulcampus *Uni Campus:* Fußweg ca. 10 min *HS Holzstraße:* mit Bus/Bahn ca. 20 - 25 min	343 4 6 128 481	**Apartment ca. 27 m²** € 441,00 - € 461,00 **Apartment rollstuhlgerecht** ca. 36 m² € 461,00 **2er WG; ca. 27 m²** € 401,00 - € 441,00 **4er WG ca. 27 m²** Varianten: normal, mit Balkon, Maisonetten WG € 441,00 - € 451,00 *alle Zimmer mit eigenem Bad,* *auch in den WGs*	🅿 EA: 🛏🍴🚲📞🛁@🛏 4er-WG: 🛏🍴🚲📞🛁@🛏
Wallstraße	2008	**Wallstraße 90-94** **55122 Mainz** Zwischen Neustadt und Campus *Uni & HS Campus:* Fußweg ca. 20 min; Fahrrad ca. 6-10 min; Bus 15 min; Auto 3 min *HS Holzstraße:* ca. 25 min mit Bus/Bahn	381 27 24 5 437	**Apartment ca. 20 m²** € 397,00 **Apartment ca. 22 m²** € 407,00 **Apartment ca. 25 m²** € 427,00 **Apartment rollstuhlgerecht** ca. 27 m² € 432,00 *Teppichfußboden in Zimmern* *und Fluren*	🅿 Apartment: 🛏🍴📞🛁@🛏

마인츠 대학(Uni Mainz) 기숙사 종류 및 가격. 기숙사 비용은 한 달 단위이며 방 크기와 함께 지내는 룸메이트 수에 따라 다르다. 대부분 2~12인이 함께 쓰는 형태이며 아파트(Apartment)라고 부르는 1인 원룸형 기숙사가 크기 대비 가격이 가장 높은 편이다.

면 된다. 기숙사 WG와 가장 큰 차이점은 플랫 구성원이 모두 학생이 아닐 수 있다는 점 그리고 플랫 메이트를 구할 때 이미 살고 있는 거주자들의 성향이 뚜렷하게 반영된다는 점이다. 학교 기숙사 WG는 방이 남으면 따지지 않고 대기자에게 배분하는 반면, 일반 WG는 방이 남는다 할지라도 기존 거주자들이 찬성하지 않으면 들어가기 어렵다. 또한 일반 아파트의 월세를 나누어 내는 개념이기 때문에 내가 아니라도 타인이 물이나 전기를 많이 쓸 경우 월세가 오를 수 있다. 이외에도 모든 조건이 일반 집을 임대하는 것과 같기 때문에 이사 3개월 전에 계약해지를 고지하고 모든 가구를 빼거나 넘겨주어야 한다.

세 번째 거주 형태는 원룸 임대이다. 우리나라에서 대학생들의 흔한 자취 형태인 원룸과 유사하게 스스로 집을 구해서 이사 들어가는 것을 말한다. 그러나 원룸 거주를 고려할 때 몇 가지 주의해야 할 점이 있다. 첫째로 독일의 모든 집은 기본적으로 가구 및 주방이 없다. 집을 임대하는 것은 '거주 할 공간'을 빌리는 것이므로 공간을 제외하고 아무것도 없다고 보면 된다. 학생이 주방 및 가구를 전부 구입하기 쉽지 않으므로 집을 구할 때 필수적으로 주방이 있는 집을 찾아야 한다. 가구가 있는 집도 종종 있으나 한국처럼 모든 가구가 풀로 마련된 집은 찾기 어렵다. 또한 본인이 들여놓은 가구는 이사 시 모두 다시 가져가야 한다. 둘째로 집주인에게 신뢰를 줄 재정적인 근거가 있어야 한다. 원룸을 비롯한 모든 아파트는 개인 혹은 회사가 소유한 집이므로 임대인이 월세를 낼 능력이 있는지 가장 먼저 확인한다. 기본적으로 임대를 위해 제출해야 하는 서류는 본인에 관한 기본정보(Selbstauskunft), 석 달치 수입 증명서(Gehaltsabrechnung) 혹은 그에 상응하는 통장 잔고 증명서나 대사관에서 발행한 재정 증명서, 이전 집의 임대료 채무 확인서(Mietfreiheitsbescheinigung), 개인 채무/신용 확인서(SUFA Brief)다. 학생 신분으로는 신상 명세서와 이전 집의 채무 확인서를 제외하고 나머지 서류는 쉽게 낼 수 없기 때문에 독일 학생들은 대부분 부

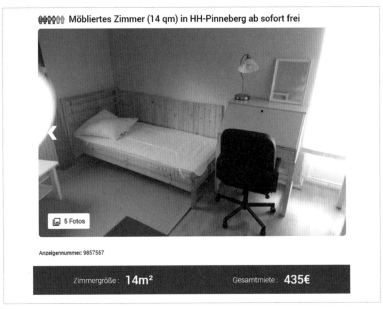

대학 기숙사가 아닌 일반 WG의 온라인 광고. 총 6명이 사는 플랫으로 현재 거주 중인 구성원의 성별은 여자 2명, 남자 2명이다. 14㎡의 방을 월세 435유로에 임대할 수 있다.

모님의 수입을 증명하여 재정 증명서를 제출한다. 그러나 외국 학생들은 이마저도 쉽지 않기 때문에 대사관에서 발행하는 재정 증명서나 슈페어콘 토를 활용할 수 있는데, 이는 집 주인에 따라 인정하지 않는 경우도 있다. 셋째로 필수 거주 기간이 있을 수 있다. 집마다 다르지만 일반적으로 원룸 의 최소 거주기간은 1년이다. 즉, 1년 내에는 집을 뺄 수 없으며 부득이하 게 이사를 가야 하는 경우에는 본인이 직접 다음 세입자를 찾아서 집주인 의 재정에 타격을 주지 않도록 해야 한다. 주거시장이 포화상태인 도시의 경우 최소 거주기간을 2년으로 정하기도 한다. 넷째로 보증금은 3개월치 월세인데 집에 따라 난방비를 포함할 수도 제외할 수도 있다. 우리나라에 비하면 적은 금액이지만 기숙사 보증금에 비하면 높은 금액이며, 반드시 돌려받는다는 보장이 없다. 살면서 생긴 크고 작은 고장을 방치했을 경우 집주인은 보증금에서 수리 비용을 제외할 수 있다. 넷째로 인터넷, 전기세, 가스세 및 방송수신료는 월세와 별도이다. 따라서 명시된 월세에 약 50~80유로를 추가해야 최종적으로 지출하게 될 월세를 알 수 있다. 일반 원룸에 거주할 독자들은 이러한 점을 십분 고려하여 추후 생길 일이나 지출에 대비하는 게 좋다.

그 밖에도 사설 기숙사 혹은 노인 전용 아파트를 알아보는 방법도 있다. 사설 기숙사는 보통 교회 등의 단체에서 시의 지원을 받아 운영되는 숙소로, 교회와 관계없는 사람들도 지원하여 거주할 수 있다. 여성 전용 기숙사가 주를 이루는 편이며 기숙사 관리자가 출퇴근 형식으로 관리한다. 집의 형태는 WG와 비슷하여 일반적으로 방은 분리되어 있고 주방과 화장실을 공유한다. 그러나 이러한 특수 기숙사는 모든 도시에 분포하는 것이 아니므로 지역에 따라 없을 수도 있으며, 가격 면에서 학교 기숙사만큼 저렴하지 않다.

캠퍼스 내 자전거 주차장

　노인 전용 아파트에 학생들이 거주하는 모습은 학생 주택난이 점점 심각해지면서 생겨난 형태이다. 일반적으로 노인 전용 아파트는 시내와 멀지 않은 데다 양로원이 함께 설치되어 노인들이 다양한 프로그램을 즐길 수 있게 되어있다. 시내와 위치가 가까운 집은 학생들에게 큰 장점이므로, 이를 활용하여 집이나 방을 무료로 제공하는 대신 학생들은 한 달에 약 35시간 동안 주민들을 돌보아야 한다. 전문적인 관리를 하는 게 아니라 함께 장을 보거나, 행사에 참여하거나 말동무가 되어주고 가끔 집에 찾아가 건강 여부를 확인하는 등의 간단한 일이다. 실제로 가족들과 멀리 떨어져 살면서 외로움을 느끼는 주민들에게는 생활에 큰 활력소가 되어 만족도가 높다고 한다. 학생들은 돈도 아끼며 주택 문제까지 해결되니 일석이조의 효과를 누리고 있어서 모집 시기마다 많은 지원자들이 몰리고 있다. 'Studenten im Seniorenheim'으로 검색하면 관련 정보를 찾아볼 수 있다.

집에 덧붙여 대학생들의 생활에서 빠질 수 없는 요소가 바로 자전거이다. 챕터 02에서 뮌스터 주민들의 생활에서도 보았듯, 독일 대학생들에게 자전거는 필수 생활 수단이자 이동 수단이다. 그에 맞게 중고 자전거 시장도 잘 형성되어 있다. 학교나 할인마트의 게시판에 자전거를 팔기도 하고, 온라인 중고 시장에서 자전거를 검색해도 된다. 좀 더 믿을 만한 곳은 자전거 판매상을 통해 구매하는 것이다.

독자들이 한 가지 알면 좋은 점은 독일 학생들은 자전거를 스스로 고친다는 점이다. 어렸을 때부터 자전거 생활에 익숙한 독일 학생들 대부분이 가벼운 수리는 어렵지 않게 혼자 하며 공구를 가지고 있는 학생들도 꽤 많다. 자전거 셀프 수리점도 어렵지 않게 찾아볼 수 있는데, 공구를 주어 간단한 것은 스스로 고칠 수 있는 시설을 제공한다.

집 구할 때
거짓 정보 및 사기를 피하는 방법 및
매물 보는 방법

최근 독일에 외국인의 유입이 증가하며 주택 임대시장의 규모도 점점 커지고 있는데, 보증금이나 월세를 빼내려는 사기성 매물도 함께 증가하고 있다. 학생이나 독일로 파견을 나온 직장인 혹은 출장자 등 단기로 독일에 체류하는 사람들은 대부분 월세를 내며 생활하는 집을 한두 달 내로 급하게 구하기 마련인데 이러한 약점을 이용하는 것이다. 타깃은 특히 독일어가 어눌하거나 독일에서 집을 임대해 본 경험이 없는 사람들이다. 일반적으로 독일의 주택시장은 크게 월세 임대와 자가 형태로 나누어져 있으며 우리나라의 전세와 같은 제도는 없다. 월세 임대는 아파트나 스튜디오의 형태가 많고, 입주 3~6개월 전부터 인터넷이나 신문을 통하여 새로운 세입자를 구한다. 매물을 올린 사람은 집주인일 수도 있고, 현재 거주하는 세입자이거나 혹은 집을 소유 및 관리하고 있는 업체일 수도 있다.

본인이 마음에 드는 집을 찾으면 매물을 올린 사람에게 메일이나 전화로 문의를 할 것이다. 이때 사기를 피하기 위해 상대방이 어떤 경로와 언어로 답변을 하는지 유심히 보아야 한다. 만약 전화는 받지 않고 메일 답변은 굉장히 빠르거나, 독

뷔르츠부르크 대학 캠퍼스 내 기숙사 단지

일어로 물어봐도 계속 영어로 답변이 온다면 한 번 의심해 봐야 한다. 보통 이런 임대인들은 '자신도 외국인이라 독일어가 편하지 않으며, 현재 외국에서 근무하고 있어서 전화연결이 어려우니 메일로만 이야기하자'라는 방식으로 대화를 이어 나간다. 실제로 독일에 자가를 소유한 외국인이 독일이 아닌 외국에서 일을 하고 있는 경우가 있을 수도 있겠지만, 그렇다 하더라도 집주인이 너무 멀리 떨어져 있는 집에 사는 것은 추천하지 않는다. 집에 문제가 생겼을 경우 가장 먼저 집주인과 상의해야 하기 때문이다.

이렇게 대화의 물꼬가 트이고 임차인이 계속해서 적극적으로 관심을 보이면 상대방은 보증금을 요구하며 열쇠를 우편으로 받을 것을 제안한다. 독일은 보통 석 달치 월세를 보증금으로 지불한다. 여하튼 이 보증금만 보내면 입금확인 즉시 열쇠를 보낼 것이며, 바로 집에 들어가서 살 수 있다는 달콤한 제안을 하는데, 그렇다면 90% 이상 사기이다. 독일인들은 열쇠나 돈 혹은 은행정보 등 개인신상에 대한 물건을 우편으로 보내는 것을 상당히 꺼려하는 편이며 부득이하게 열쇠를 우편으로 전달해야 할 경우 수령 확인이 가능한 등기나 소포 형태로 보낼 것이다. 집을 빌려주는 사람에게도 분실의 위험부담이 있는 행위이기 때문에 열쇠를 우편으로 보내는 일은 거의 없다고 보면 된다.

또한 사기 매물들은 대부분 집의 상태가 월세에 비해 매우 좋다. 운이 좋아 좋은 집을 싸게 구할 수도 있지만 상식적으로 생각하여 10년도 되지 않은 신축 건물의 집이 평균 월세보다 월등히 싸다면 사기를 확신해도 된다. 독일도 한국처럼 도시마다 동네마다 월세가 천차만별이므로 집을 구할 때에는 먼저 그 도시의 월세 수준을 파악한 뒤 접근하는 것이 좋다. 예를 들어, 프랑크푸르트 시내 중심가의 월세는 17평 기준 1,000유로 이상이다. 건물이 많이 낡았다면 800유로 대의 매물을 찾을 수 있다. 그러나 만약 2015년에 지어진 아파트의 월세가 500유로라면 사기를 의심하고 조심스럽게 접근해야한다. 도시의 월세 수준을 파악하는 방법은 구글에 '(도시이름) Miete aktuell'로 검색해 보아도 되고, www.immobilienscout24.de(집 매물 검색 사이트)에서 검색조건을 넣고 살펴봐도 된다.

집 매물 제대로 살펴보기

독일 전역의 임대용 및 매매용 아파트의 매물이 가장 많이 올라오는 곳은 Immobilionscout24.de이다. 부동산 업자뿐 아니라 세입자를 찾는 일반인들도 이곳에 광고를 올린다. 집의 형태와 가구에 따라 필터링하여 검색할 수 있으므로 본인이 원하는 조건을 알맞게 검색하는 것이 중요하다. 아래 예시를 통해 매물을 살펴보자.

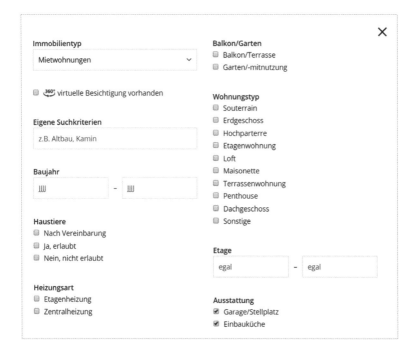

• Immobilientyp(주택형태): 구매용(Kauf)인지 임대용(Miete)인지 선택한다. 임대용 일반 아파트를 찾는다면 'Mietwohnungen'을, WG를 찾는다면 'WGs'를 선택한다.

- Eigene Suchkriterien(나만의 검색조건): 필터를 내리면 왼쪽 사진과 같이 다양한 집의 형태가 나오는데 본인이 원하는 조건을 선택하면 된다.

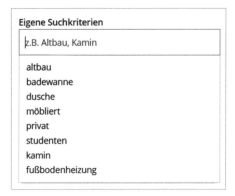

Altbau: 1960년대 이전에 지어진 집

Badewanne: 욕조

Dusche: 샤워실

Möbliert: 가구 있음

Privat: 개인 소유의 집

Studenten: 학생용

Kamin: 벽난로

Fussbodenheizung: 바닥난방. 독일 집의 일반 난방 형태는 벽면에 설치된 라지에이터이다. 이 조건을 선택하지 않으면 기본 라지에이터 난방이 설치된 집이 검색된다.

- Baujahr(건축 시기): 잦은 수리와 고장을 피하려면 50년 이상 된 집은 선택하지 않는 게 좋다.

- Hautiere(반려동물):

  Nach Vereinbarung: 협의 하에 가능

  Ja, erlaubt: 허가함

  Nein, nicht erlaubt: 불가

- Heizungsart(난방종류)

  Etagenheizung: 층별 공급

  Zentralheizung: 중앙 공급

- Wohnberechtigungsschein (거주가능 증서): 관청에서 발급해주는 확인서로, 종종 특수 조

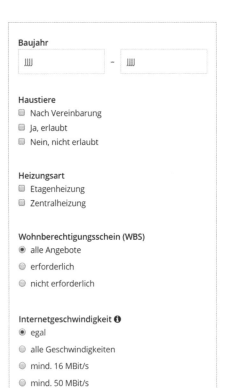

건이 충족된 사람만 거주할 수 있는 집이 해당된다. 예를 들어 65세 이상 혹은 장애가 있는 사람에게 조금 더 저렴한 가격에 임대해 주는 주택 등을 찾을 수 있다. 'nicht erforderlich' 에 체크하면 특수 주택을 제외하고 검색할 수 있다.

Alle Angebote: 모든 매물을 검색

Erforderlich: 요구함

Nicht erforderlich: 요구하지 않음

• Internetgeschwindigkeit(인터넷 속도): 인터넷 속도를 명시하고는 있으나 큰 의미가 없으므로 신경 쓰지 않아도 좋다. 보통 임대료에 인터넷이 포함된 경우가 없기 때문에 임대 후 건물에 들어오는 통신사 중 구미에 맞는 회사의 상품을 따로 신청하여 쓰면 된다.

Egal: 상관없음

Alle Geschwindigkeiten: 모든 속도 검색

Mind. 16 Mbit/s: 최소 초당 16MB

Mind. 50 Mbit/s: 최소 초당 50MB

• Balkon/Garten(베란다와 정원)·Balkon/
Terrasse
(발코니 혹은 테라스)
Garten/-mitnutzung: 개인 정원 혹은 공용 정원. 공용 정원이 있을 경우 관리비에 정원 관리 비용이 포함 될 수 있다.

Balkon/Garten
- Balkon/Terrasse
- Garten/-mitnutzung

Wohnungstyp
- Souterrain
- Erdgeschoss
- Hochparterre
- Etagenwohnung
- Loft
- Maisonette
- Terrassenwohnung
- Penthouse
- Dachgeschoss
- Sonstige

• Wohnungstyp(아파트 형태)

Souterrain: 반 지하

Erdgeschoss: 한국식 1층. 지면 층

Hochparterre: 한국식 1층이지만 지대가 높은 곳

Etagenwohnung: 한국식 아파트 형태 혹은 한 가구

가 한 층을 전부 쓰기도 한다. 건물 구조에 따라 층마다 다를 수도 있다.

Loft: 큰 공간이 포함된 집. 과거 창고나 홀로 쓰였을 수도 있다.

Maisonette: 집 안에 계단이 있어 1.5층 형태로 된 집

Terrassenwohnung: 테라스를 끼고 있는 집

Penthouse: 펜트하우스. 한 층에 한 가구만 사는 아파트 형태의 집

Dachgeschoss: 꼭대기 층. 지붕 층

Sonstige: 그 외

• Etage(층): 희망하는 층을 직접 입력한다. 한국식 1층은 독일에서 0층에 해당하므로, 한
국식 층수에서 1을 빼면 독일 층수가 된다.

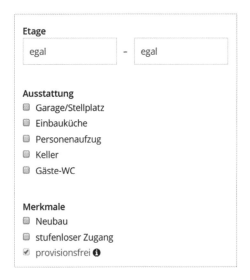

• Ausstattung(시설): 가구 외에 구비되어 있는 시설에 체크한다.

Garage·Stellplatz: 지하주차장 또는 전용 주차장. 주차장을 포함시킬 경우 임대료가 증가
할 수 있다. 개인 전용 주차장 임대비는 대도시 기준 한 달 평균 80~150유로다.

Einbauküche: 빌트인 주방. 주방을 직접 가지고 다니기 어려운 학생들은 반드시 체크해
야 할 부분이다. 독일에서 매매는 물론 임대 주택에는 기본적으로 주방 설치를 위한 공간

만 있을 뿐, 주방 시설은 제공하지 않는다. 집주인에 따라 주방 사용비가 관리비에 포함될 수 있다.

Personenaufzug: 사람이 타는 엘리베이터. 여기에 'Person'이 명시되어 있는 이유는 엘리베이터의 크기가 짐을 싣기에 작을 수도 있다는 점을 의미한다. 엘리베이터가 작은 건물은 성인 남자 두 명이 탈 정도의 작은 사이즈일 수도 있다. 체크하지 않으면 엘리베이터가 없는 건물도 함께 검색된다.

Keller: 지하실 개인 창고이다. 주거용 건물 대부분에 가구마다 배정된 개인 창고가 있다. 창고의 위치는 집과 같은 층에 있거나 지하에 위치하는데, 종종 없는 건물도 있기 때문에 짐이 많다면 확인하는 게 좋다.

Gäste-WC: 손님용 화장실을 말한다. 욕조와 세탁실이 겸비 된 욕실이 아닌, 볼일을 보고 손을 씻을 수 있을 정도로 간단하게 마련된 화장실이다. 80크바 이하의 집에는 없는 경우가 많다.

* 독일의 평수 단위: 1qm(크바)= 1㎡

독일 대학
편입하기

1. 독일 대학 편입 형태

한국 대학에서 독일 대학으로 편입을 고려하는 사람이라면 가장 첫 번째로 드는 의문이 '독일 대학에 편입이 존재하는가?' 하는 점일 것이다. 독일 대학에는 공식적으로 '편입'이라는 제도가 없다. 즉, 입학 전형에는 신입학 전형만 존재한다. 만약 누군가 독일 대학에 편입했다고 한다면 이는 '신입생으로 입학하여 학점인정을 받은 경우'이거나 혹은 '고학기 입학 전형으로 신입학한 경우'를 의미한다. 따라서 한국 대학의 편입학 전형처럼 이전 학교에서 2년을 수학한 뒤 일괄적으로 3학년으로 편입되는 경우는 거의 존재하지 않는다. 입학 전 학점을 성공적으로 인정받고 단 한 학기라도 단축하는 경우에는 크게 두 가지 형태가 있는데, 한 가지는 Höheres Fachsemester (고학기) 입학, 그리고 Quereinstieg(동일 학기)로 입학하는 방법이 있다. 고

학기 입학에 지원하려면 신입학 지원 시 지원학기를 'Fachsemester(전공학기)'로 선택하면 된다. 물론 바로 전공학기를 지원하기 위해서는 독일 대학 학과의 일반학기 이수에 준하는 증빙이 있어야 한다.

2. 편입 지원 방법

대학에 지원하는 방법은 일반학사 입학과 같은 방법으로 학교에 직접 지원하거나 우니아시스트(uni-assist)를 거치는데 학교마다 다르므로 확인해 봐야 한다. 대학지원 날짜 역시 신입생과 같은 학교도 있고 다른 학교도 있다.

다만 한국에서 이수한 학업에 따라 지원 시, 제출하는 서류에 약간의 차이가 있다. 만약 한국에서 수년간 대학을 다녔어도 취득한 학사 졸업장이 없다면 일반 신입학 전형에 필요한 서류를 준비하면 된다. 서류에는 당연히 수능 성적과 고등학교 내신 성적도 포함된다. 그러나 이미 한국에서의 4년제 학사 학위가 있다면 서류 제출 시, 고등학교 성적 및 수능 성적 서류를 내지 않아도 된다. 왜냐하면 신입학 전형 중 'Zweitstudium(두 번째 학업)'에 속하고, 이 경우 대학 성적이 수능 성적을 대신하기 때문이다. 다만 두 번째 학업 전형에 할당된 공석은 매우 적으며 한국의 대학처럼 학기 등록금이 발생하는 곳도 있다.

독일어 성적은 학과 이수 성적과 관계가 없으므로 신입학 전형과 같다.

학과별로 약간의 차이는 있겠지만, 입학하자마자 곧바로 전공수업을 들어야 한다면 독일어 능력은 무엇보다 중요하므로 입학에 지장 없는 Test DaF TDN4 이상 혹은 DSH3을 준비하는 게 좋다. 또한 기회가 된다면 미리 전공 원서를 독학하는 것도 수업 적응에 도움이 된다. 영어 과정에 지원할 경우 영어 성적도 물론 추가되어야 하는데, 일반적으로 TOEFL 80점 이상, IELTS 평균 6.5 이상이 요구된다.

3. 준비 서류 및 한국에서의 학점인정

Anrechnung von Studienzeit und der Anerkennung 학업기간 환산 및 인정

의대, 약대 및 치대 지원자의 경우 주 시험청(Landesprüfungsamt)에서 한국에서 이수한 학점을 얼마만큼 인정받을 수 있는지 알아볼 수 있는 공식 절차가 존재한다. 일반적으로 한국에서 학위의 반 이상(의대 6년 중 3년) 학교를 다녔을 경우 학점인정을 기대할 만하며 정상적으로 개강한 수업을 완벽하게 마쳤다는 시험 합격이나 증빙 혹은 정상적으로 학점을 받은 성적표가 있어야 한다. 수강 중도 포기나, 수강했으나 시험을 보지 않아서 학점이 없는 수강은 인정하지 않는다. 인정받을 수 있는 독일의대 수업은 물리, 화학, 생물학, 의학심리 및 사회학 입문이며 최대 1년이 인정된다. 이러한 이유로 해외에서 의대를 4~5년 다녔더라도 독일 의대에서 최소 5년을 다시 수학하게 되는 것이다.

시험청 홈페이지에 들어가면 신청서를 다운 받을 수 있다. 신청서

(Anrechnung von Studienzeiten und Studienleistungen) 및 각종 필요 서류(독일 대학 등록증, 한국대학 수강 확인 증빙, 강의 설명서, 각 과목의 주당 시간이 기재된 문서, 해당 강의 성적표, 고등학교 졸업장, 수능 성적표, 독일 거주 등록증 안멜둥)를 마련하여 제출한다. 독일 대학 지원은 했으나 아직 합격 증을 받지 못한 경우에는 출생증명서가 추가된다. 원본을 돌려주지 않고 독일어 서류를 요구하므로 번역 및 공증받은 복사본을 제출해야 한다. 모 든 서류 제출 완료 후 인정서를 받기까지 2개월 이상 소요되므로, 한국에 서 이수한 수업을 중복 수강하지 않으려면 지원 전에 미리 서류를 준비하 는 편을 추천한다. 만약 전체 학점이 아닌 개별 수업만 인정받으려는 경우 에는 'Gleichwertigkeitsbescheinigung(동등가치 확인증)'을 발급 받아 야 한다. 한국에서 이수한 수업의 커리큘럼을 영문으로 가져가서 해당 과 목의 담당 교수 혹은 학과 사무실에 요청하면 된다. 학점인정 시 주의해야 할 부분은 과목명이 같다고 하여 무조건 인정되는 게 아니라는 점이다. 수 업 전반의 내용이 유사해도 필수로 배웠어야 할 부분이 빠져 있으면 대부 분 인정되지 않는다.

의대와 약대 외 일반학과의 경우라도 한국에서 정상 운영된 대학이라면 대부분 독일에서 인정받을 수 있다. https://anabin.kmk.org/no_cache/ filter/institutionen.html에 접속하여 'Korea-도시 이름'을 입력하면 본인 의 대학이 독일에서도 '대학교'로 인정받을 수 있는지 찾아볼 수 있다.

검색하여 한국에서 자신의 학교이름 옆에 H+ 표시가 있다면 학위 및 연

독일에서 인정되는 대학 검색하기 anabin

구가 가능한 교육기관으로, 독일에서도 대학으로 정상 인정받을 수 있음을 의미한다. 다만 한국 학교에서 받은 학점이나 학위를 독일에서 같은 수준으로 인정받을 수 있다는 의미는 아니다. 학교이름 옆에 H- 표시가 있는 곳은 독일에서 대학으로 인정할 수 없는 교육기관이다. 기관명에 '대학'이 들어갔더라도 인정되지 않는다. 마지막으로 H+/-표시가 있는 기관은 개개인의 사정에 따라 인정될 수도, 안될 수도 있는 곳이므로 일률적으로 판단할 수 없음을 의미한다. 또한 이 표시는 정기적으로 업데이트 되므로 학교 사정에 따라 현재 인정이 안 되더라도 추후 인정되는 학교로 변경될 여지도 있다. 독일에서 '대학'으로 인정된다는 가정하에 본인이 이수한 학점을 독일식으로 환산하는 절차를 신청할 수 있다. 의대, 약대, 수의대, 치대 및 법대를 제외한 학과의 학점이수 여부는 각 학교 행정에 따라 결정 및 처리되므로 학교 국제처나 해당 학과의 행정실에 문의해야 한다.

편입은 실제로
학업 기간을 단축하는가?

일단 결론부터 말하면 'NO'
다. 이론상으로는 한국에서 이수
한 과목을 인정받고 바로 2학년
혹은 3학년으로 편입하니 졸업이
빠를 것이라 예상하지만 이는 어
디까지나 '모든 학점을 원하는 대
로 인정받고 한 번에 고학기 입학
에 성공했을 경우'를 말한다. 학교
에 따라 신입생과 편입생(고학기
모집)을 동시에 모집하기도 하고

도서관

편입생을 따로 모집하기도 하는데, 보통 편입생의 자리는 신입생보다 훨씬 적다. 왜
냐하면 편입생의 자리가 처음부터 정해져 있는 게 아니라, 해당 학기에 인원미달이
되거나 고학년에서 자퇴가 발생할 경우 공석이 생기고 이 자리를 편입생으로 채우기
때문이다. 즉, 한국 대학들처럼 편입학만을 위한 자리가 따로 있는 게 아니어서 편입
을 위한 입학 계획을 세우기가 어렵다. 어차피 매년 편입학 모집도 한 번, 신입 모집도
한 번이라면 차라리 신입학 전형을 활용하는 전략도 나쁘지 않다. 적어도 신입생 모
집 인원은 절차도 일괄적이고 매년 일정한 공석이 발생하지 않는가. 입학 후 시험청
에서 발급받은 서류로 학점인정을 받으면 결과적으로 편입과 매우 유사한 상황이 된
다. 비단 첫 해에 모든 학점을 인정받지 못했더라도 2학년 혹은 3학년 과목에서 인정
받으면 미래의 시간을 미리 아껴 놓는 셈이므로 손해 볼 것도 없다.

07
졸업 후
학위 과정
(석·박사 과정)

학사 과정을 마치고 본인의 전공을 더 공부 혹은 연구하고 싶다면 석·박사 과정을 고려해 볼만 하다. 한국과 독일에서의 졸업 후 학위 과정을 비교했을 때 가장 큰 차이점은 '학사 전공과의 연계성'이다. 한국은 학사를 마치고 전공이 맞지 않거나 새 분야에 흥미가 생기면 과정이 완전히 다르지 않은 이상 다른 과로 석사를 지원하는 데 이상이 없다. 일단 입학을 하고 본인에게 의지만 있다면 부족한 공부는 스스로 보충할 기회나 시간이 비교적 충분히 주어지는 편이다. 그러나 독일에서는 학사 과정 졸업 후 전공과 다른 학위 과정을 하는 일을 상상하기 어렵다. 예를 들어 한국에선 영문학사를 전공 후 글로벌관계학 석사 과정에 입학하는 일이 흔하지는 않아도 충분히 가능하다. 그러나 독일에서는 문학·언어학과 경영학을 매우 다른 분야로 인지하기 때문에 경영학 학사 과정을 새로 밟지 않으면 석사로 바로 진학하는 게 거의 불가능하다. 저명한 교수의 추천서가 있더라도 학

프랑크푸르트 암 마인의 괴테대학교

업이 가능할 만큼의 기본 지식이 있다는 것을 입학 전 증명해야 한다. 이런 면에 있어서 독일의 석·박사 과정은 '졸업 후 심화 과정'이라는 목적에 충실한 것 같다. 또한 종합대학의 특성상 순수학문의 연구를 심화시키는 것이 기본 과정인데, 전공을 발전시켜 융합학문이나 실용학문 전공을 희망할 경우 정확히 그 분야를 다루는 학교와 학교 및 교수진을 탐색해 보아야 한다. 단순히 학과명이 같다고 하여 입학했다가 본인의 의지와 다른 방향으로 연구를 진행하게 될 수도 있다.

1. 학교 및 지도교수 탐색

학교 및 지도교수를 선정하는 일은 석·박사 공통적으로 매우 중요한 절차이다. 석사는 약 1~2년, 박사는 최소 3년 이상 자신을 지도할 전담 스승을 찾는 일이기 때문에 본인이 논문을 쓰고자 하는 방향으로 가장 잘 지도해 줄 수 있는 교수진을 찾아야 한다. 석사 지도교수의 역할을 1~2년이라 명시한 이유는 석사 2학기까지는 대체로 학사과정과 크게 다르지 않게 심화 이론수업 위주로 진행이 되고 3학기부터 본격적으로 논문구성에 들어가기 때문이다. 이 시기부터는 선택한 지도교수와 수시로 얼굴을 마주하고 연구 방법 및 논문의 방향을 설정해야 한다. 박사 과정은 석사보다 시기자체는 길지만 오히려 교수와의 대면 빈도는 더 적은 편이다. 이미 한 번 논문을 작성한 경험이 있는 데다가 연구의 깊이 및 시간이 길어지기 때문이다. 박사 과정에서 교수는 논문을 주도하기 보다 박사 과정을 버티게 해주는 등대 같은 길잡이라고 볼 수 있다. 따라서 석사 및 박사 과정 학교를 선정 시, 단순히 학교의 명성이나 도시의 편리함보다 '원하는 교수가 재직하는 학교'로 지원하는 게 정석이다. 마침 그곳이 명성도 자자하고 내가 원하던 도시였다면 금상첨화지만 꼭 그렇지 않을 수도 있다.

지도교수를 찾는 방법은 첫째, 한국 인맥을 활용한다. 한국에서 이미 학사과정이나 석사과정을 밟은 사람이라면 한국 모교에서 자신을 지도해 준 교수님이 계실 것이다. 그 교수님께 찾아가 연구방향을 밝히고 지도교수를 추천 받는다. 연구 분야가 연관성이 있다면 보통은 당시 자신을 지도했던 지도교수를 추천할 것이다. 한국 교수님이 독일 지도교수에게 메일이나 편지로 짧은 추천서라도 써준다면 미리 좋은 인상을 남기기에 아주 적절한 방법이다. 특히 지도학생이 많은 교수는 자신을 지도해 달라는 요청을 너무 많이 받기 때문에, 강한 인상이 남지 않는 낯선 외국 학생을 쉽게 받아들이지 않는다. 말도 잘 안 통하는 외국 학생이 아니어도 지도할 독일 학생들이 이미 넘치기 때문이다. 그러나 한국 지도교수의 스승에게 지도를 받는다면 여러 면에서 위험부담이 줄어들게 된다. 독일 스승이 한국 학생에게 거부감이나 선입견이 있는지 확인하지 않아도 되고, 자신의 제자의 제자이기 때문에 실력이 어느 정도 입증되었다는 기대도 가지게 된다. 또한 자신이 부득이하게 지도를 하지 못할 상황이 되어도 학생이 학위를 끝까지 이어갈 수 있도록 신경 써줄 확률이 높다. 반면 단점이 될 수 있는 부분은 독일 교수와 한국 학생의 성향이 많이 다를 경우 의견 충돌이 있을 수 있다는 점이다. 학생이 교수와 친해지기도 전에 반강제적으로 지도교수가 정해진 것이기 때문에 성격이나 의견이 다르더라도 교수의 지도를 따라야 하는 경우가 종종 생길 수 있다.

둘째, 연구 분야 논문에 자주 등장하는 인물을 검색한다. 이 방법부터는 스스로 직접 지도교수를 찾는 주도적 방안이다. 석사 혹은 박사를 준비한다면 이미 연구할 분야는 어느 정도 가시화되었을 것이고 관련 논문도 많이 보았을 것이다. 논문에 자신의 의견과 방향이 유사한 저자를 검색하면 대부분 대학 강사나 교수일 텐데, 석사 지원자라면 강사와 교수 모두, 박사 지원자라면 교수를 중심으로 검색한다. 강사라도 박사 학위가 있으면 석사

에어푸르트 대학 도서관

지도가 가능하지만, 박사지도는 할 수 없기 때문이다. 저자들이 재직하고 있는 학교 정보를 수집하고 진학이 가능할 것 같은 학교 위주로 추려낸다. 그 뒤 지도교수 후보들에게 자신의 소개와 더불어 학업계획서를 전송하여 지도가능 여부를 문의한다. 이 과정에서 수 차례, 아니 수십 번 메일을 쓰거나 학교에 직접 찾아가야 할 수도 있다. 끈기와 열정을 가지는 게 중요하다.

셋째, 이미 잘 알려진 저명한 인물 및 그 주변을 탐색한다. 본인의 분야에서 이름만 들으면 알 법한 저명한 학자가 있을 것이다. 현직에 있는 학자라면 분명 학생을 지도하고 있을 터이므로 그 학자에게 지도받는 것을 목표로 접근하는 것이다. 추후 학계나 대학에 남을 뜻이 있다면 지도교수의 명성이 자신의 커리어에 도움이 될 확률이 높기 때문이다. 두 번째 방법과 유사하지만 인물을 중심으로 접근한다는 점에서 차이가 있다. 다만 저명한 학자가 지도해주므로 교수가 원하는 대로 논문 방향을 수정할 각오도 되어있어야 할 것이다. 또한 지도학생이 많을 것이므로 다른 학생들과의 치열한 경쟁에서 살아남을 대비도 해야 하고, 교수와 상담 약속을 잡기가 쉽지 않을 수도 있다.

석사 과정에서는 지도교수의 역할이 박사만큼 크지 않다고 생각할 수 있는데, 필자의 경험으로는 교수가 학생에게 직접적으로 미치는 영향은 오히려 석사지도가 더 크다고 생각한다. 박사 과정생은 이미 논문을 써본 경험이 있고 연구 방법론도 스스로 선택 및 수정할 수 있는 역량이 있지만 석사 과정생은 처음 제대로 논문을 쓰는 초심자이자 과정생이기 때문이다. 특히 한국에서 졸업논문이 없는 학사 과정을 밟은 사람이라면 논문 방향성을 잡는 데 크게 방황할 것이고 이 과정에서 지도교수의 한 마디 한 마디가 연구의 큰 가닥을 좌우할 수 있다. 또한 독일에서 학위논문 통과는 곧 졸업을 의미하기 때문에 논문심사 점수에 예민할 수밖에 없다.

여태까지 논문 작성에 중점을 두어 지도교수 찾는 방법을 언급했는데, 그 외에도 중요한 점 몇 가지가 더 있다. 교수도 사람인지라 인성과 특징이 제각각이다. 한국인 유학생으로서 주의 깊게 파악해야 할 점은 '아시아인(한국인)에 대한 편견이나 거부감은 없는가' 하는 점이다. 교수 위치에 있으면 인종차별을 하지 않아야 하는 점은 당연하다고 반문할 수도 있지만, 꼭 인종차별이 아니라도 개인의 성향이나 연구 분야에 따라 국가 선호도는 있을 수 있기 때문이다. 또한 사회적 지위가 항상 도덕성에 비례하는 건 아니라는 점을 명심하자. 최소 2년 이상 학업의 길잡이가 되어줄 사람이므로 될 수 있으면 독일 학생들과 외국인 학생들을 차별 없이 대하는 사람이면 좋을 것이다. 또 한 가지 중요한 점은 자신에게 어떤 지도 스타일이 맞을지 미리 판단해 보아야 한다. 세세하게 가르쳐 주는 게 좋다면 교수의 꼼꼼함을, 큰 그림을 위주로 제시해 주는 게 좋다면 교수의 대담함 혹은 결정력 등을 우선순위로 고려해야 한다.

2. 연구계획서 Exposé

우리나라 대학에서도 석·박사 과정 진학 시 연구계획서를 쓰듯 독일에서도 익스포제(Exposé)를 작성해야 하는데 이 과정이 논문의 뼈대를 결정한다고 해도 과언이 아니다. 그래서 지도교수를 선정할 때에도 먼저 익스포제를 제시하여 지도가능 여부를 묻곤 한다. 익스포제라는 단어는 '설명서', '초안'이라는 의미인데 문자 그대로 자신이 쓸 논문의 초안을 말한다. 석사과정은 본격적인 논문학기 시작 전에, 박사 과정은 지도교수 탐색 이전에 일차적으로 완성된 익스포제를 마련하는 게 좋으며 지도교수 선정 후 재차 수정 및 보완해 나간다. 특히 박사 과정 연구주제는 독창적일수록 좋으므로 관련 논문을 최대한 많이 읽어보고 해당 주제에 관한 변별성을 어떻게 가질 수 있는지 고민하는 게 중요하다.

익스포제 작성법을 모두 세세히 나열할 수는 없지만 중요한 포인트를 언급하고자 한다. 먼저 언어 관련 부분이다. 학위 과정이 영어라면 영어로, 독일어라면 독일어로 작성하는 게 기본이다. 하지만 독일어 학위과정에 영어로 논문을 작성하고자 한다면 영어 익스포제를 준비하여 지도교수에게 미리 영어로 쓸 의사를 밝히는 게 좋으며 그 반대도 마찬가지다. 독일어로 작성할 경우 반드시 '학문용 독일어'를 사용해야 한다. 우리말에도 구어체와 문어체가 있듯, 독일어에는 일반 구어체와 문어체 이외에 학술자료에 자주 등장하는 독일어가 있다. 보통 C1 이상 수료했다면 어학과정에서 필수적으로 배우게 되는데 어휘의 범위가 넓어지고 학술자료에 자주 등장하는 동사 및 구의 쓰임이 일반 문어체와는 차이가 있다. 익스포제에는 반드시 학술자료용 어휘 및 문장구성을 사용해야 한다. 'Wissenschaftliches Deutsch'로 검색하면 참고 도서를 다수 찾을 수 있다.

그다음은 참고문헌이다. 연구 분야를 탐색하면 필수적으로 여러 참고문헌 및 논문을 보게 될 것이다. 그중에서 본인의 논문에 도움이 될 만한 참고문헌을 추리고, 또 그것을 참고하여 익스포제가 작성된다. 즉, 직접적이든 간접적이든 다수의 문헌들을 참고하면 익스포제 맨 마지막에 모든 문헌의 정확한 출처를 밝혀야 한다. 참고문헌의 분량은 평균적으로 석사는 15권 이상, 박사는 30권 이상이다. 문헌의 분량 채우기에 우선순위를 두기보다 연관자료를 모으다 자연스레 채워진 분량에 의미를 두어야 할 것이다.

본격적인 작성에 앞서 구성 및 분량 설정을 해야 한다. 석사과정 익스포제는 10장 내외, 박사과정은 20장 내외인데 학교마다 필수분량이 정해져 있을 수 있으므로 확인해 보도록 한다. 전반적인 구성은 다음과 같다.

1) Einleitung·Problemstellung: 도입부이다. 본격적인 문제를 다루기에 앞서 비슷한 주제로 연구했던 과거 학자들의 연구주제 및 결론 요약, 현재까지 연구된 상황 등을 서술한다. 쉽게 말해 논문 주제를 선택하게 된 학술적 동기라고 생각하면 된다.

2) Theoretischer Hintergrund: 내 논문 주제를 뒷받침해 줄 주요 이론적 배경을 서술한다. 비슷한 방향을 띤 배경도 좋고 다른 방향이지만 내 연구의 타당성을 강화해 줄 내용을 서술해도 좋다.

3) Methodisches Vorgehen: 연구방법을 기술한다. 양적 혹은 질적연구, 어떤 대상을 연구할 것이며 왜 그렇게 선정했는지에 대한 이유도 함께 서술한다.

4) Datenerhebung: 연구 및 실험 이후 추출된 날것의 데이터를 어떤 방식으로 가공 및 활용할 것인지에 대해 서술한다. 만약 컴퓨터 프로그램을 사용한다면 프로그램에 대한 구체적인 소개도 덧붙이도록 한다.

5) Zeitplanung: 지도교수 탐색 기간부터 논문을 마치는 시기까지의 일정을 서술한다. 지도교수 확정, 문헌 탐색, 실험방법 논의, 실험, 논문작성, 첨삭기간, 디펜스 기간(박사) 등을 세부적으로 나누어 구체적인 시기별로 해야 할 일을 적는다. 실제로 그렇게 진행되지 않아도 논문 작성이 필요 이상으로 더뎌지지 않게 해주는 역할을 할 뿐만 아니라 비자 문제도 미리 예측하여 계획을 세울 수 있다.

작성 시 워드 기준 글자 포인트는 11~12, 텍스트 줄 간격은 1.15, 폰트는 Arial, Cambria가 평균적인 설정이다. 물론 일률적인 것이 아니고 학교나 교수별로 따로 요구하는 부분이 있을 수 있다. 어느 정도 작성이 진행되었다면 첨삭해 줄 사람을 찾아야 한다. 필자는 본인의 독일어 능력이 완벽하다고 할지라도 첨삭을 꼭 받길 권유한다. 자신이 쓴 글은 객관적으로 보기에 한계가 있고 다른 각도에서 보기 어렵기 때문이다. 첨삭은 아는 지인을 통해도 좋고, 전문 업체를 통해도 괜찮지만 반드시 학술적 텍스트 첨삭 경험이 많은 곳에 맡기는 것을 추천한다. 지인에게 맡긴다면 이미 학위 과정을 마쳤거나 과정 중에 있는 학생도 괜찮다. 또한 가능하다면 두 명 이상에게 받고 세 번 이상 수정 과정을 거치는 게 좋다.

3. 지원서류 준비

서류 준비는 학사 과정과 마찬가지로 학교마다 조금씩 상이하므로 각 학교 지원 전형에 맞추어 준비해야 한다. 기본적으로 석사 지원은 학사와 유사하며, 박사 과정 지원은 학사 및 석사와 차이가 있다. 석사 과정 지원에는 기본적으로 고등학교 성적표, 수능 성적표, 대학 성적표, 대학 졸업증을 영문 혹은 대사관 공증받은 (혹은 아포스티유) 독문 서류 형태로 제출하며 학교 지원서, 독일어학증명서, 이력서, 지원동기서(Motivationsschreiben)를 첨부한다. 성적표 및 졸업증 원본이 영문일 경우엔 대부분 따로 번역공증을 하지 않아도 문제가 없어야 하지만, 원본을 제출해도 종종 또다시 공증된 서류를 요구하는 경우가 있다. 독일에서는 졸업증과 같이 중요문서의 원본은 단 한 부만 본인에게 전달하기 때문이다. 따라서 온라인으로 졸업증명서를 제한 없이 발급받을 수 있는 우리나라의 시스템을 의아하게 생각할 뿐더러, 원본 대조가 가능해도 인정하지 않을 수 있다. 불필요한 작업 및 서류 제출 기간을 단축하기 위해 한국에서 발급받은 모든 서류를 아포스티유 받은 후 제출하기를 추천한다. 단, 이력서나 추천서는 공증 받을 필요가 없다. 위에서 언급한 연구계획서(익스포제)는 석사의 경우 입학 후 시작해도 되지만, 박사의 경우는 되도록이면 지원 전에 초안이라도 완성하는 게 좋다.

독일어학증명서는 학사 지원과 마찬가지로 학교 및 학과마다 다르므로 지원 전형을 참고하면 되는데 B2 이상이 일반적으로 요구된다. Test DaF 나 DSH 모두 인정되므로 선택하여 응시하면 된다. 당연한 얘기지만 영어 학위 과정은 독일어가 아닌 영어 성적이 요구된다. TOEFL 혹은 IELTS 성적을 제출한다. 다만 독일어 학위 과정이라도 영어 성적을 요구하는 경우가 있는데, 이 경우 보통 IBT 81, IELTS 전 영역 평균 6.5 이상이면 영어 때문에 문제가 될 일은 거의 없다. 그 외에 기타 외국어 증명서가 있으면 제출하는 게 좋다. 합격에 직접적으로 영향을 미치지 않더라도 본인의 노력과 재능을 어필할 수 있다. 모든 어학증명서는 취득한 지 2년 이내의 증명서만 유효하다.

추천서는 필수는 아니지만 첨부할 수 있으면 분명 도움이 된다. 특히 한국의 지도교수를 통해서 박사 유학을 계획할 경우 한국 교수의 추천서가 큰 역할을 하므로 반드시 받아두는 편이 좋다. 추천서의 정해진 포맷은 없으나 독일어 혹은 영어로 작성되어야 한다. 한국어로 작성하여 번역하는 것은 유효하지 않다.

4. 입학허가 받기

석사 과정은 합격, 즉 입학허가 통보 방법도 학사 과정과 같다. 학기 시작 한 달에서 보름 전에 Zulassung(쭈라숭, 입학합격서·허가서)이 순차적으로 배부되며 필수 서류를 지참하여 등록금을 지불하면 입학준비가 완료된다. Zulassung 배부 방법은 우편, 메일, 온라인 지원포털에 게재 등 학교마다 다르므로 수시로 확인하는 게 좋다.

박사 과정은 입학시험이 따로 없기 때문에 지도교수에게 지도가 가능하다는 확인 편지가 곧 합격증이다. 그때부터 바로 입학 준비를 하면 되는데, 입학 행정처에서 Zulassung이 오면 바로 다음 학기부터 등록을 진행할 수 있다. 만약 지도교수가 한 명이 아니라 여러 명에게 다양한 지도를 받는 프로젝트와 연계된 학위 과정에 지원했다면 정해진 합격 통보일 및 등록일이 있을 것이다.

베를린 공대(TU Berlin)의 합격확인('Zulassung' 부분에 'J' 표시가 되어있다.)
- 대학 온라인 지원포털에서 확인할 수 있다.

석사 및 박사 과정은 학사 과정에 비해 학생들의 역량과 적극성에 따라 성과가 달라지는 과정이다. 최근에는 독일 내 혹은 외국 대학과 공동 연구 프로젝트를 진행하는 경우, 연구와 실무경험을 함께 쌓는 경우 등 매우 다양한 프로그램이 있으므로 학생 스스로 적극적으로 참여하려는 의지가 매우 중요하다. 특히 팀워크 프로그램에 참여하는 박사 과정은 다른 박사 과정생들과 팀원으로서 원만한 관계를 맺고 지도교수와의 관계를 잘 닦아 나가도록 해야 한다. 또한 논문 학기에는 수업이 없어서 늘어지기 쉬우므로 불필요하게 학위 과정이 길어지지 않도록 시간 관리를 철저히 하길 추천한다. 논문 진행이 너무 더뎌지는 것 같다면 지도교수가 언질을 줄 것이다. 졸업을 하기 위해 급하게 논문을 작성하게 되는 일이 없도록 미리미리 준비하자.

Auslandssemester
해외 교환학기(교환학생)
신청하기

우리나라 대학에서 해외 파트너 대학으로 교환학생을 파견하듯, 독일의 거의 모든 대학 및 다수 학과에서도 교환학기(Auslandssemester: 아우스란즈제메스터) 프로그램을 운영하고 있다. 독일 대학에서 해외 대학으로 교환학생을 가기 위해 준비해야 할 점들에 대해 살펴보자.

첫 번째, 희망 국가 및 대학을 선정해야 한다. 만약 유럽 내 파트너 학교를 지망할 경우 에라스무스(ERASMUS) 프로그램을 활용하면 편리하다. 에라스무스 프로그램이란, 유럽 내에서 파트너십을 맺은 학교에서 교환학기를 지내는 것이다. 매년 약 4만 명 이상의 독일 학생들이 에라스무스 프로그램을 이용하고 있다. 같은 유럽 내에서는 학점전환이 용이하고 독일까지 이동시간도 길지 않기 때문에 유럽에 적을 두고 있는 학생으로서 고려하지 않을 수 없는 부분이다. 게다가 국가별로 30~50만 원가량의 용돈까지 지원받을 수 있으니 일석삼조의 효과가 있다.

두 번째, 재정적 사정을 고려해야 한다. 국가별로 집세, 물가가 모두 제각각 다르기 때문에 본인의 재정 사정에 알맞은 국가를 선택하는 게 좋다. 에라스무스 프로그램에 선정되어 용돈을 받는다면 부담이 덜하겠지만 그렇지 않다면 전 금액을 본인이 부담해야 한다. 특히 물가가 비싼 북유럽이나 싱가폴의 경우 수입이 없는 학생으로서 학업환경만 보고 무작정 신청하기 쉽지 않을 것이다. 각 대학의 국제 사무실(International Office·Internationales Büro)을 방문하여 재정지원을 받을 수 있는 프로그램을 꼼꼼히 알아보자. 재정 고려 및 희망대학선정은 약 1년 전부터 준비하는 것이 좋다.

세 번째, 교환학생 신청 서류를 제출한다. 신청에 필요한 서류가 국가 혹은 프로그램에 따라 다르므로 희망대학이 선정되는 즉시 국제 사무실이나 국제학생처를 찾아가 자문을 구한다. 또한 희망대학의 홈페이지도 꼼꼼히 살펴보아 빠진 서류가 없는지 두 번 이상 체크하는 게 좋다. 일반적으로 이력서와 성적표를 제출하며 경우에 따라 지원동기서를 요구하기도 한다. 같은 유럽일지라도 독어권이 아닌 국가가 많으므로 모든 서류는 영문으로 준비한다. 지원동기서에는 교환학기를 가야만 하는 학업적, 개인적 이유를 설득력 있게 서술하는 것이 중요하다. 희망 대학의 우수 교수진이나 특별 강의 프로그램이 좋다든가, 혹은 가장 친한 친구의 고향에 방문하여 문화체험을 하고 싶다는 등의 동기도 좋다.

네 번째, 언어를 공부한다. 교환학기 기간 동안 일정 학점을 이수해야 하기 때문에 좋든 싫든 방문대학의 강의를 수강해야 한다. 강의는 영어 강의를 듣는다 할지라도, 일상생활을 해야 하기 때문에 여행용 회화 정도(A2~B1 수준)는 공부를 하고 가는 게 방문국가에 대한 예의이자 교환학기를 편안하게 보낼 전략이다. 우리부터도 외국인이 한국어로 말을 거는 것과 알아듣지 못할 외국어나 영어로 말을 거는 것은 다르지 않은가. 어느 쪽에 더 호의적일지 입장을 바꿔 생각해 보자. 보통 독일 대학에서는 교환학기를 준비하는 학생들을 위해 언어 강의를 개설하거나 부설 어학원 강의 수강을 추천한다. 부설 어학원 강의의 경우 재학생은 저렴한 수강비로 등록할 수 있으니

이 역시 학교 국제학생처, 혹은 언어센터(Sprachenzentrum)에 문의해 보면 된다.

다섯 번째, 살 집을 구한다. 대학에 따라 방문 학생들에게 기숙사나 원룸을 제공하는 경우가 있다. 예를 들어 네덜란드 로테르담 대학의 경우 기숙사 중 가구가 완비된 약 800개의 방이 오직 교환학생들을 위해 마련되어 있다. 그러나 방이 있다고 할지라도 선착순에 따라 마감될 수 있고, 일반학생과 똑같이 집을 구해야 할 수도 있기 때문에 출발 6개월 전부터 천천히 알아보는 게 좋다. 그 나라의 문화를 가장 가까이에서 배우기 위해 홈스테이를 신청하는 것도 나쁘지 않다. 세입자가 단기간 집을 비운 사이에만 살 수 있는 독일의 '쯔비센미테(Zwischenmiete)'와 같은 방법을 알아보는 것도 한 가지 방법이다.

마지막으로, 교환학기를 떠나기 전 방문대학의 수강신청 방법 및 희망 강의를 반드시 체크해 본다. 학교에 따라 수강신청 방법이나 기간이 다를 수 있기 때문이다. 또한 이미 같은 대학을 방문했던 교환학생 선배의 후기를 읽거나 팁을 얻는 것도 준비에 매우 실질적인 도움이 된다.

PART 02

실전편

08
대학
지원하기

앞에서 독일의 교육제도와 고등 교육기관 그리고 졸업 후 학위 과정을 탐색하며 독일 대학의 전반적인 시스템과 학생으로서 독일에서 겪게 될 생활에 대해 알아보았다. 나의 희망 대학 및 전공을 결정했다면 이제 직접 원서를 접수하는 일만 남았다. 아래 과정을 잘 보아 숙지하여 내가 원하는 학교에 한 번에 올바르게 지원할 수 있도록 하자.

베를린 공대(TU Belin)의 생명공학과(Biotechnologie) 학사에 지원하고자 하는 경우를 예시로 들겠다.

1. 정보 수집하기 Sich informieren

먼저 희망 지원학교의 '외국인 지원 방법'을 찾아본다. 다수 학교가 외국인 전형을 따로 두고 있고 독일인과는 다른 루트로 접수해야 하기 때문에 자칫 독일인 지원자와 같은 방법으로 접수했다가 모든 서류가 반송될 수 있으므로 주의한다. 베를린 공대는 외국인 전형을 'Studieninteressierte mit ausländischen Bildungsnachweisen(외국에서 발급된 교육 증명서가 있는 학업 희망자)'이라고 칭하고 있다.

'mehr(더보기)-Bewerbung und Zulassung(지원 및 입학허가)'를 누르면 첫 페이지에 외국인 원서접수에 대한 공통정보가 나온다. 외국에서 교육받은 증명이 있는 지원자는 모두 우니아시스트(uni-assist)를 통해 접수해야 한다. 즉 기본적으로 외국인 지원자는 학교 홈페이지가 아니라 원서접수 대행 에이전시인 우니아시스트에서 접수하는 것이다.

외국인 지원자가 매우 많기 때문에 혹시 국적별로 그룹이 나눠지지 않았는지 확인한다. 세부 그룹이 없더라도 보통 EU국적과 기타국적은 나누는 편이다. 한국인은 어느 그룹에 속하는지 살펴본다. 다음 쪽의 이미지를 보면 베를린 공대 지원에서 한국인은 'C그룹(EU, 아일랜드 및 리히텐슈타인 및 노르웨이 국적 외)'에 속하는 것을 확인할 수 있다.

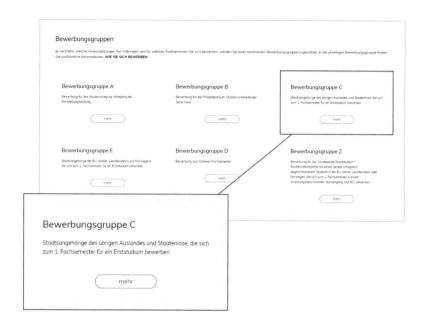

그에 이어 바로 필수 조건들이 나온다. 지원자는 대입자격 수준에 대응할 만한 교육 증빙 및 최하 DSH2에 준하는 독일어 수준(학교와 학과마다 상이할 수 있다) 그리고 1학기 등록을 원하는 상태여야 한다. 여기서 먼저 '대입 자격에 대응할 만한 교육 증빙'은 우리나라의 수능시험이 해당된다. 수능 시험을 치르지 않았다면 검정고시 고졸 합격증이 해당되는데, 이 경우 대 입에 완전한 충분 조건은 아니므로 독일에서 따로 Test AS(관련 내용 챕터 04 참고)를 치러야 할 수도 있다. 서울 한국교육과정평가원(KICE)을 방문 하면 소정의 수수료를 내고 영문 수능 성적표를 발급받을 수 있다. 지원 시 독일어 자격증을 제출해야 하므로 원서 접수 이전에 DSH2 혹은 Test DaF TDN4를 취득해야 한다.

Die folgenden Bewerbungsfristen sind unter Vorbehalt veröffentlicht. Änderungen sind möglich. Bitte informieren Sie sich daher vor Ihrer Bewerbung noch einmal.

Vorstudieneinrichtungen	
Studienkolleg und Propädeutikum	01.03.2019 - 30.06.2019
Externe Feststellungsprüfung / Ergänzungsprüfung	01.03.2019 - 31.08.2019

Bachelorstudiengänge	
Studieninteressierte mit deutschen Bildungsnachweisen: Bewerbungsfrist für zulassungsbeschränkte Bachelorstudiengänge	01.06.2019 - 15.07.2019
Studieninteressierte mit ausländischen Bildungsnachweisen: Bewerbungsfrist für zulassungsbeschränkte Bachelorstudiengänge	01.05.2019 - 15.07.2019
Studieninteressierte mit deutschen Bildungsnachweisen: Immatrikulationsfrist für zulassungsfreie Bachelorstudiengänge	01.06.2019 - 31.08.2019
Studieninteressierte mit ausländischen Bildungsnachweisen: Bewerbungsfrist für zulassungsfreie Bachelorstudiengänge	01.05.2019 - 31.08.2019
Immatrikulationsfrist für zulassungsbeschränkte Bachelorstudiengänge	siehe Zulassungsbescheid

그 다음으로 전형에 따른 접수 마감일을 확인한다. 보통 겨울학기 지원(WS)은 이전 해의 7월 15일까지, 여름학기 지원(SS)은 같은 해의 1월 15일까지 모든 서류가 우니아시스트에 도착해야 한다. 예시로 든 생명공학(Biotechnologie)과는 NC(Numerus Claus: 학과가 정한 일정 기준에 의거하여 평가. 합격 인원에 제한을 두는 학과)이므로 'Studieninteressierte mit ausländischen Bildungswesen: Bewerbungsfrist für zulassung -sbeschränkte Bachelorstudiengänge(외국에서 발급된 교육 증명서가 있는 학업 희망자: 합격제한이 있는 학사과정의 접수기간)'를 보면 된다.

2. 지원 계획하기 Bewerbung planen

2019년 겨울학기(WS 2019/2020)에 지원한다고 가정할 때, 왼쪽의 이미지에서 볼 수 있듯 접수 마감이 2019년 7월 15일이므로 그 전에 모든 서류준비 및 지원을 마칠 수 있도록 계획을 세운다. 고등학교 성적 및 수능성적은 졸업고교와 한국교육과정평가원을 방문하면 바로 발급받을 수 있지만 어학증명서나 기타 수상 및 활동내역서는 충분한 시간을 갖고 준비해야 한다. Test DaF 시험을 볼 경우 성적표가 나오기까지 약 두 달 가까이 소요되므로 늦어도 같은 해 4월에 시행되는 시험에 응시해야 할 것이다. 한국어로 된 수상 및 활동내역서는 영어나 독일어로 번역 및 공증을 받아야 하므로 약 한 달이 소요될 것으로 예상된다. 즉, 2019년 겨울학기부터 학업을 시작하고 싶다면, 늦어도 2019년 초에 성적표 및 서류준비를 시작하고 4월까지는 B2 이상의 어학 실력을 갖추어야 한다는 의미다. 이 중 가장 긴 시간이 소요되는 부분이 어학이므로 독일어 학습진도에 맞추어 대학 지원 시기를 결정하는 것이 일반적이다.

3. 서류 준비하기 Dokumente vorbereiten

　학교마다 전형일 및 절차를 소개하는 페이지에 준비 서류를 확인할 수 있는 체크리스트가 아래와 같이 마련되어 있다. 한 줄씩 읽어보며 이력서나 여권 복사본 같이 자칫 지나치기 쉬운 서류가 빠지지 않았는지 꼼꼼히 체크하자.

 CHECKLISTE
Bachelor International

Studieninteressierte mit
ausländischen Bildungsnachweisen

 Technische
Universität
Berlin

어학 공부 기간 인맥을 무시하지 말라

대입을 위해 독일어를 배우는 '어학 공부 기간'동안 크게 두 부류의 학생들을 볼 수 있다. 공부에만 집중하느라 일부러 친구를 사귀지 않는 부류와 공부를 매개로 마음껏 친구를 사귀고 정작 어학은 뒷전(?)인 부류다. 물론 대입을 위해 어학 공부를 등한시해서는 안 되지만 이 기간에 공부를 하며 사귄 친구들과 어느 정도 좋은 관계를 유지하는 게 좋다. 특히 독일 현지에서 어학 공부를 하는 대부분의 학생들은 독일 취업이나 대학 진학을 염두에 두고 있기 때문에 공부를 마치고 1~2년 뒤에 좋은 대학에 진학하거나 남부럽지 않은 자리에서 일하는 경우를 드물지 않게 볼 수 있다.

필자도 방학 때 잠깐 참여했던 어학 수업에서 사귄 친구들과 아직 연락을 하고 지내는데, 당시 대학에 가지 않았거나 직장을 잡지 못했던 친구들이 현재는 뮌헨 공대 연구생, 항공사, 교사 등 각자 자신의 분야에서 당당히 자리를 잡아 잘 나가고 있다. 당장 나에게 직접적으로 도움이 되지 않더라도 이런 인맥을 가진다는 것은 외국 생활을 할 때 분명 큰 힘이고 자산이다. 또한 독일인 외에 다양한 국적의 외국인 친구를 가장 쉽게 사귈 수 있는 기회이기 때문에 여행을 좋아하는 사람이라면 미래에 외국여행을 조금 편하고 손쉽게 할 수 있는 나만의 자산이 되기도 한다.

4. 원서 접수하기 Bewerben

여기서부터는 본격적으로 원서를 접수하는 단계다. 학교에 따라서 모든 학과 또는 외국인 학생에 한해서 우니아시스트로 접수를 받으므로 자신이 지원하는 학교와 학과의 지원 방법을 다시 한 번 확인하자. 우니아시스트 접수는 접수 기간 외에 접수 링크가 열리지 않으므로 미리 지원 연습을 해볼 수는 없다.

홈페이지 모습이 변경되었더라도 지원 방식 및 사용된 독어 단어는 같으므로 아래 안내를 보며 지원하면 어렵지 않을 것이다. 홈페이지 업데이트에 따라 인터페이스가 달라질 수 있으므로 지원 전 반드시 uni-assist.de에 게시된 지원 과정 튜토리얼을 확인하는 것이 좋다.

우니아시스트: www.uni-assist.de

먼저 우니아시스트를 계정을 만든다. 한 계정으로 여러 학교를 지원할 수 있으므로 최초한 번만 등록하면 된다. 몇 해가 지나고 새로 지원할 일이 생겨도 같은 계정을 사용할 수 있다.

지원을 희망하는 학교가
정말 우니아시스트를 통해
지원하는 것이 맞는지 재차
확인할 수 있다. 'Uni-assist
Hochschulen(우니아시스
트 대학 리스트)' 탭을 눌러
학교 및 학과를 검색해 본다.

우니아시스트에서 진행하는 것이 맞다면, 'Online bewerben' 탭을 눌러 'Zum Online-
Portal(원서 접수 포털)'에 접속한다.

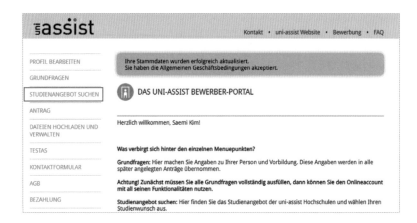

로그인을 하면 위와 같은 화면이 뜬다. 왼쪽 날개에서 'Studienangebot suchen(학업과정 찾기)'을 선택한다.

지원하고자 하는 학교와 학과를 검색하는 페이지다. 지원 학기, 학업 과정, 학교, 학과를 선택하고 검색하여 지원서 작성을 시작한다. 최초 지원 시 기본 정보를 입력하는 데 꽤 많은 시간이 소요된다. 중간에 저장할 수 있고 뒤로 돌아가서 수정도 할 수 있으므로 시간을 갖고 천천히 입력하자. 단, 'Elektronisch Abschicken(전자 발송)' 과정을 거치면 수정할 수 없으므로 주의한다. 또한 온라인에서 접수가 완료되더라도 인쇄하여 사인한 서류를 우편 발송하지 않거나 수수료를 납부하지 않으면 대학에 전달되지 않는 것은 물론 심사도 받을 수 없다.

지원서 작성 중 내가 어디쯤 왔는지 진행사항을 볼 수 있다. 모든 항목을 입력하면 'Antragsformular Drucken(지원서 출력)' 버튼이 활성화된다. 이 단계 이전에 서류를 PDF 파일로 업로드 해야 하는 단계가 있는데, '공증이 필요하지 않은 서류'에 한해서 업로드하면 된다. 예를 들어 이력서, 지원동기서, 여권사본, 추천서가 이에 해당한다. 업로드된 서류는 우니아시스트에서 출력하여 첨부해 주므로 따로 인쇄하여 보내지 않아도 된다.

화면 하단의 프린트 버튼을 눌러 완성된 지원서를 출력하고 입력된 정보가 맞는지 확인한다. 지원서 맨 마지막 장에 친필 사인을 하고 학교에서 요구한 기타 서류 (어학증명서, 수능 성적표, 고등학교 성적표 등)을 준비한다. 앞서 언급했듯 한국어 서류는 영어 혹은 독일어로 번역공증 받아야 하며 최초로 영문 발급받은 원본이라도 원본이 단 한 부밖에 없는 서류는 반드시 인증된 기관에서 공증을 받아야 한다. 참고로 독일 내에서는 독일어 서류에 한해 시청 (Bürgeramt)에서 한 부당 2유로에 공증(amtliche Beglaubigung)을 받을 수 있다.

5. 서류 발송하기 Dokumente senden

준비된 모든 서류는 튼튼한 파일에 끼워서 A4사이즈 우편용 봉투에 넣어 아래 주소로 보낸다.

uni-assist e.V.

11507 Berlin

GERMANY

직접 우편함에 서류를 넣고 싶은 경우, 아래 주소로 찾아가면 사진과 같은 우편함을 찾을 수 있다.

Reichartstraße 2 (Toreinfahrt Tor 1)

10829 Berlin

GERMANY

6. 전형료 지불하기 Kosten zahlen

우니아시스트는 대행 업체이므로 전형료(대행비)가 발생한다. 최초 지원은 75유로, 추가 지원부터 학교 및 학과당 30유로다. 예를 들어 2019년 겨울학기에 베를린 공대에 생명공학과와 수학과를 지원했다면 전형료는 생명공학과 75유로(최초 지원)+ 수학과 30유로(추가 지원)=115유로다. 여기에 아헨 공대를 추가로 지원하면 또 30유로가 추가된다. 전형료 납부는 신용

Berlin, den 23.4.2014

Betreff: Eingangsbestätigung für Bewerbernummer ███████ **- Please find the english version at the end of this notification**

Sehr geehrte(r) Saemi Kim,
wir freuen uns, dass Sie sich für ein Studium in Deutschland entschieden haben!

Posteingang

Am 16.04.2014 haben wir von Ihnen erhalten:
- 3 Antragsformulare für
- Uni Leipzig für das Wintersemester 2014
- FU Berlin für das Wintersemester 2014
- TU Berlin für das Wintersemester 2014
- Bildungsnachweise
- sonstige Unterlagen

Zahlung

Am 14.04.2014 haben wir von Ihnen eine Überweisung in Höhe von ███ Euro erhalten.
Am 17.04.2014 haben wir von Ihnen eine Überweisung in Höhe von ███ Euro erhalten.

Kontostand

Alle Bewerbungen für das Wintersemester 2014 sind bezahlt.

우니아시스트의 입금이 확인되었다는 편지 – 서류를 수령한 날짜, 지원 학교 및 학기, 입금확인 날짜와 금액이 쓰여 있다. Kontostand(계좌상태)에 'Alle Bewerbungen...bezahlt'(모든 지원은 입금완료 되었습니다) 문구가 있다면 모든 절차가 완료된 것이다.

카드 및 계좌이체로 가능하며 원서 접수마감 8주 전에 완료하도록 권유하고 있다. 전형료 납부가 확인되면 우니아시스트에서 서류를 정리하여 학교로 전달하는 작업을 시작한다. 만약 이 과정에서 빠진 서류가 있을 수 있기 때문에 고지 및 서류보충 기간을 감안하여 전형료는 되도록 신속하게 입금하는 게 좋다. 입금이 완료되면 메일 및 우편으로 앞쪽 이미지와 같은 편지가 온다.

7. 기다리기 Abwarten

서류수령 및 입금완료 확인서를 받으면 모든 지원 과정이 끝났다. 보통 확인 메일은 우니아시스트에서 서류수령 후 24시간 이내에 받을 수 있다. 지원 과정 중 이메일 주소를 입력하지 않았다면 우편으로 확인 편지가 발송된다. 우니아시스트 접수 포털의 지원 상태도 업데이트가 되므로 설령 편지를 받지 못했더라도 진행 과정을 확인할 수 있다.

ABSCHLUSS	FÄCHER	STATUS	ENTGELT	BEZAHLT
Staatsexamen	Medizin Klin. Heidelberg	Antrag wurde zur weiteren Bearbeitung an die Hochschule übermittelt (oder VPD wurde bereits verschickt)	75.00 €	Ja

'Entgelt(수수료)' 75유로로 입금 완료된 내역 – 'Bezahlt(지불)'에 Ja 표시가 되어야 한다.

한국에서 **계좌이체** 한 번에 **성공하기**

대학 지원을 한국에서 진행하게 되면 전형료 역시 한국에서 독일 계좌로 송금해야 한다. 이때 한국계좌에서 독일계좌로 송금하면 시간은 얼마나 걸리는지, 돈은 확실하게 입금되는지, 중간에 사고가 발생하진 않을지 걱정되기 마련이다. 보통 한국소재 은행에서는 만약의 경우를 대비하여 고객에게 송금이 일주일 이상 걸릴 수 있다고 하거나 계좌번호가 확실하지 않으면 송금이 누락될 수 있다는 고지를 한다. 이 말에 지레 겁먹지 말고, 송금해야 할 독일계좌의 이반 넘버(IBAN)와 비아이씨 코드(BIC) 및 송금받을 대상만 확실히 알아가면 된다. 필자는 5회 이상 한국에서 독일로 송금 경험이 있는데 액수가 크든 작든 평균 5일 이내로 송금이 완료되었다. 다만 매일 환율이 조금씩 달라지므로 송금 완료 시 최종 입금되어야 하는 유로화 금액을 말하고 여기에 수수료를 더하여 은행에서 계산해 주는 액수대로 송금하는 게 좋다. 송금 후 발급해주는 영문 증빙은 버리지 말고 바로 스캔하여 메일로 대학 혹은 접수처에 증빙을 보내주면 더욱 확실하다. 송금했는데도 불구하고 돈이 들어오지 않았다는 경우를 대비할 수 있으며, 다음 절차도 더 빠르게 진행할 수 있다.

8. 과정 주시하기 | Prozesse verfolgen

입학허가결과(Zulassungsergebnis)가 나올 때까지 이제 기다리는 일만 남았다. 겨울학기 지원 기준, 7월 15일~8월 중순까지 보통 아무 소식이 없다가 8월 말경부터 하나 둘씩 합격 결과가 나오기 시작한다. 이 기간에 지원자가 먼저 해야 할 일은 특별히 없지만 수시로 편지와 메일함을 확인하여 혹시 빠진 서류를 내라는 소식이 있는지 확인하는 게 중요하다. 그리고 우니아시스트 역시 사람이 하는 일인지라 모든 학생의 서류를 완벽히 챙겨 주지 못하는 경우도 발생한다. 따라서 본인 스스로 체크리스트를 다시 한번 검토해 보는 게 좋다. 내야 하는 서류인지 아닌지 불분명하다면 일단 내고 보는 게 좋다. 지원이 마감되고 추가 서류를 보낼 경우 해당 학과 사무실에 서류를 어디로 보내야 하는지 문의해 본다. 우니아시스트에서 대행하더라도 이미 학교로 서류가 넘어온 경우에는 학과로 직발송 해야 하는 경우도 있기 때문이다. 서류 미비로 심사조차 받지 못하는 경우가 적지 않게 발생하는데 기본적으로 본인의 부주의로 간주되어 그 누구도 책임져주지 않는다.

앞서 언급했듯 8월 말경부터 최종결과가 나오는데 학교에 따라 우편이나 메일로 통보가 되기도 하고 학교 지원 포털에만 뜨기도 한다. 우니아시스트에는 최종결과가 뜨지 않고 학교에서 바로 통보한다. 필자의 경험 및 주변 경우를 보면 뷔르츠부르크 대학, 라이프치히 대학, 프랑크푸르트 대학, 베를린 자유대학, 훔볼트 대학, 괴팅엔 대학은 비교적 통보가 빠른 편이며 뮌헨 대학이나 하이델베르크 대학은 거의 개강이 임박하여 최종결과가 통보된다. 합격이든 불합격이든 반드시 통보되므로 편지를 받지 못했다고 불합격은 아니다. 다만 통보 시기가 제각각이어서 특히 유학생들은 독일 입국 및 이사 시기를 결정하는 데 어려움을 겪을 수 있다. 보통 합격과 동시에 등록 마감일도 함께 공지되므로 결과가 나오지 않은 학교의 합격일을 대강 추정하여 합격한 학교를 놓치지 않도록 주의한다. 합격한 학교도 좋지만 다른 학교를 희망하고 있다면 일단 등록을 하고 추후 희망학교 합격 후 등록취소 절차를 진행하길 추천한다. 이중등록은 할 수 없으므로 합격증을 받자마자 앞서 등록한 학교를 취소하고 새 학교에 등록하도록 한다. 덧붙여, 합격했지만 이미 등록의사가 없는 경우에는 최대한 빨리 의사를 밝혀 다른 학생에게 기회가 갈 수 있도록 한다. 학교에 따라 등록포기서를 쓰거나 따로 메일로 통보해야 하는 경우가 있다.

교수와 개별적으로 연락을 주고받으며 지원 준비를 했던 박사 과정 준비생의 경우 다른 학교에 등록하게 되면 학교 행정절차와 별도로 교수에게 따로 정중히 상황 설명을 하는 게 좋다. 유학생활을 하다 보면 언제 어디에서 도움을 받게 될지 모르기 때문이다.

휴식시간은 곧 나의 스펙

모든 온라인 및 오프라인 절차를 마무리한 뒤 결과가 통보되기까지 약 한 달~두 달의 공백이 생긴다. 한국에서 원서를 냈다면 독일 출국 준비를 할 것이고 독일에서 원서를 냈다면 쉬어갈 수 있는 모처럼 여유로운 시간이 될 것이다. 이 시간에 여행을 다니거나 목적 없는 휴식을 해도 좋지만 무엇을 하든 대학 진학 후 학업이나 생활에 도움이 될 만한 활동을 하길 추천하고 싶다. 예를 들어 입학 후 친구를 빨리 사귀고 싶다면 현재 거주하는 숙소(WG)에서 이미 대학에 진학한 친구들과 어울리며 도시 곳곳을 다녀보고 캠퍼스 라이프의 이야기를 들어보는 것도 좋다.

만약 첫 학기 전공수업이 걱정된다면 기본 입문서를 구하여 한 챕터라도 읽어보자. 내용을 모두 이해하려고 하기보다 자주 등장하는 전공 용어를 한국어와 독일어로 익히고 수업에 들어가면 아무것도 모른 채 수업을 듣는 것과는 매우 큰 차이를 느낄 수 있다. 독일어가 아무리 능숙하다고 해도 우리에게 외국어이기 때문에 '듣고 이해한 양'이 곧 학업의 결과와 직결되기 마련이다.

취미에 시간을 쏟고 싶은 독자들은 취미활동에서 가볍게 취득할 수 있는 자격증을 하나쯤 준비하면 어떨까. 서류와 절차를 매우 중시하는 나라답게 독일에서는 '자격증'을 가지고 있다면 그 분야의 실력을 아낌없이 인정해 주는 편이다. 즉, '저 사람은 자격증은 있지만 실력은 없을 거야'라는 불신을 갖지 않는다는 의미다. 만약 한국에서 취득한 자격증이 있다면 꼭 영문도 함께 발급해오는 게 좋다. 언제 어디서 그 자격이 힘을 발휘할지 아무도 모르기 때문이다.

필자는 두 달 가까이 되는 공백 기간 동안 독일 출국을 준비함과 동시에 그동안 미뤄왔던 중국어 공부를 시작했다. 즉, 취미활동을 선택한 것이다. 매일 재미삼아 시작한 공부가 쌓이니 자격증에 욕심이 나기 시작했고, 한편으로는 나중에 독일에서 쓸 일이 생길지도 모른다고 생각했다. 그렇게 출국 직전까지 공부하여 HSK 4급을 취득하고 유학길에 올랐다. 짧고 굵었던 공부가 학업에 직접적인 도움이 되진 않았지만 유학 시기 내내 사귈 수 있는 친구의 범위를 넓혀주었고 평생을 함께 할 인생의 파트너를 만나게 해 주었으니 결코 헛된 공부가 아니었다고 생각한다.

▄

이력서
(Lebenslauf)
쓰는 방법

독일에서 일자리를 구하거나 학교에 지원해 본 경험이 있는 사람이라면 'Tabellerischer Lebenslauf (표 형식의 이력서)'라는 단어를 본 적이 있을 것이다.

우리나라만큼 독일에서도 이력서를 요구하는 곳이 흔한데, 심지어 대학 지원 및 등록 시에도 필수 서류로 제출해야 한다. 따라서 독일에서 통용되는 형식에 맞게 이력서를 미리 준비해 두는 것이 좋다.

1. 개인 정보는 필요한 만큼만

이력서의 맨 위쪽에는 개인 정보를 기입하는데, 보는 사람이 필요한 만큼만 제공하면 된다. 보통 다음과

Tim Mustermann

Anschrift:	Musterweg 77, 12130 Stadt
Geboren:	01.01.1990 in Musterhausen
Tel.:	+49 176 6934443
Email:	tim.muster@gmail.com

Bildungsweg

10/2010 – 08/2014   **Muster-Abschluss in Muster-Studienfach**
      Muster-Hochschule (Stadt, Länderkürzel)
      • Schwerpunkte: Muster-Studienschwerpunkte

09/2003 – 06/2010   **Muster-Abschluss Sekundarstufe**
      Musterschule (Stadt, Länderkürzel)
      • Abschlussnote (0,0)

Praxiserfahrung

seit 12/2013   **Werkstudent im Muster-Bereich**
      Muster-Unternehmen (Stadt, Länderkürzel)
      • Projektmanagement im Social Media Marketing
      • Content-Ideen entwickeln und Umsetzung steuern
      • Suchmaschinenoptimierung (Onpage)

07/2012 – 12/2012   **Praktikum im Muster-Bereich**
      Muster-Unternehmen (Stadt, Länderkürzel)
      • Assistenz in der Markteinführung eines neuen Produktes
      • Marktrecherchen zur Internationalisierung
      • Kundenbetreuung per Telefon und Email

07/2012 – 12/2012   **Nebenjob im Muster-Bereich**
      Muster-Unternehmen (Stadt, Länderkürzel)
      • Durchführung von Marketing Kampagnen
      • Pflege von SQL-Datenbanken
      • Assistenz der Geschäftsführung

Weiterbildung

04/2012 – 07/2012   **Kurs zum Thema Kommunikation**
      Muster-Organisation (Stadt, Länderkürzel)
      • Umfang: 12 Wochen mit je 2.5 Wochenstunden

10/2012   **Seminar im Online Marketing**
      Muster-Organisation (Stadt, Länderkürzel)

잘 정리된 이력서의 예

같은 정보면 충분하며, 사진은 필수가 아니므로 넣지 않아도 된다. 만약 넣을 경우에는 최대한 잘 찍은 증명사진을 활용하는 게 좋다.

- Name, Vorname (성, 이름)
- Anschrift (거주지)
- Geboren (생년월일 및 출생 장소 – 도시까지만 기입하면 된다.)
- Telefon (전화)
- E-mail (이메일 주소)

2. 이메일 주소도 나에 대한 이미지

이 부분은 많은 이들이 간과하기 쉬운데, 이메일 주소 중 ID는 자신의 이름을 쓰는 것이 좋다. 독일 대부분의 직장에서는 M.Mueller 혹은 Michael.Mueller처럼 이름을 활용하고 있다. 이름을 쓰기 부담스러울 경우 성이나 생년월일이 들어간 ID도 괜찮다. 너무 장난스럽거나 특정 연예인이나 만화 캐릭터의 이름이 들어간 ID는 진지하지 않은 인상을 줄 수 있으므로 피하는 게 좋다.

3. 본인의 성과를 주제별로 요약하기

개인정보 하위로는 본인의 성과를 아래와 같이 주제별로 나눠 표기한다.

- Bildungsweg(교육과정): 대학 지원 시에는 중·고등학교부터, 구직 시에는 대학부터 표기하면 된다. 수능 성적 표기는 선택이지만, 대학 최종 학점(논문이나 시험)은 필수로 적는 것이 좋다.
- Praxiserfahrung(활동경험): 각종 아르바이트, 인턴십, 봉사활동이 포함된다.

- Weiterbildung(추가교육): 학교 징규 교육과정 이외에 따로 배운 활동을 말한다.
- Sprachkenntnisse(언어능력): 본인이 구사할 수 있는 언어를 수준과 함께 적는다. 만약 자격증이 있을 경우 자격증 명과 성적도 함께 표기한다.
- EDV Kenntnisse(컴퓨터 능력): Elektronische Datenverarbeitung, 즉 컴퓨터 데이터 활용 능력을 말한다. 컴퓨터 관련 자격증이 있으면 표기하고, 없더라도 어느 정도 다룰 수 있는지 befriedigend(보통)/gut(잘함)/sehr gut(매우 잘함)으로 나누어 표기한다. MS Office는 항목별(Word, Excel, Powerpoint, Access, Outlook)로 나눠 적는 게 좋다.
- Hobby(취미): 본인을 인간적으로 나타낼 수 있는 항목이다. 평소 즐겨하는 취미를 적으면 되고 없으면 적지 않아도 된다.

4. 기관명과 장소를 표기하기

주제별로 단락을 나누었으면 세부 이력을 작성하는데, 이때 왼쪽에 날짜를 적고 오른쪽에 기관명을 적는다. 기관명의 이름은 공식 이름을 정확히 적어야 하며 위치는 국가와 도시까지 적는다. 공식 영문명이 있을 경우 그대로 사용하면 되고 없으면 한글명을 영문으로 표기하면 된다.

예시: 2001-2003 Hangook National University (Seoul, Korea)

5. 2장을 넘기지 않기

아무리 인내심이 좋은 사람이라 할지라도 2장이 넘는 타인의 이력을 보고 있자면 피곤하고 산만해진다. 잘못하면 정말 중요한 부분도 놓칠 수 있으므로 보는 사람을 배려하여 2장이 넘지 않도록 작성한다. 실제로 이력이 많다면 작성 전에 미리 주제별로 정리하여 한 활동당 두 세 줄로 요약하여 표현한다. 또한 불필요한 표나 설명을 덧붙이지 않도록 한다.

아르바이트용 이력서(Lebenslauf für einen Minijob) 작성 요령

학교 입학 때 제출했던 이력서는 앞으로 쓰게 될 다양한 종류의 이력서의 표준이라고 생각하면 된다. 이 이력서를 기준으로 하되 목적에 맞게, 읽는 사람의 취향에 맞게 반드시 편집하여 사용하자. 유학 기간 동안 내 이력서를 보게 될 대상은 학교 이외에도 아르바이트를 구하는 곳이나 인턴을 하게 될 직장일 것이다. 당신의 스펙이 아무리 뛰어나도 이력서를 보는 사람은 당신이 지원한 자리와 연관된 이력 외에는 관심이

없다. 만약 카페 아르바이트를 지원했다면 고객을 상대했던 경험, 물건을 판매해보았던 경험 등 아르바이트 자리 특성과 연관되는 이력 외에는 모두 지워도 좋다. 다만 언어능력이나 취미 등은 성격과 강점을 나타낼 수 있는 부분이므로 굳이 삭제할 필요는 없다. 또한 이력서는 1장이 넘지 않도록 한다. 보통 아르바이트 수요가 많은 식당, 카페, 상점 등은 최대한 공석이 생기지 않도록 빠른 시간 내에 점원을 충원해야 하기 때문에 당신의 이력서에 담긴 모든 내용을 읽고 생각할 시간이 그리 많지 않다. 간결하고 임팩트 있게 요약된 이력서가 핵심이라는 것을 잊지 말자.

필자는 독일에서 첫 아르바이트를 시내 베이커리에서 시작했는데, 당시 대입을 위해 준비했던 이력서를 편집하지 않고 그대로 가져갔었다. 당시 여러 장의 이력서를 받은 카페 매니저는 당황하며 이력서를 덮고 나에게 단도직입적으로 카페와 연관된 아르바이트를 한 적이 있냐고 물었다. 또한 분명히 이력서 첫 줄에 출신 국가를 명시했는데도 자꾸 다른 나라 출신으로 착각했다. 처음부터 잘 정리된 이력서를 들고 갔더라면 아마 한눈에 나에 대한 핵심 정보를 파악하고 면접 시간에 보다 심도 있는 질문이나 대화를 했을 것이다. 결과적으로 아르바이트에는 합격했지만 접근 과정에서 아쉬움이 많이 남았던 경험이다.

09
거주지
구하기

1. 대학 기숙사 신청하기

가격이 저렴하고 이사가 쉬운 대학 기숙사는 학생들이 가장 선호하는 거주 형태이다. 기숙사 배정은 경쟁이 굉장히 치열하기 때문에 학교에 등록하면 (혹은 합격증 Zulassung을 받는 즉시) 곧바로 신청 절차를 밟는 게 좋다. 아래 예시는 라이프치히 종합대학에 입학할 학생의 기숙사 신청 절차이다.

1. 라이프치히 대학에 입학할 것이므로 해당 지역 학생 복지처(Studentenwerk) 홈페이지를 방문한다. 학생 복지처는 일반적으로 '(학교이름) + Studentenwerk'로 검색하면 된다.

   홈페이지에서 'Wohnen' 혹은 'Wohnheime'를 찾는다.

   Wohnen → UnsereStudentenwohnheime(우리 기숙사)를 클릭한다.

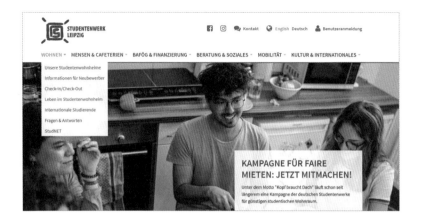

2. 각 기숙사 건물의 주소와 외관 사진을 볼 수 있다. 각 기숙사를 클릭 해보며 마음에 드는 집이 있는지 살펴보자. 'Online Bewerbung'을 클릭하면 온라인으로 기숙사를 지원할 수 있다.

3. 그 다음 페이지에서는 온라인 지원 절차에 관한 설명이 나온다.

Ablauf der Bewerbung

(1) Informieren Sie sich zunächst auf unseren Webseiten über unser Angebot, unsere Studentenwohnheime und unsere Mietpreise.

(2) Lesen Sie auf unseren Webseiten die Rubrik Fragen und Antworten und die Mietbedingungen.

(3) Für das Bewerbungsverfahren benötigen Sie ein **Benutzerkonto** und eine für den gewünschten Vertragsbeginn **gültige Immatrikulationsbescheinigung** oder einen **Zulassungsbescheid**.
(PDF-Datei, maximale Dateigröße: 1 MB)

▸ Benutzerkonto erstellen   ▸ Als Benutzer anmelden

(4) Füllen Sie die Online-Bewerbung aus und geben Sie bis zu **drei Wunschwohnheime, die gewünschte Wohnform sowie den monatlichen Mietpreis** an. Bitte achten Sie darauf, dass Ihr gewünschter Mietpreis den von Ihnen ausgewählten Studentenwohnheimen entspricht.

(5) Nach erfolgreichem Versand der Bewerbung erhalten Sie eine automatische Sendebestätigung sowie weitere Informationen.

(6) Sobald ein passendes Zimmer verfügbar ist, erhalten Sie von uns per E-Mail ein Zimmerangebot und Ihre persönlichen Authentifizierungsdaten. Führen Sie die **Authentifizierung** durch und **nehmen Sie das Zimmerangebot an**. Bitte beachten Sie die angegebene Frist. Nach Ablauf der Frist ist das Angebot nicht mehr einsehbar.
(Eine Besichtigung des Zimmers ist leider nicht möglich, da es noch bewohnt ist.)

(7) Nach Annahme des Angebots erhalten Sie von uns weitere Informationen per E-Mail. Bitte prüfen Sie stets alle E-Mail-Ordner (Spam, Unbekannt usw.) auf von uns eingegangene E-Mails.

1. 웹사이트를 통해 마음에 드는 기숙사와 월세를 확인하십시오.

2. 웹사이트를 통해 거주 조건에 대한 사항을 읽어보십시오.

3. 기숙사에 지원하기 위해서는 우리 웹사이트에서 사용하는 아이디가 필요합니다. 그리고 학교등록 확인서 또는 합격증을 준비하십시오.

4. 온라인에서 지원서를 작성하십시오. 총 세 곳의 기숙사와 원하는 거주 형태, 그리고 월세를 입력하십시오. 본인이 선택한 기숙사에 해당하는 월세를 입력해야 합니다.

5. 작성을 완료하고 지원서를 제출하면 자동으로 지원 확인서가 전송됩니다.

6. 원하는 조건의 방이 나오면 기숙사 정보가 담긴 메일을 받을 것입니다. 본인 인증 절차를

거치면 기숙사 매물 정보를 볼 수 있습니다. 해당 매물은 정해진 기간 내에만 조회 및 거주 여부를 결정할 수 있으며, 기간이 지나면 조회 및 재신청이 불가합니다.

7. 거주 여부를 결정했다면 메일로 확인서를 받을 것입니다.

8. 정해진 기간 내에 모든 서류를 준비하여 담당자에게 제출하고 계약서에 사인을 하십시오.

4. 이제 온라인 지원서를 작성해 보자. 아이디는 재학생이 아니더라도 만들 수 있으니 별도의 인증은 필요하지 않다. 로그인을 하고 지원서 신청을 누르면 하기와 같은 화면이 뜬다. Angaben zum Studium(학업에 관한 정보)을 묻는 부분이다. 독일의 기숙사는 특정 대학만 지원하는 게 아니라 해당 지역에 있는 모든 대학생들을 대상으로 한다. 따라서 다른 학교 학생과 같은 기숙사에 살게 될 수도 있다.

① Angaben zum Studium

Bitte füllen Sie das Bewerbungsformular vollständig aus. Felder die mit * gekennzeichnet sind, sind Pflichtfelder.

UNIVERSITÄT / HOCHSCHULE *

Universität Leipzig

Bitte wählen Sie die Hochschule, an welcher Sie studieren werden bzw. eingeschrieben sind.

FACHRICHTUNG *

Wirtschaftspädagogik

Bitte wählen Sie ihre Fachrichtung (Hauptfach) aus.

TEILZEIT- / AUSTAUSCHSTUDIUM *

Nein

Nehmen Sie an einem Teilzeit- / Austauschstudium/Programm teil?

Universität/Hochschule: 자신의 학교를 입력한다.

Fachrichtung: 자신의 학과를 입력한다.

Teilzeit-/Austauschstudium: 야간대학 학생 혹은 교환학생인지 입력한다. 일반 주간대학 학생이라면 Nein을 선택하면 된다.

5. 다음 페이지에서는 원하는 기숙사의 형태를 선택한다. 한국의 원룸과 같은 1인실 기숙사를 희망하면 'Einzelzimmerwohnung/Einraumwohnung/Apartment'를 선택하면 되는데, WG(공동거주)보다 인기가 많고 방의 개수가 적어서 배정받을 확률이 낮다. 원하는 방의 형태에 모두 체크한다.

② Studentenwohnheim wählen

GEWÜNSCHTE WOHNFORM

☑ Einzelzimmer in 2-er Wohngemeinschaft
☐ Einzelzimmer in 3-er bis 6-er Wohngemeinschaft
☐ Apartment / Einraumwohnung (falls verfügbar)
☐ Angebot für eine andere Wohnform, falls meine ausgewählten Wünsche nicht erfüllt werden können

Bitte wählen Sie ihre gewünschte Wohnform. Mehrfachauswahl möglich.

MITBEWOHNER *

◯ egal ◉ soll(en) gleiches Geschlecht haben

WUNSCH AUF ZUSAMMENWOHNEN MIT ANDERER PERSON? *

◉ Ja ◯ Nein

Bitte vervollständigen Sie die folgenden Angaben für den gewünschten Mitbewohner

VORNAME *   NACHNAME *

Bitte geben Sie den Vornamen des gewünschten   Bitte geben Sie den Nachnamen des gewünschten
Mitbewohners an.   Mitbewohners an.

Gewünschte Wohnform: 원하는 거주 형태

- Einzelzimmer in 2-er Wohngemeinschaft: 2명이 함께 사는 플랫의 방

- Einzelzimmer in 3-er bis 6-er Wohngemeinschaft: 3~6명이 함께 사는 플랫의 방

- Apartment / Einraumwohnung (falls verfügbar): 아파트 / 원룸(가능할 경우)

- Angebot für eine andere Wohnform, falls meine ausgewählten Wünsche nicht erfüllt werden können: 내가 원하는 방이 없을 경우 다른 형태의 방도 보고 싶습니다.

Mitbewohner: 플랫 메이트(기숙사 룸메이트)

– egal: 상관없음

– soll(en) gleiches Geschlecht haben: 성별이 같아야 함

Wunsch auf Zusammenwohnen mit anderer Person: 룸메이트 희망사항

– Ja: 있음(함께 살고자 하는 학생의 이름 및 생년월일을 입력해야 한다.)

– Nein: 없음

6. 기숙사를 세 군데 선택한다. 우선순위에 따라 주소를 입력하면 되고, 만약 건물 및 위치
와 상관없이 가장 빨리 나오는 방을 얻고 싶다면 'Dringend: Ich benötige dringend
einen Wohnheimplatz. Das Wohnheim ist mir egal(급구: 저는 급히 기숙사가 필
요합니다. 기숙사의 형태는 상관없습니다)'에 체크한다.

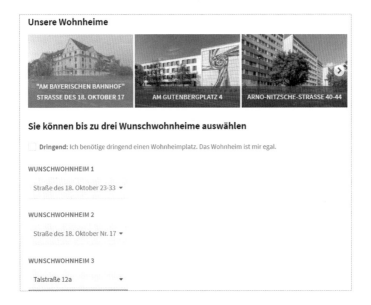

7. 희망 기숙사를 배정받지 못할 경우, 어떻게 할 것인지 선택할 수 있다. 또한 자신이 우선 배정되어야 하는 이유를 선택한다. 라이프치히 학생처는 몸이 불편하거나 아이가 있는 학생을 우선적으로 배려하고 있다.

FALLS WIR IHRE WÜNSCHE NICHT ERFÜLLEN KÖNNEN: WAS IST IHNEN WICHTIGER?

◉ **Größte Chance:** Wenn meine Wünsche zum genannten Einzugstermin nicht erfüllt werden können, nehme ich auch jeden anderen verfügbaren Platz, da ich weiß, dass ich einen Umzugsantrag in meine Wunschwohnheime stellen kann.

○ **Warteliste:** Wenn derzeit noch kein Zimmer in einem meiner Wunschwohnheime angeboten werden kann, möchte ich auf der Warteliste für diese(s) Wohnheim(e) bleiben. Ich brauche keinen anderen Wohnheimplatz.

Gründe für die bevorzugte Aufnahme in ein Studentenwohnheim

BEHINDERUNG *   **KINDER, DIE MIT EINZIEHEN SOLLEN? ***

keine   ▾   Nein   ▾

GEWÜNSCHTER BEGINN DES VERTRAGES *   **GEWÜNSCHTE WOHNDAUER ***

Juni ▾   2019 ▾   12   MONAT(E)

Die Zimmer werden nur für volle Monate vermietet.

MIETOBERGRENZE *

250   EUR

Größte Chance: 큰 기회를 이용. 이사 날짜까지 원하는 기숙사를 배정받지 못하면 가능한 다른 방을 배정받겠습니다. 추후 희망 기숙사가 나올 시 이사 신청을 할 수 있습니다.

Warteliste: 대기 신청. 이사 날짜까지 원하는 기숙사가 안 나올 시 대기하겠습니다. 다른 방은 필요 없습니다.

Gründe für die bevorzugte Aufnahme in ein Studentenwohnheim: 기숙사 우선 배정
이 되어야 하는 이유

– Behinderung: 장애가 있음

– Kinder, die mit einziehen sollen: 함께 이사해야 할 아이가 있음

Gewünschter Beginn des Vertrags: 희망 계약 시작 날짜

Gewünschte Wohndauer: 희망 거주 기간

Mietobergrenze: 최대 지불 가능 월세

---

③ Angaben zur Person

VORNAME *	NACHNAME *

GEBURTSNAME	GEBURTSDATUM *
	-Tag ▼ -Monat ▼ -Jahr ▼

GESCHLECHT *	FAMILIENSTAND
- Auswählen - ▼	unverheiratet ▼

NATIONALITÄT *	TELEFON *
Deutschland ▼	

Heimatanschrift

STRASSE, NR. *	PLZ *

8. 본인 개인 정보를 입력한다.

Vorname: 이름 / Nachname: 성 / Geburtsname: 태명 (없을 시 비워둔다) /

Geburtsdatum: 생년월일

Geschlecht: 성별(남, 여, 부정확) / Familienzustand: 가족사항(unverheiratet/

ledig: 미혼, verheiratet: 기혼, geschieden: 이혼, getrennt lebend: 떨어져 살고

있음)

Nationalität: 국적 / Telefon: 전화번호 / Heimatsanschrift: 집 주소

'집 주소'란에 한국 주소를 적어야 할 시 상세 주소는 필요 없으며 도로명까지만 적어

도 된다.

Aktuelle Anschrift: 현재 주소

아직 한국에 있을 경우 위의 '집 주소'와 똑같이 쓰면 되지만, 독일에 대신 우편을 받아

줄 수 있는 지인이 있다면 그 주소를 적는 편이 좋다. 다만, 우편함에 수령인 이름이 없

을 경우 편지가 되돌아가므로 받는 사람 이름에 본인 이름을 쓰되, 아랫줄에 'c/o(실거

주자 명)'을 반드시 함께 써주어야 한다.

예) Frau Sarah KIM: 본인

　　c/o Frau Anna LEE: 실 거주자(우편함에 이름이 있는 사람)

　　Berliner Str. 33, 10000 Berlin

9. 관련 서류를 업로드 한다. 학교 등록증이나 합격증을 스캔하여 올리면 된다. 그리고 시작 학기를 선택한다. 독일은 여름학기와 겨울학기로 운영하고 있다. 많은 학교 및 학과들이 겨울학기(Wintersemester)를 개강 학기로 선정하고 있다.

Dokumente hochladen

ZULASSUNG ODER (VORLÄUFIGE) IMMATRIKULATIONSBESCHEINIGUNG HOCHLADEN

Choose File No file chosen

(Erlaubte Dateiendungen: pdf, jpg, gif / Dateigröße: max. 1 MB)

SEMESTER

Wintersemester 2020 ▾

10. 여기까지 완료했다면 모든 절차가 끝났다. 마지막으로 입력한 정보를 확인한 후 지원을 마친다. 가입 시 입력한 이메일로 지원 확인 메일을 수령하고 학생처의 답변을 기다리면 된다.

무엇이든 다 **사람이 하는 일**이다

아무리 절차나 순서대로 일 처리를 하는 독일이라도 사람이 하는 일이므로 언제나 융통성 및 예외가 존재하는 법이다. 게다가 상대가 먼 타지에서 온 외국인 학생이라면? 조금 더 배려를 기대해도 좋다. 필자는 처음 베를린 소재 대학에 입학했다가 학기가 시작한 후 학교를 옮겨야만 했던 특수한 케이스로 정말 급하게 기숙사에 들어가야 했다. 이미 첫 기숙사 배정이 끝난 뒤라 남아있는 방이 많지 않았으나 그 중에서도 까다로운 내 입맛에 맞는 방을 차지하기 위해 고군분투하기로 결심했다. 내가 원하는 방의 형태는 깨끗한 신축 건물에 있어야 하고, 가구가 완비된 1인실이었다. 대체로 이런 방은 독일 학생들에게도 인기가 좋기 때문에 첫 술에 배부를 거란 기대는 하지 않았다.

기숙사 배정 담당자는 내 문의 메일에 아주 까칠하게 배정 가능한 방이 없다고 짧게 답변했다. 두 번째 시도부터는 직접 담당자를 찾아갔다. 메일보다는 전화가, 전화보다는 만남이 사람의 마음을 움직이는 법이다. 담당자의 출근 시간보다 일찍 사무실 앞에서 기다리기도 했고, 간절함을 표시하고자 따뜻한 쿠키를 구워 가기도 했다. 얼음장처럼 차갑게 거절했던 담당자가 세 번째 방문부터 서서히 내 말을 듣기 시작했고, 시스템에 내가 원하는 방의 형태를 구체적으로 입력해 주었다. 그리

가구가 완비된 신축건물 1인실 기숙사.
지금까지 지내왔던 기숙사 중 가장 시설이 좋았다.

고 나서 얼마 지나지 않아 담당자에게 전화가 왔다. 마침 방을 빼는 학생이 있는데 그 방에 들어가겠냐고 물었다. 방의 조건도 내가 원하는 형태와 일치했다. 물론 우연히 내가 다음 대기자여서 그 방을 받았을 수도 있지만, 학생들의 평균 대기시간을 고려하면 단순히 타이밍만 좋았던 건 아닌 것 같다. 무엇이든 어디든 사람이 하는 일이므로 할 수 있는 노력과 간절함을 최대한 나타내면 언젠가 진심이 통하기 마련이다.

2. 사설 기숙사 신청하기

사설 기숙사는 모든 도시에 있는 것은 아니고 프랑크푸르트 암 마인, 뮌헨, 슈투트가르트 등 인구가 많은 큰 도시에 설치되어 있는 편이다. 예시로 살펴볼 기숙사는 헤센 주와 나사우 소속 학생들이 신청 가능한 기숙사로, 개신교 교회에서 운영하고 있으나 종교와 관계없이 신청할 수 있다. 본인이 사는 도시에 사설 기숙사가 있는지 알아보려면 'Wohnheime+도시 이름' 으로 검색하면 된다.

1. 도시마다 다르지만, 사이트에 들어가면 바로 기숙사 목록 및 시설을 살펴볼 수 있다. SWE는 프랑크푸르트 암 마인, 마인츠 그리고 다름슈타트에 기숙사를 갖고 있다. 이 중 마인츠에 위치한 기숙사를 신청해 보기로 하자.

2. 마인츠 기숙사를 클릭하면 아래와 같이 기숙사 외관과 설명 및 신청서 양식을 다운받을
수 있다. 이 건물에는 총 120개의 방과 가족 단위로 입주 가능한 6개의 방이 있다. 주방
은 공동으로 사용해야 하고 방 하나의 크기는 평균 10qm(10㎡)이다.

Evangelisches Studentenzentrum Mainz

Gleich gegenüber der Mainzer Johannes-Gutenberg-Universität liegt unser Evangelisches Studentenwohnheim. 1969 eröffnet, bietet es eine einmalige Architektur.

In 120 Zimmern und 6 Familienwohnungen wohnen bei uns über 130 Menschen aus vielen Ländern der Erde und erleben ein buntgemischtes Zusammenleben. In unseren Flurküchen oder auch auf unserem schönen Außengelände findet sich immer Orte, wo man sich treffen, ausspannen, oder auch Feste feiern kann und man nicht alleine bleiben muss. Auf unseren Rasenflächen bietet sich die Möglichkeit, den Grill anzuwerfen, mit Freunden zu feiern, oder ganz ruhig in einer Sitzecke ein Buch zu lesen (es muss ja nicht immer Lernstoff sein). Für sonnige Gemüter gibt es auf dem Rasen genügend Platz, sich in die Sonne zu legen und das Sonnenstudio zu sparen.

Die Wohnheimflure

10 Zimmer auf einem Flur haben jeweils eine Größe von 10 qm. Sie sind neu saniert und bieten durch die durchdachte Zimmereinrichtung viel Platz zum leben und studieren. Drei Bäder werden jeweils von zehn FlurbewohnerInnen genutzt. Die Flurküche bildet den Treffpunkt und ist groß genug um gemeinsam zu kochen und zu feiern.

Alles gut vernetzt

Unser Wohnheim ist an das Netz der Universität Mainz angebunden, das Sie mit Ihrem eigenen Account der Uni Mainz bei uns nutzen können. Der Internetzugang soll das Arbeiten der Studenten erleichtern.

Wäsche

Für die frische Wäsche steht im Keller ein Waschmaschinenraum mit mehreren Waschmaschinen und Trocknern zur Verfügung.

Bewerbung

Es können sich bei uns Studierende bewerben, die in Mainz an der Universität, Fachhochschule oder am Konservatorium immatrikuliert sind. Studierende, die älter als 29 Jahre alt sind, können sich nicht mehr bewerben!

Aufnahmeantrag

Bitte füllen Sie bei Interesse diesen Aufnahmeantrag aus und senden Sie ihn per Post an die angegebene Adresse.

3. 신청 양식을 다운받아 채운다. 첫 번째 페이지는 사진 및 본인에 대한 신상정보를 기입한다.

Evangelisches Studentenzentrum Mainz
Am Gonsenheimer Spieß 1, 55122 Mainz, Tel. 06131 – 37 40 70

Aufnahmeantrag / Application of admission
(Bitte in Druckbuchstaben ausfüllen, unvollständige und unleserliche Anträge können nicht bearbeitet werden)
(please fill out the form legibly and completly. Incomplete applications will an can not attended to)

☐ Zimmer / room

Hier bitte Passfoto
aufkleben
please fix
your photo here

Name / surname	
Vorname / first name	
Geburtsort / birthplace	
Geburtsdatum / date of birth	
Familienstand / family staus	☐ ledig ☐ verheiratet ☐ geschieden ☐ getrennt lebend
Anzahl eigener Kinder / number of children	
Nationalität / nationality	
Konfession / religion	
Personalausweis- oder Passnummer / number of your passport	
Gültig bis / period of validity	
Heimatanschrift / adress of home	
Gegenwärtiges Studienfach / field of study	
Handy-Nr. / mobile	
e-Mail-Adresse / e- mail	
Telefonnummer / phone	
Beruf des Vaters / profession of your father	
Beruf der Mutter / profession of your mother	
Anzahl der Geschwister / number of siblings	
Anzahl der Geschwister in Ausbildung number of siblings who are still educatet and supported by your parents	
Gewünschter Aufnahmetermin When would you like to move in?	☐ Sommersemester _____ ☐ Wintersemester _____

4. 학생 신분임을 확인하는 질문을 채운다. 등록 여부 및 학교 이름과 학과를 적으면 된다.

Sind Sie gegenwärtig immatrikuliert?   □ ja   □ nein
Are you enrolled at the moment?   yes   no

Matrikel-Nr.	Hochschule	Fachbereich	Semester
Matriculation no.	university	department	current semester

Welche Studienziele haben Sie bisher wo erreicht? What degrees you obtained so far?

Studienziel: _____   Hochschule: _____   Jahr: _____
degree   university   year

Studienziel: _____   Hochschule: _____   Jahr: _____
degree   university   year

5. 그 다음은 재정 상태에 대한 질문들이 있다. 이 중에서 'Welcher Betrag steht Ihnen monatlich im Jahresdruchschnitt zur Verfügung?'은 학비를 제외하고 매달 쓸 수 있는 돈의 액수를 기입하면 된다. 기숙사 임대비를 지불할 능력이 있는지 여부를 체크하기 위한 부분이다.

그 다음은 개인 취미와 기숙사에 입주해야 하는 이유를 묻는 질문이 이어지는데, 신청자가 기숙사의 기존 분위기 및 입주자들과 문제없이 잘 지낼 수 있는지 체크하기 위한 조항이다. 솔직하고 명확하게 적으면 된다.

Wie finanzieren Sie Ihr Studium? (Bafög, Eltern, eigener Verdienst, Verwandte etc.)
How do you finance your studies? (parents, scholarship .....)

_____

Welcher Betrag steht Ihnen monatlich im Jahresdurchschnitt zur Verfügung?
Wich amount will you have available per month?

_____ €

Welche Hobbies, persönliche Interessen bzw. soziale Engagements haben Sie?
Do you have hobbies or social engagements?

_____

_____

Welche Gründe gibt es für Sie in einem Studentenwohnheim zu wohnen?
What are your reasons to live in a student-home?

_____

_____

3. 주거 공동체 WG

기숙사에서 가장 흔히 제공되는 방의 형태가 WG이지만, 모든 WG가 기숙사는 아니다. 즉, 방이 여러 개인 아파트에 방마다 세를 놓아 WG로 사용하는 곳이 굉장히 많다. 이러한 일반 WG를 찾는 방법은 기본적으로 원룸을 구하는 방식과 같으나 WG에 특화된 사이트를 활용하면 편리하다. 아래 예시는 www.wg-gesucht.de에서 활용하였다.

1. 첫 페이지에서 거주 희망 도시를 넣고 'WG-Zimmer'로 설정한 뒤 검색한다.

2. 해당 도시에 있는 모든 WG 광고가 뜨기 때문에 엄청난 양이 검색 되는데, 원하는 평수(방의 크기) 및 최대 월세를 정하여 필터링한다. 다음 예시에서는 마인츠(Mainz)의 WG를 검색해 보았다.

3. 간추려진 광고들의 제목을 보면 WG의 특징을 파악할 수 있다. 하기 광고는 3명이 사는 3er-WG이며 임대로 나온 방의 크기는 20m² 그리고 월세는 302유로다. 또한 2019년 7월 1일부터 입주 가능하다. online 2 Stunden은 온라인에 광고가 게재된 지 2시간 되었다는 의미다.

großes Wg Zimmer am Laubenheimer Bahnhof

3er WG in Mainz Laubenheim, Oppenheimerstr. 14
Verfügbar: 01.07.2019

20 m² | 302 € |

Online: 2 Stunden

4. 광고를 클릭하면 보다 다음 쪽의 이미지와 같이 상세한 정보를 살펴볼 수 있다.

월세는 302유로이지만 추가비용(Nebenkosten) 혹은 기타비용(Sonstige Kosten)이 명시되어 있지 않으므로 최종 월세가 얼마인지 문의하도록 한다. 또한 이사 시 한 번만 지불하는 Abstandszahlung*이 있는데, 방에 마련된 가구 사용비이거나 다른 부대비용이다. 집주인이 요구하는 금액이므로 상세 내역 및 액수가 타당한지 알아보는 게 좋다. 그 밖에도 현재 살고 있는 입주자(Bewohner)는 21세에서 24세 사이의 독일인이며, 새 입주자도 비슷한 나이대로 희망하고 있다.

* 이전 세입자나 집주인이 구비해 놓은 물품에 대한 인수 비용으로 보면 된다.

20m²
Zimmergröße

302€
Gesamtmiete

Kosten

Miete:	302€
Nebenkosten:	n.a.
Sonstige Kosten:	n.a.
Kaution:	600€
Abstandszahlung:	120€
SCHUFA-Auskunft:	Online anfordern [1]

Adresse

Oppenheimerstr. 14
55130 Mainz Laubenheim
Umzugsfirma beauftragen[1]

Verfügbarkeit

frei ab: 01.07.2019

Online: 2 Stunden

Privatzimmer in Mainz unkompliziert und stressfrei online buchen [1]

WG-Details

DIE WG
20m² Zimmer in 3er WG
3er WG (1 Frau und 1 Mann)
Bewohneralter: 21 bis 24 Jahre
Studenten-WG
Sprache/n: ▬

GESUCHT WIRD
Geschlecht egal zwischen 18 und 26 Jahren

5. 그 밖에 현 입주자가 직접 쓴 설명이 있는데, 여기서 주의 깊게 봐야 할 부분은 'WG-Leben(WG 생활)'이다. 새 입주자가 기존 WG의 분위기에 동화되고 무리없이 적응하길 원하기 때문에 WG의 전반적인 분위기를 파악할 수 있는 팁이 담겨있다. 예시 WG의 경우, 현 입주자들은 음료공학과 법학을 전공하는 대학생들이며 함께 활동하거나 식사하는 것을 좋아한다. 'keine Zweck WG'라는 말은 '특수한 목적'이 없는 WG라는 뜻이다. 예를 들어 무조건 직장인이어야 한다거나 주말에는 비워줘야 한다거나 하는 등의 특수 조건이 없다.

6. 광고의 WG가 맘에 들 경우 광고를 올린 사람에게 메일이나 전화로 연락을 한 후 집을 보러 가면 된다. 같은 시간에 여러 명이 한꺼번에 올 수도 있으므로 간단한 자기 소개와 공동체 생활의 규범 정도 익히고 가면 도움이 된다.

독일 유학
실전
에피소드 & 팁

WG 인터뷰에 삼행시를 준비해 가라

독일 생활에 관심이 있는 독자라면 이제 WG가 무엇인지는 알 것이다. 학교 기숙사 WG는 좋은 방을 얻기 위해 기숙사 담당 직원과 친분을 쌓아야 하지만 일반 WG 중 맘에 드는 방을 얻기 위해서는 이미 살고 있던 WG 거주자들의 마음에 들어야 한다. 특히 역세권에 있는 위치 좋은 WG나 가격 대비 시설이 좋은 방, 대학과 가까운 WG는 언제나 인기가 많다. 여기에 수요 대비 WG 공급이 적은 뮌헨, 쾰른, 함부르크, 베를린 같은 도시라면 경쟁은 더욱 치열해진다.

일반 WG 인터뷰가 잡혔다면 일단 현 거주자들의 취향과 생활패턴을 파악하자. 보통 집 광고에 어떤 직업을 가진 사람들이 살고 있는지, 선호하는 생활패턴은 무엇인지 적혀 있을 것이다. 이 정보를 토대로 나와 맞을지 아닐지 판단한 뒤 그들의 마음에 들만한 행동을 준비해 가는 게 좋다. 예를 들어, 음악과 자유시간을 즐기는 WG라면 나의 음악 취향이나 취미시간 활동에 대해 재치 있게 설명하면 좋을 것이다. 밤에 와서 잠만 자는 구성원들로 이루어진 WG라면 저녁 시간에 소음을 만들지 않고 일찍 자는 생활 습관을 강조한다. WG 구성원들이 매우 활동적인 편이라면 자신의 취미생활 중 활동적인 면을 강조하거나 함께 할 수 있는 액티비티를 제안하는 것도 좋다. 청결을 유난히 강조하는 WG에서는 규칙적인 청소습관을 인터뷰 때 얘기하면 좋은 인상을 남길 수 있다. 즉, 일반 WG는 방 자체의 조건 외에도 함께 사는 사람들의 패턴을 해치지 않는 선에서 입주하는 게 원칙이기 때문에 자신과 잘 맞을 만한 집을 찾는 게 중요하다.

필자는 독일에 단기 어학연수를 왔을 당시 방이 없어서 입주일이 가장 빠른 WG에서 지낸 적이 있다. 대학 어학연수 관리팀이 급하게 찾아준 방이기 때문에 기존 거주자들의 생활패턴을 전혀 모른 채 들어갔는데, 요리를 하면 빨리 먹고 치우는 나와 달리 몇몇 사람들은 이틀이 넘도록 설거지를 하지 않거나 3시간 이상 공동주방에서 밥을 먹고 노래를 부르는 등 너무나 다른 패턴에 주방을 아예 사용할 수 없던 날이 많았다. 함께 어울리면 되지 않냐고 반문할 지 모르나, 내 평소습관과 다른 행동은 오래 유지할 수 없는 법이다. 이 경험을 계기로 나는 매번 WG 인터뷰 때 주방 사용 및 거주자들의 식사패턴에 대해 묻고 체크하게 되었다.

아무리 친한 친구나 가족이라도 함께 있는 시간이 길고 낯선 곳에 있다 보면 평소보다 예민해지기 마련이다. 하물며 난생 처음보는 외국인과 매일 밤낮을 같은 공간에 있어야 하는 게 WG이므로 독일 생활을 조금이라도 편안하게 이어가기 위해서는 WG 선택에 신중을 기하길 바란다.

4. 일반 원룸 구하기

일반 원룸을 구하는 방법은 일반 WG를 구하는 방법과 크게 다르지 않다. 학교 게시판 등을 이용해 발품을 팔거나, 원룸 전문 사이트를 활용해보면 된다. 보통 위치와 채광이 좋은 곳은 경쟁자가 많으므로 맘에 드는 집이 나타나면 최대한 빨리 연락하여 집을 보는 게 관건이다. 특히 인구 대비 주택 부족난을 겪고 있는 대도시의 경우 한 시간만 늦어도 원하는 집을 놓치는 경우가 있으므로 집을 보러 갈 때 기본 서류를 준비해서 가져가고, 집 구경 후 반나절~하루 이내에 확답을 해주는 게 좋다. 다음의 예시는 www.immobilienscout24.de에서 가져왔다.

1. 첫 페이지에서 해당 도시 및 원하는 조건을 입력한다. 프랑크푸르트 시내 기준, 40㎡ 이상, 방 1개 이상의 월세 900유로 이하의 원룸을 찾아보자.

2. 조건에 충족하는 광고가 뜨면 관심있는 집을 클릭하여 살펴본다. 하기 예시의 집은 '리모 델링한 방 2개짜리 집'이며, 크기는 51㎡ 이다. 여기서 주목해야 할 부분은 'Kaltmiete 900EUR'와 'von privat'이다. Kaltmiete, 즉 900유로는 난방비나 온수비를 제외한 금 액이므로 총 월세는 1,000유로 이상으로 짐작할 수 있다. 또한 개인소유(privat)의 집 이므로 사후 관리 시 항상 집주인과 먼저 이야기해야 하는 집이다.

3. 광고를 클릭하면 더 자세한 정보를 볼 수 있다. Erdgeschosswohnung(지면층-한국 식 1층)집이며, 5층 건물의 가장 낮은 층이다(1 von 5로 표기해야 한다. 오타가 난 것으 로 보인다). 실거주 면적은 51㎡이며 2019년 7월 15일부터 입주 가능하다. 방이 총 2개 인데 침실(Schlafzimmer)이 1로 표시된 것으로 보아 나머지 방 하나는 거실일 확률이 높다(독일은 거실도 방으로 간주한다).

가격 부분을 살펴보면 난방 및 온수를 제외한 월세가 900유로로, 난방비를 합치면 약 1,050유로가 최종 월세로 추정된다. 난방 사용량에 따라 월세가 조정될 수 있으나 입주 첫 해에는 이전 입주자의 사용량을 따르므로 1년간 1,050유로를 낸다고 봐도 무방하 다. 보증금(Kaution)은 2,700유로이다. 독일에서 보증금은 보통 난방비를 제외한 기본 월세의 2배 혹은 3배로 책정되어 있는데, 이 집은 3배를 요구하고 있다.

Typ:	Erdgeschosswohnung	Bonitätsauskunft:	> SCHUFA-BonitätsCheck anfordern
Etage:	5 von 1		
		Zimmer:	2
Wohnfläche ca.:	51 m²		
		Schlafzimmer:	1
Nutzfläche ca.:	51 m²		
		Badezimmer:	1
Bezugsfrei ab:	15.07.2019		

Kosten

Kaltmiete:	900 €	Kaution o. Genossenschafts- anteile:	2.700,00 Euro > Mieten ohne Kaution
Nebenkosten:	+ 105 €		
Heizkosten:	nicht in Nebenkosten enthalten	Umzugskosten:	Berechnung starten
Gesamtmiete:	1.050 € (zzgl. Heizkosten)		

4. 가격 정보 아래에는 집주인(혹은 현재 세입자)이 남긴 세부 설명이 있다. 간단히 살펴보면, 이 집은 잘 가꾸어진 AB(Altbau: 알트바우, 1950년 이전에 지어진 집)의 1층에 있으며, 최근에 리모델링을 마쳤다. 새 주방이 완비되어 있다. 집 위치는 걸어서 7분이면 대중교통을 이용할 정도로 시내에 위치한 점을 강조하고 있다.

Objektbeschreibung

Die Wohnung befindet sich im Erdgeschoss eines gepflegten sanierten AB im beliebten Frankfurter Nordend.

Ausstattung

Die angebotene Wohnung wurde gerade saniert. Die Wohnung ist mit einer neuen Einbauküche mit elektr. Geräten, ein Tageslichtbad mit Dusche, Parkettboden ausgestattet.

Lage

Zentrale Lage, Restaurants, Cafés und Supermärkte befinden sich in Laufnähe. Öffentliche Verkehrsmittel sind in ca. 7 Minuten zu erreichen.

5. 해당 집이 맘에 들면 광고를 올린 사람에게 메일을 쓰거나 혹은 전화를 하여
   Besichtigung(집 둘러보기) 약속을 잡는다.

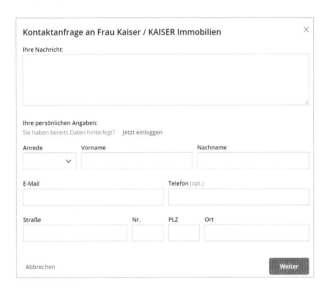

Besichtigungstermin 요청 메일 예시

Sehr geehrte Frau Kaiser, (광고에 명시된 이름 혹은 집주인/부동산 담당자 이름)

mein Name ist Mina Kim aus Südkorea(짤막한 자기소개). Ich wohne aktuell in München, suche dringend eine Wohnung in Frankfurt, da ich ab nächsten Monat mit meiner neuen Arbeit in Frankfurt anfange(집을 찾는 이유). Ihre Wohnung gefällt mir sehr. Ich bin Nichtraucher und habe kein Haustier(자신의 간략한 특징: 비흡연자, 애완동물 없음). Ich hätte gerne die Wohnung persönlich besichtigen. Können Sie einen schnellstmöglichen Termin mir geben(방문 예약 요청하기)? Ich besuche Frankfurt am kommenden Wochenende(방문 가능한 시간).

Vielen Dank.

Mit freundlichen Grüßen

Mina Kim

5. 쯔비셴미테(Zwischenmiete)

쯔비셴미테는 단어 뜻 그대로 집 주인이 집을 비운 '사이' 잠시 들어가 사는 형태를 말한다. 이미 구해 놓은 집의 이사 일정이 맞지 않거나, 단기 방문으로 정식 집을 구하기 부담스러울 때 고려할 수 있는 방법이다. 독일인들도 흔히 알고 있는 주거형태이긴 하지만 집과 집주인에 따라서 쯔비셴 허가가 나지 않은 곳도 있으므로 신중하게 선택해야 한다. 특히 한국에서 온 유학생들은 보험, 은행 계좌나 핸드폰을 개설하기 위해 실 주소지가 반드시 필요한데 쯔비셴으로 나온 대부분의 집들은 거주가능 인구 초과 등의 이유로 안멜둥(주소등록)이 되지 않기 때문이다. 뿐만 아니라 안멜둥 시 집주인의 이사확인증을 첨부해야 하기 때문에 현 세입자가 임의로 집을 단기 재임대할 시 당연히 안멜둥이 되지 않는다.

쯔비셴미테를 구하는 방법은 첫 번째로, 일반 원룸이나 WG로 검색하되, 임대 가능 날짜를 지정하는 것이다. 다음의 예시는 www.wg-gesucht.de 를 활용하였다.

첫 화면에서 WG-Zimmer 검색 시 필터를 확장하여 입주 날짜 및 이사 날짜를 지정한다. 경우에 따라 날짜를 협의할 수도 있으니 여유기간을 넉넉히 잡고 검색해 본다.

Einzugsdatum: 입주날짜

Toleranz: 여유기간

Auszugsdatum: 이사 날짜

Toleranz: 여유기간

두 번째 방법으로는 한국인 커뮤니티 및 학교 내 게시판을 이용하는 것이다. 비록 단기로 지내는 집이지만 보증금도 내야 하고 급하게 집에 대해 문의해야 하는 일이 생길 수도 있으므로 비슷한 처지의 학생들이 사는 곳이나 의사소통이 상대적으로 편리한 한국인 집의 쯔비셴도 나쁘지 않다.

집 광고가 심심찮게 나오는 학교 내 게시판

WG에서 **내 자유(?)** 확보하기

공동생활을 해야 하는 WG에서 온전히 누구에게도 방해받지 않고 나만의 자유시간을 갖기란 거의 불가능에 가깝다. 어쩌면 공동체에서 '내 자유'를 확보한다는 말 자체가 어불성설일지도 모른다. 그래서 플랫메이트(Mitbewohner)끼리는 서로 약간의 불편함은 어느 정도 감수하고 생활하는 게 원칙인데 그 '어느 정도'의 수준이 사람마다 다르기 때문에 충돌이 발생하기도 한다. 충돌이 발생하기 가장 쉬운 부분은 바로 청결과 소음 문제다.

에어푸르트에서 교환학생을 하던 시절, 여학생 4명이 함께 쓰는 4er WG에서 약 일 년간 생활한 적이 있다. 독일 학생 두 명, 우크라이나 학생 한 명 그리고 나로 구성된 WG였다. 대학 기숙사라 랜덤으로 배정받은 곳이었는데 입주 초기 다들 지저분하고 시끄러운 건 싫어한다고 해서 나는 매우 좋은 WG에 배정됐다고 생각했다. 그런데 얼마 지나지 않아 바로 이 부분이 가장 큰 문제가 되었다. '지저분하고 시끄럽다'고 생각하는 기준이 각자 달랐기 때문이다. 두 사람이 조용하면 한 사람이 소음을 만들고, 두 사람이 어지럽히면 전혀 관계없는 사람이 치워야 할 일이 생겼다. 그래서 실상 우리 WG는 아이러니하게도 아주 깨끗하거나 매우 조용한 날이 거의 없었다.

그래도 큰 탈 없이 6개월 이상 WG생활을 이어가던 무렵, 내 방과 바로 맞닿은 방에 살던 우크라이나 학생이 새 취미생활을 시작했다. 처음 몇 주는 혼자 조용히 음악을 듣더니 다음 달에 커다란 엠프를 사고 그 다음달에는 전자기타를 구매해서 밤낮으로 연주에 몰두했다. 7평 남짓되는 작은 방이 엠프의 울림과 기타소리로 가득 찼다. 소풍날만 되면 비가 오듯, 공교롭게도 그 친구가 기타를 시작했을 시기에 나는 중요한 시험을 코앞에 두고 있었다. 처음에는 귀마개도 껴 보고, 일부러 그 친구가 자는 시간에 맞춰 공부를 하고, 낮 시간 내내 도서관에 살기도 했다. 그러나 시험이 다가올수록 공부하는 시간을 확보하려고 하니 그 친구의 연주시간을 피해갈 수 없었다. 참다못해 직접 문을 두드려 친구의 방문을 열고 조용히 해달라고 부탁했다. 보통 이런 경우 상대에게 피해를 줬다는 생각에 미안해하거나 기분이 나쁘더라도 소리를 줄이는 게 일반적인 반응이다. 그러나 그 친구는 달랐다. 버럭 화를 내며 "너는 이 아름다운 쇼팽 음악을 듣고 어떻게 시끄럽다고 생각하는 거지? 넌 쇼팽을 싫어하니? 진짜 이해할 수가 없다"고 말했다. 그리고 말을 끝내자마자 다시 전자기타 연주를 이어갔다. 시험준비에 시간이 없던 나는 더 이상 말을 걸지 않았고, 우리는 해결책을 찾으려는 시도조차 하지 못한 채 WG생활을 마무리했다.

세상은 넓고 별의 별 사람이 다 있다는 말을 다시 한 번 입증하는 순간이었다. 국적을 불문하고 언제 어디서나 나와 다른 사람은 존재하기 마련이다. 독일에서의 WG생활은 이를 피부로 느낄 수 있는 가장 손쉬운 방법이다.

6. 주소지 등록하기

집을 구하고 이사까지 마쳤다면 실제 이사 날짜 14일 전후로 주소지 등록 '안멜둥(Anmeldung)'을 해야 한다. 안멜둥은 보통 시청에 해당하는 뷔르거암트(Bürgeramt), 라트하우스(Rathaus) 혹은 슈타트페어발퉁(Stadtverwaltung)에서 관할한다. 규모가 큰 도시는 보통 예약제로 진행되므로 대기시간을 줄이기 위해 예약하는 게 좋다. 그러나 예약하지 않아도 당일 처리할 수 있으며 보통 10분~1시간의 대기시간이 있다.

1. 시청에 방문하여 창구에 방문목적을 알리면 번호표를 배부한다. 기계로 배부하기도 한다.

2. 차례가 오면 해당 창구에 가서 관청 직원에게 관련 서류를 주면 된다. 필수 서류는 여권(Reisepass)과 임대인확인증(Wohnungsgeber bestätigung)이다. 임대인확인증 상세 내용은 〈부록〉에 수록하였다. 이 서류는 집주인이나 건물을 소유하고 있는 회사에 요청하면 바로 받을 수 있다. 유사시를 대비하여 집 계약서(Mietvertrag)도 지참하는 게 좋다.

3. 최초 안멜둥 시 원본은 1부만 제공하므로 기관에 제출할 때는 복사본을 제출하도록 한다. 원본 분실 시 시청을 방문하여 소정의 수수료를 내면 재발급 받을 수 있다.

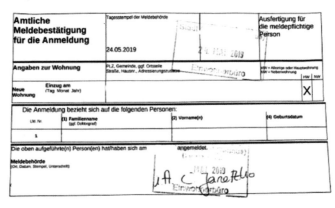

Amtliche Meldebestätigung(관청공식 주소 확인증): 안멜둥을 완료하고 받는 서류. 최초 발급 시 원본은 1부만 발급되고 재발급 시 소정의 수수료를 내야 한다.

hellhörig한 독일의 **방음구조와 해결방법**

2000년 이후 지어진 비교적 신축 건물을 제외하고 독일 대부분의 건물들은 방음에 취약한 편이다. 우리나라도 최근 몇 년간 아파트 층간소음 문제로 크고 작은 사건들이 벌어지는데, 독일이라고 해서 소음 문제가 크게 다른 건 아니다. 특히 알트바우(Altbau)로 분류되는 1950년대 이전에 지어진 주택, 독일 분단 시기에 주택공급을 목적으로 값싼 자재로 지어진 아파트는 소음 문제가 발생할 확률이 상대적으로 더 높다. 이렇게 소음에 취약한 건물을 독일어로, hellhöriges Haus(방음이 되지 않는 건물)'라고 표현하는데 이런 건물에 살면서 소음 피해를 입을 경우 대처 방법이 매우 중요하다. 필자에게는 총 5개 도시에서 6번의 이사를 하며 어떤 집을 가도 피해 가기 어려운 문제가 바로 소음 문제였다. 수십 번의 시행착오를 거치며 알아낸 소음대처 방법을 소개하려고 한다.

첫 번째, 이웃과 인사하라. 지금은 찾아보기 어렵지만 약 10년 전까지만 해도 한국에서는 이사 오면 같은 건물 이웃 주민들과 떡을 나눠 먹으며 서로 인사도 하고 얼굴을 익히곤 했다. 독일은 이러한 풍습은 없지만, 이웃 주민과 마주친다면 밝게 인사하고 어느 집에 사는 사람인지 익혀두면 좋다. 혹시 소음 문제가 발생하면 그 이웃에게도 들리는지 또는 누군지 등 정보를 물어볼 수 있다. 비단 소음 문제뿐 아니라 생활에서 생길 수 있는 크고 작은 문제들을 이웃의 도움으로 해결할 수 있는 경우가 생각보다 많다. 필자는 이사를 하면 일부러 이웃에게 찾아가지는 않지만, 집에 문제가 생기거나 궁금한 점이 있으면 아래층이나 위층 이웃에게 제일 먼저 물어본다.

두 번째, 말을 걸기 어렵다면 쪽지나 편지로 접근하라. 소음의 근원지는 찾아냈는데 직접 이웃에게 말을 걸기 꺼려진다거나 그 이웃이 보안상의 이유로 문을 열어주지 않는다면 쪽지나 편지를 남기는 방법이 있다. 다만 너무 단도직입적으로 소리를 줄여 달라고 언급하기보다 '제가 10시에 잠을 자는데 음악소리 때문에 며칠째 잠을 설치고 있어요. 혹시 같은 문제를 겪고 있나요?'와 같이 간접적인 내용을 적어 우편함에 넣거나 문 사이에 끼워 둔다. 두 세 번에도 반응을 하지 않는다면 직접적으로 요청하는 쪽지를 남겨도 좋다.

세 번째, 차나 간식 같은 가벼운 선물을 함께 전달하라. 선물이 만능 해결책은 아니지만 선물을 싫어하는 사람은 없다. 보통 모든 사람이 제약 없이 먹을 수 있는 쿠키나 차 등을 편지와 함께 전달하면 편지만 전달하는 것보다 효과가 좋다. 편지에 왜 선물을 같이 넣었는지, 나는 무엇을 하는 사람인지 간단한 소개를 덧붙여 준다면 얼어붙었던 이웃의 마음을 쉽게 녹일 수 있다.

네 번째, 이웃의 걸음소리가 문제라면 슬리퍼를 선물하라. 오버라고 생각할 수도 있고, 웃음을 유발하는 해결책일 수도 있다. 그러나 실제로 딱딱한 신발을 신고 생활하여 아래층에 피해를 주는 경우가 꽤 많다. 독일은 우리나라처럼 온돌문화가 아니어서 대부분 실내화를 신고 생활하기 때문이다. 만약 지금 겪고 있는 소음이 이에 해당된다면 이웃에게 바닥이 푹신한 슬리퍼를 선물하면 어떨까. 우스꽝스럽지만 가장 확실한 해결책이다. 다만 신발이 이웃의 발에 맞지 않을 수도 있으므로 교환할 수 있게 영수증도 함께 넣어주자.

다섯 번째, 위와 같은 방법을 두 세 차례 반복하고 인내심을 가져라. 소음 문제는 사람의 습관에서 비롯되는 경우가 많기 때문에 상대방의 습관과 그것을 고치려는 나의 싸움이다. 절대로 쉬운 문제가 아니며 하루아침에 해결되기도 어렵다. 따라서 앞선 해결책을 한 번 시도했는데 실패했다고 상심하지 말고 두 세 차례 반복하거나 동시에 시도해 보자. 그리고 문제유발 이웃과 마주치면 웃으며 일상에 대한 편안한 대화를 주고받도록 하자. 웃는 얼굴에 침 못 뱉는 건 독일도 마찬가지다.

여섯 번째, 공권력을 활용하라. 위에 소개한 모든 방법으로도 해결되지 않는 소음 문제는 공권력과 독일의 Hausordnung(하우스오드눙: 거주규칙)을 활용해서 해결을 시도할 수밖에 없다. 독일의 모든 주택가 및 집에 적용되는 Hausordnung에 따르면, 소음이 금지되는 Ruhezeit(루에짜이트: 휴식시간)는 평일 오후 10시~익일 오전 7시 그리고 주말 전일이다. 이 시간에는 이웃에게 피해가 되는 큰 소리를 내는 모든 행위를 금지하고 있으며 피해가 심할 시 경찰을 부를 수 있다. 다만 경찰을 부를 시엔 경찰이 도착했을 때 소음현장을 목격해야 경고할 수 있다. 즉, 예를 들어 경찰이 오는 시간 동안 이웃이 듣던 음악을 끄고 잠을 자버린다면 경찰은 아무 조치도 할 수 없다. 경찰의 경고에도 불구하고 소음이 오랜 기간 지속된다면 날짜, 시간, 소음피해 정도, (가능하면) 데시벨을 기록하여 집주인에게 알리고 임대차법 전문 변호사와 얘기하여 집세를 감면받을 수 있다. 또한 명확하게 소음 때문에 건강이 나빠졌다는 증명을 할 수 있다면 소음을 낸 사람에게 5,000유로 이상의 벌금을 내게 할 수도 있다.

단독주택이 아닌 이상 소음 문제는 누구나 겪을 수 있는 문제이고 방음에 취약한 독일 건물 특성상 어쩌면 우리나라보다 더 자주 소음 문제와 싸워야 할 수도 있다. 또한 문제가 심해지면 건강에 악영향을 미칠 수도 있으므로 방치하지 말고 문제를 해결할 방법을 적극적으로 찾기를 추천한다.

1. 음악을 크게 듣는 이웃에게 편지쓰기

음악을 크게 듣는 이웃에게 음악을 조금 줄여 달라는 편지를 아래와 같이 쓸 수 있다. 음악뿐 아니라 다른 경우에도 대입해서 사용해 보자. 완성된 편지는 이웃의 우편함에 넣거나 현관문에 붙이되, 프라이버시를 위해 내용이 보이지 않도록 잘 접어서 전달하는 게 좋다.

Lieber/e Nachbar/in,

die Musik, die du in der Nacht hörst, ist schön und ich finde auch.

Aber kannst du bitte die Musik etwa leise hören? Ich schlafe normalerweise gegen 22 Uhr, es ist schwierig für mich mit Musik einzuschlafen.

Danke für deine Rücksicht!

Viele Grüße

Deine Nachbar/in

이웃 주민께,

당신이 저녁에 듣는 음악이 꽤 좋고 저도 그렇게 생각해요.

그런데 혹시 음악을 좀 작게 들어줄 수 있나요? 저는 보통 저녁 10시쯤 자는 편인데, 음악소리에 잠에 들기가 쉽지 않아요.

배려해줘서 고마워요!

당신의 이웃이.

2. 내가 소음을 내야 하는 경우 미리 양해를 구하는 편지쓰기

소음으로 피해를 입는 경우와 반대로 우리 집에서 열리는 생일파티나 집들이 등으로 부득이하게 정해진 날짜와 시간에 소음을 내야하는 경우, 행사 며칠 전 건물 출입문에 편지를 써서 미리 이웃들의 양해를 구하는 게 좋다. 미리 고지만 한다면 이웃 주민들의 반대와 항의를 미연에 방지할 수 있다.

Liebe NachbarInnen,

Ich werde am kommenden Samstag, am 24. 08. 2019 mit ein paar Freunden in meiner Wohnung feiern. Es ist eine kleine Einweihungsparty und findet von 12 bis gegen 15 Uhr statt, aber es könnte im Haus etwas lauter werden. Ich bitte um euer Verständnis! Falls es doch zu laut sein sollte, bitte einfach vorbeikommen und mit mir reden.

Eure Nachbarin

Kim

이웃 주민분들께,

다가오는 토요일 2019년 8월 24일에 친구들 몇 명과 함께 집 안에서 파티를 하려고 해요. 소규모 집들이 파티로, 오후 12시에서 3시 사이에 할 것 같은데, 건물이 조금 시끄러울 수 있어요. 여러분들의 양해를 부탁드려요! 만약 너무 시끄럽다면 집으로 와서 저에게 얘기해 주세요.

여러분들의 이웃

킴

10
체류허가증:
Aufenthaltstitel(AT)
신청하기

이사를 마치고 안멜둥(주소지 등록), 보험등록 그리고 계좌개설까지 마쳤다면 다음은 체류허가증(Aufenthaltstitel: 아우프엔트할츠티텔)을 신청할 차례이다. 종종 국제학생 케어 시스템이 잘 되어 있는 학교는 외국인 학생들에게 일괄적으로 허가증 신청 서비스를 제공하기도 한다. 그러나 모든 학교가 그러한 서비스를 제공하는 게 아니므로 미리 알아보고 입국 90일이 지나기 전에 신청을 완료해야 한다.

챕터 05에서도 이미 언급 했던 부분인데, 비자와 체류허가증은 다르다. 구두로 말할 때에는 크게 구분하지 않고 통틀어 '비자(Visum)'라고 부르지만 실제로 행정상의 역할은 다르다. 비자는 해당 국가에 입국하는 즉시 효력이 사라지는 '입국허가서'이고, 체류허가증은 해당 국가에 일정기간 법적으로 거주 할 수 있는 '거주허가증'이다. 물론 한국에서 6개월짜리 임시비자를 받아서 입국했다면 그 기간 내에 법적으로 문제 될 부분은 없지만 이 사람이 거주의 목적으로 왔는지, 단순 방문의 목적으로 왔는지 알 수 없기 때문이다. 따라서 대부분의 외국인청에서는 임시비자 만료일과 관계없이 '체류허가증' 신청을 권유한다.

허가증을 받기 위해서 무엇보다 중요한 것이 서류 준비이다. 서류가 하나라도 누락되거나 완벽하지 못할 경우 대부분의 외국인청은 재방문을 요구하며 대기 신청 또한 받지 않는다. 따라서 신청 예약일(Termin)까지 모든 서류를 준비하는 것은 아무리 강조해도 부족하다. 만약 방문일까지 구비되지 못할 것 같다면 미리 판단하여 '신청 확인증(Bestätigung)'이라도 받아서 가져가자. 특히 보험 등록이나 슈페어콘토 개설 일정이 어긋나는 경우가 많은데 담당자에게 체류증 신청을 해야 하므로 현재 진행 과정에 대한 증빙을 써 달라고 하면 된다. 이제 실제 신청 과정을 살펴보자.

대표 예시로 베를린 외국인 관청의 경우를 안내하려고 한다. 거의 모든 도시의 절차가 매우 유사하므로 참고하여 진행하면 큰 어려움이 없을 것이다.

베를린 외국인청 웹사이트: www.berlin.de/labo

〈학업을 위한 체류허가 신청 Aufenthaltserlaubnis zum Studium〉

1. 신청 조건

• 학업허가: 학교 등록증 혹은 합격증을 제출해야 한다

• 사전 인터뷰: 예약(Termin)을 잡고 인터뷰를 신청한다. 이때 허가증 신청에 필요한 모든 서류를 제출하는데, 외국인청 공무원이 필요한 몇 가지 질문을 할 수도 있다. 별 문제가 없다면 사전면담 후 4~6주 뒤 허가증이 발급된다.

• 베를린 소재의 거주지: 베를린에 본인 이름으로 안멜둥된 주소가 있어야 한다.

2. 필수 서류

• 만료되지 않은 여권

• 여권용 사진: 입을 벌리지 않고 찍은 밝은 배경의 사진(가로 35mm x 세로 45mm)

• 체류허가증 신청서: 최초 신청자에 한해 작성

• 생활비 증빙: 최초 신청자에 한해 제출. 계좌에 8,640유로 금액이 있는 독일소재 은행의 슈페어콘토 증빙 혹은 장학금 증명서, 혹은 가족이나 친지의 수입으로 증명된 재정 증명서(재정 증명서의 경우 한국 소재 독일 대사관에서 받아야 하는데, 독일 외국인청에서 받아주지 않는 경우도 있으므로 슈페어콘토를 제출하는 게 확실하다.) / 연장 신청자의 경우 최근 6개월간의 계좌 내역서를 제출(학생의 경우 슈페어콘토에 연장기간에 해당하는 만큼의 돈을 재유치시킨다).

• 보험 증명서: 체류허가를 받기 위해 보험 증빙은 필수이다. 학생의 경우 공보험 증빙서(Mitgliedsbescheinigung der Krankenkasse)를 제출하면 된다.

• 학교 등록증(Immatrikulationsbescheinigung) 혹은 입학 허가증(Zulassung)

• 해당도시 내 거주지 증빙: 주소가 해당도시로 된 거주신고서(Anmeldung) 또는 집 계약서(Mietvertrag).

계약서를 지참할 경우 집주인이 작성한 이사확인증(Einzugsbestätigung)을 함께 제출한다.

- 체류허가증 신청서: 베를린 외국인청에는 독일어, 영어, 불어, 튀르키예어, 스페인어, 크로아티아어, 포르투갈어, 러시아어로 신청서를 제공하고 있다. 한국인은 독일어와 영어를 참고하면 작성이 쉽다.

- 신청 수수료: 2017년 9월 1일부터 적용된 신청 수수료는 하기와 같다.

  체류허가증 최초 신청자: 56~100유로

  체류허가증 연장 신청자: 49~96유로

  튀르키예 국적 소지자: 28.80유로

  장학금 수혜자: 무료(독일 혹은 EU 지원 장학재단에 선정되어 체류하는 경우)

3. 발급 기간

평균 체류증 심사 및 발급 기간은 4~6주가 소요되므로 비자나 현재 체류증이 만료되기 약 두어 달 전에 신청하는 게 가장 좋다. 과거에는 여권에 스티커로 부착해주는 체류증이 많았으나, 현재는 대부분 eAT(Elektronischer Aufenthaltstitel: 전자 허가증)의 카드 형태로 발급해주고 있다. 참고로 체류증 카드는 신분증 대용으로 사용할 수 없다. 외국인의 신분증은 여권이다.

사진 출처: www.bamf.de
카드 형태로 발급된 체류허가증. 도시마다 카드 배경 무늬(도시 문장을 반영)가 조금씩 다르고 유효기간 및 발급도시가 적혀 있다. Anmerkung 부분에 체류증을 발급한 근거법률의 번호가 적혀 있다.

관청직원과 **아는 사이가 되라**

독일 생활 초보든 고수든 매번 속을 썩이는 게 바로 관청 일처리다. 일단 일처리 속도가 우리나라에 비해 매우 느리고 도시마다 절차와 요구하는 서류가 매번 다르다. 심지어는 같은 도시의 같은 관청인데도 직원에 따라 더 까다롭게 서류 처리를 하는 경우도 있다. 이는 정해진 규칙이 없어서가 아니라, 정해진 일정 규칙 안에서 일을 처리하기 때문에 매우 세부적인 사항은 관청 직원이 어느 정도 결정권을 쥐고 있는 것이다. 예를 들어 혼인사실을 증명하는데 어떤 관청은 영문 증명서로 인정이 되는 반면, 불과 10km 떨어진 옆 도시의 관청에서는 독문 증명서에 영사인증까지 받아오라고 한다. 상황이 이렇기 때문에 독일의 행정절차를 일괄적으로 명확히 명시하기 어려운데, 또 그러한 이유로 관청직원을 미리 알아 두면 약간의 편의를 봐주기도 한다.

약간의 편의란 예를 들어 '예약(Termin)'을 최대한 일찍 잡아주는 것이다. 사실 말이 약간이지 이는 독일생활을 하는 외국인에게 있어서 굉장히 큰 혜택이다. 특히 프랑크푸르트나 베를린과 같이 외국인 수가 포화상태여서 비자 신청 예약을 잡을 수 없는 경우, 기약없이 비자가 만료될 때까지 예약을 잡아주길 기다리거나 오직 예약을 잡기 위해 외국인청 업무 시작 3~4시간 전 새벽에 줄을 서서 선착순 순번 안에 들어야 한다. 상대적으로 외국인 인구가 적은 중·소도시와 대도시의 차이가 상당하며 직원들도 과도한 업무량에 치여 업무시간 내내 감정노동에 시달리고 애꿎은 외국인에게 화풀이를 하기도 한다.

필자의 경험으로 미루어 보면 오전 7시 반에 업무를 시작하는 프랑크푸르트 비자청은 보통 새벽 4시부터, 날씨가 따뜻하면 3시부터 줄을 서기 시작한다. 대기 줄이 있는 곳엔 지붕도 천막도 없어서 겨울에는 꼼짝없이 추위에 몇 시간을 떨어야 한다. 이렇게 해도 비자를 받으려는 외국인이 넘쳐나기 때문에 관청이 외국인을 환대하는 모습은 보기 어려웠고, 오히려 서류 준비를 제대로 해 오지 않으면 그 자리에서 집으로 돌려보내거나 면박을 주는 경우도 있었다. 반면 상대적으로 외국인 거주자가 적은 비스바덴 비자청은 8시 반이 지나서 갔는데도 대기줄은 커녕 바로 관청 직원을 만날 수 있었다. 직원은 빠진 서류를 확인하자마자 종이에 서류 목록을 써서 준비하라고 알려주며 다음 예약 일정까지 잡아 주었다. 당시 통역 업무로 방문했던 것인데, 비자 신청 당사자가 독일어가 서투르다는 것을 눈치채자마자 웃으며 영어로 대화를 해 주었다.

비자청과 관청의 악명이 높은 도시일수록 첫 번째로 해야 할 일은 '내 비자를 처리해 주는 담당자'를 알아내는 것이다. 비자청에 몇 번 연락을 해 보면 답장을 해 주는 담당자가 비슷한 경우를 볼 수 있다. 그렇지 않더라도 처음 비자를 내어준 담당자 이름과 연락처를 기억해 두었다가 다음부터는 방문 전에 꼭 직접 담당자와 먼저 컨택을 하고 가능하면 예약까지 잡고 가는 것이 좋다. 또한 대도시는 비자청 예약이 항상 만원이므로 비자 갱신 시점 최소 3개월 이전에 연락을 해보고 예약이 가능한지 문의하자. 만약 회사에 취직하여 비자를 변경하거나 갱신할 경우 회사 전담 직원이 있을 확률이 높다. 이 경우 먼저 회사 인사과에 문의한 뒤 접근하면 시간 및 수고를 아낄 수 있을 것이다. 비교적 규모가 작고 업무 처리량이 적은 구청의 경우 직원 이름과 직통전화까지 알아두면 편리하다. 운이 좋다면 직원이 근래 방문했던 내 얼굴과 문의사항을 기억하고, 보다 직접적이고 빠르게 일을 처리할 수 있도록 도울 것이다.

비자청에 비자연장을 위한 예약 잡기

Sehr geehrte Damen und Herren,

mein Name ist Yongmi Kim aus Südkorea. Mein Geburtsdatum ist der 03. Januar

2000.

Da mein aktueller Aufenthaltstitel nur bis zum Ende August 2019 gültig ist, brauche

ich einen Termin für die Verlängerung meines Aufenthaltstitels. Kann ich dafür einen

Termin vereinbaren?

Danke Ihnen im Voraus.

Mit freundlichen Grüßen

Youngmi Kim

존경하는 (익명의)분께,

제 이름은 김영미이며 대한민국에서 왔습니다. 생년월일은 2000년 1월 3일입니다.

현재 가지고 있는 제 체류허가증이 2019년 8월 말까지 유효하며 허가증 연장을 위한

예약이 필요합니다. 예약을 잡을 수 있을까요?

미리 감사드립니다.

김영미 드림.

졸업 후
진로 탐색하기

결코 쉽지 않았던 독일에서의 공부를 마칠 때가 되면 졸업 후 진로에 대해 고민할 시기가 올 것이다. 독일에서 학업을 마친 외국인은 졸업 후 18개월 체류 가능한 '취업준비비자'를 신청할 수 있다. 졸업 증명서 및 학위서(수업 이수나 수료는 해당 없음)를 제출하면 어렵지 않게 취업준비비자를 받을 수 있는데 늦어도 이 시기에는 자신의 진로에 대해 진지하게 고민하고 첫 걸음의 방향을 결정해야 한다.

외국인이라는 특징 때문에 가장 먼저 고려해야 할 점은, 앞으로의 거주지이다. 한국으로 돌아가서 진로를 찾으려면 독일에 있더라도 한국 취업시장에 접근해야 할 것이고, 독일에서 첫 커리어를 시작하려면 취업준비 기간을 활용하여 현지 취업시장에 접근해야 한다. 이 비자를 소유한 18개월 동안은 인턴십이든 정식 직장이든 모든 형태의 수입활동을 시도해 볼 수 있다. 최근에는 독일에서 취업을 하려는 한국 유학생들이 늘고 있는 추세

이므로 졸업 후 공짜로 주어지는 18개월의 중요성을 아무리 강조해도 지나치지 않을 것 같다.

자신이 원하는 분야에 접근하기 위해서 가장 직관적으로 관련 기업이나 종사자에게 직접 컨택하는 방법도 있지만, 단시간에 많은 정보를 취합하기 위해서는 졸업자 및 취업자들을 위한 학교의 상담센터 혹은 행사를 활용하는 편을 추천한다. 다음 페이지에서 그 방법과 종류에 대해 간단히 소개하려 한다.

1. 학교 상담소 활용하기

각 학교마다 재학생과 졸업생들을 위한 커리어센터가 있다. 학교마다 이름은 조금씩 다르지만 우리나라 대학의 '진로상담소'나 '커리어센터'로 생각하면 이해가 쉽다. 예시로 프랑크푸르트 괴테 대학의 커리어 서비스센터를 살펴보기로 하자.

대학에서는 커리어 서비스를 다음과 같이 설명하고 있다.

"커리어 서비스는 프랑크푸르트 노동청과 대학 졸업자들 취업단체인 캠퍼스서비스가 함께 만든 기관입니다. 우리는 여러분들의 커리어 개발 및 직업 선택, 또한 직장생활에 대해서 조언합니다. 우리 서비스를 활용하여 직업에 필요한 '핵심 직업능력'을 강화시키는 것은 물론 네트워크를 넓힐 수 있습니다."

이러한 소개와 더불어 서비스 센터에서 주최하는 직업교육 강의도 함께 소개하고 있다. 이처럼 대학은 졸업자들이 보다 좋은 환경에서 원하는 직업을 선택할 수 있도록 장려 및 지원을 아끼지 않는 편이다. 오히려 학생들이 이런 서비스를 제대로 활용하지 못하는 경우가 더 많다. 졸업 전 학생의 신분일 때에는 몇 번이고 찾아가도 되니, 이력서 작성부터 시작하여 인턴 및 취업까지 전문가의 도움을 받아보는 것도 좋은 방법이다. 뿐만 아니라 학교에는 졸업자들의 진로에 대한 정보가 남아있기 때문에 관련 직종

의 졸업자를 소개받을 수도 있다.

위 사진은 프랑크푸르트 괴테 대학의 커리어 서비스 메인 홈페이지다. 왼편 탭을 보면, 직업 박람회나 주요 기업에 관한 정보뿐 아니라 커리어 코칭, 이력서 체크, 개인상담 등을 지원받을 수 있다.

Individuelle Karriereberatung

BERUFSORIENTIERUNG　　ARBEITSMARKTPERSPEKTIVEN

Berufsorientierung

„Was will ich?" „Was kann ich?" „Wo will ich hin?"

Haben Sie sich diese Fragen schon gestellt? Wir möchten Sie darin unterstützen, bereits während des Studiums Ihre Potenziale und Kompetenzen zu erforschen und Ihre beruflichen Ziele in Bezug auf den Arbeitsmarkt zu definieren.

Wir beraten Sie bei der beruflichen Orientierung im Studium
In der Studienzeit lassen sich wichtige Grundsteine legen, damit Ihr Berufseinstieg leichter gelingt. Welche Schritte im Prozess Ihrer beruflichen Orientierung sind sinnvoll und wie können Sie diese realisieren?

Das können beispielsweise sein:

- Praktika/Werkstudententätigkeit
- Schwerpunktbildung im Studium und berufsbezogene Themenwahl der Bachelor-/Masterthesis
- Neuausrichtung der Studienrichtung oder Wechsel in eine Ausbildung
- Weiterqualifizierung, Promotion
- Gezielte Kontakte zu Unternehmen
- Besuch von Job- und Fachmessen

개인 상담을 지원하는 영역을 소개하는 페이지다. 최대한 본인의 전공과 연관된 분야의 직종을 찾는 데 도움을 준다고 되어있다. 물론 모두에게 열려 있는 공간이므로 구직 관련 상담 전반을 담당한다.

공채가 없는 **독일 시스템을 역이용**하라

우리나라에는 매년 취업자들을 위한 기업의 '공채 시스템'이라는 게 있다. 그래서 취업을 준비하는 구직자들은 이 공채 시기에 맞춰 차근차근 취업 준비를 한다. 그러나 독일의 취업 시스템은 조금 다르다. 독일 기업을 비롯하여 독일에 법인을 갖고 있는 거의 모든 외국 기업은 수시채용으로 구인을 하고 있다. 즉, 각 회사마다 구인 시기도, 부서도, 직급도, 요구되는 인재상도 모두 다르며 같은 회사라도 내가 준비된 시기에 원하는 부서의 자리가 나오지 않을 수 있다. 또한 기업은 아르바이트처럼 회사 문에 '사람 구함'과 같은 공고를 붙이지 않으므로, 스스로 관심을 갖지 않는다면 당연히 기회도 잡을 수가 없다. 이러한 수시채용 시스템 탓에 취업 시기를 예측할 수 없으므로 언제부터 취업을 준비해야 하는지 애매한 부분도 있지만, 반대로 내가 원하는 모든 자리에 도전해볼 수 있는 게 바로 수시채용이다. 공채 기간이 따로 없으므로 구직자는 희망 기업 인사과에 티오가 있는지 직접 컨택해 볼 수 있으며, 지금 당장 자리가 없더라도 미래를 위해 지원서를 전달해 놓을 수 있다. 운이 좋게 자리가 빨리 나올 수도 있고, 인사과에서 더 적합한 자리를 찾아 연락하는 경우도 적지 않기 때문이다.

누구나 회사 구직을 할 때 최대한 적성과 커리어에 맞는 직책을 지원하기 마련이지만, 그럼에도 불구하고 실제 업무가 생각했던 것과 많이 다를 수도 있다. 이미 실무에 있는 담당자가 이러한 사실을 미리 알게 된다면 면접 전 연락하여 다른 부서 자리를 추천해 주는 경우도 있다. 이 경우 다른 부서에 지원할지 말지는 온전히 본인의 선택이므로 내키지 않는다면 처음 지원을 변경하지 않겠다는 의사를 밝혀도 된다. 만약 회사는 좋은데 업무가 맞지 않는다면 일단 입사하여 일을 하다가 내부 리크루팅을 활용하여 부서를 옮기는 것도 한 가지 방법이다. '수시'라는 말만큼이나 다양한 구직 방법이 있으므로 방법 자체에 얽매이지 말고 좋은 기회가 있을 때 잡을 수 있도록 미리 실력을 갖춰놓는 게 독일 취업의 관건이라 할 수 있다.

2. 직업 박람회 방문하기 Jobmesse

우리나라 '취업설명회'와 마찬가지로 독일의 직업 박람회에서도 각 분야의 실무자나 인사 담당자를 만날 기회가 주어진다. 베를린, 함부르크, 뮌헨과 같은 대도시를 비롯하여 뤼벡, 브레멘, 브라운슈바익, 에센 등 중소도시에서도 열린다. 그 자리에서 채용이 되거나 갑자기 계약이 성사되는 경우는 드물지만 자신의 존재를 알리는 것만으로 큰 의미가 있는 자리이므로 방문 시에는 단정한 복장을 하고 본인의 이력서 및 포트폴리오를 5부 정도 가져가는 것이 좋다.

한국인에게 특화된 직업 박람회로는 KOTRA(코트라) 및 독일주재 대한민국 총영사관에서 주최하는 채용 박람회가 있다. 한국인 및 아시아인이 필요하거나 채용이 급한 독일 기업 그리고 한국 기업의 현지법인도 다수 참가하므로 한국인의 장점을 살리면서 일할 수 있는 기업을 탐방할 수 있는 좋은 기회이다. 매년 초가을(9~10월)에 개최되며 장소는 프랑크푸르트, 함부르크, 베를린 등 주재한인의 수가 많은 도시를 중심으로 개최된다. 사전 접수를 하면 현장 인터뷰

에 참여할 수 있으며 최종 채용인터뷰까지 이루어지는 경우도 많으므로 역시 방문 시 이력서를 지참하도록 하자. 관련 행사에 대한 문의는 프랑크푸르트 코트라 무역관에게 하면 된다.

직업 박람회가 주는 또 다른 장점은 비슷한 관심사가 있는 다른 취업 준비자들을 사귈 수도 있다는 점이다. 오히려 회사 담당자들보다 이러한 취업 준비자들과 인맥을 만드는 것이 장기적으로 더 큰 도움이 될 수 있다. 비슷한 분야와 방향으로 가다 보면 언제 어디선가 다시 만날 수도 있고, 서로 좋은 자리를 추천해 줄 수도 있기 때문이다. 절차와 과정을 중시하는 독일이라지만 여전히 지인 추천으로 일자리를 구하는 경우도 상당히 많다. 특히 회사 내부적으로 자리가 났는데 누군가 공개채용을 하기도 전에 이미 걸맞는 지인을 추천하고 회사에서도 지원자가 마음에 들 경우, 그 자리를 다른 채용자들을 보지도 않고 채우기도 한다. 본인의 전공과 아주 다른 분야로 가지 않는 이상 유학시절에 만든 관계들은 커리어를 쌓기 시작하면서 서로 도움을 주고 받는 관계로 발전되곤 한다. 따라서 잘 닦아 놓은 관계를 활용하여 졸업 후에 자신의 관심 분야를 주변 사람들에게 널리 알리고 노출시켜서 주변에 정보를 제공받을 수 있는 통로를 풍부하게 만들어 두자. 물론 이러한 인맥이 없다 하더라도 좌절할 필요는 없다. 기회가 없는 게 아니라 정보의 홍수 속에서 나에게 맞는 기회를 못 찾는 경우가 더 많기 때문이다.

직업 박람회 일정

(시기 및 장소는 변경될 수 있으므로 홈페이지 참조)

• **뒤셀도르프**

시기: 5월

장소: ISS Dome

정보: www.jobmessen.de/duesseldorf

• **뮌헨**

시기: 1월 (연중 1회)

장소: MOC Veranstaltungscenter

정보: www.jobmessen.de/München

• **쾰른**

시기: 4월

장소: XPOST

정보: www.jobmessen.de/Köln

• **프랑크푸르트 암 마인**

시기: 3월, 10월 (연중 2회)

장소: Jahrhunderthalle, Frankfurt am Main

정보: www.jobmesse-frankfurt.de

• **함부르크**

시기: 매년 1월 (연중 1회)

장소: Hamburg Cruise Center Altona

정보: www.jobmessen.de/hamburg

3. 온라인 포털 활용하기

1) 소셜 네트워크 및 잡포털

구인 및 구직에 최적화된 온라인 서비스를 활용하면 발품을 팔지 않고도 자신을 알리고 빠른 시간 내에 많은 구직 정보를 취득할 수 있다. 독일에서 널리 쓰이는 소셜 네트워크는 첫 번째로 '링크드인(LinkedIn)'이다. 미국에서 설립되어 미국 비즈니스 중심으로 시작된 인맥 및 직업네트워크 전문 서비스이다. 링크드인에 자신의 프로필을 업데이트하고 구직희망 상태를 활성화해두면 유사직종의 리쿠르터들로부터 취업 제안을 받을 수 있다. 두 번째는 '스텝스톤(StepStone)'이다. 스텝스톤은 독일 베를린에 본사를 두고 있는 구인·구직 전문 웹사이트로 이력에 맞는 적정 직업을 찾아주는 것은 물론 원하는 위치로부터 거리를 조정하여 검색할 수 있다. 검색조건을 상당히 세세하게 설정할 수 있는 부분이 큰 장점이다. 이 밖에도 '인디드(indeed)', '잡월드(jobworld)' 및 '독일 공식 노동청(Bundesagentur für Arbeit)' 포털도 독일인들이 흔히 사용하는 구직 포털이다.

링크드인 및 스텝스톤 로고

2) 한인 커뮤니티

대도시 중심이긴 하지만 독일은 한인 커뮤니티가 잘 형성되어 있는 국가 중 하나이다. 취직을 하려면 구직시장이 넓은 베를린, 프랑크푸르트 등으로 옮기게 되는 경우가 많은데, 도시마다 한인 모임이나 정보교류 통로를 쉽게 찾을 수 있다. 도시 규모가 크면 클수록 교포, 직장인, 사업가, 유학생 등 독일로 오게 된 사연을 가진 사람들 다수가 모이기 때문이다. 한인 커뮤니티를 활용하여 구직 시 중요한 점은 본인의 커리어나 관심사에 도움이 될 네트워크를 형성하는 것이다. 특히 현지에서 유학했거나 취업을 하여 정착한 사람들로부터는 생활에 도움이 되는 직접적인 조언을 많이 들을 수 있다. 또한, 의도치 않게 매우 좋은 취업기회를 얻을 수도 있으므로 신중하게 양질의 네트워크를 형성하길 추천한다.

베를린리포트 홈페이지(www.berlinreport.com)

한국과 독일의 **직장문화 차이**

한국과 독일의 직장문화는 비슷하면서도 다르다. 근본적인 차이는 두 나라의 노동법이 다르기 때문에 발생하는 것이겠지만 법의 테두리를 벗어나서 일을 하는 분위기나 방식에서도 차이를 보이는 편이다. 모든 회사를 일반화하여 말하긴 어렵지만 필자의 경험을 바탕으로 한국과 독일(혹은 독일소재 외국기업)기업의 분위기 및 생활의 차이점을 서술해 보겠다. 독일에서 직장생활을 시작하려는 독자들에게 조금이나마 도움이 되었으면 좋겠다. 필자가 한국에서 일을 한 시간은 그리 길지 않으므로 한국보다는 독일에 초점을 맞춰 이야기해 보겠다.

먼저, 공통점으로는 한국회사나 독일회사 모두 위계문화가 존재한다는 점이다. 한국어에 비해 독일어는 존칭 체계도 심하지 않고 많은 사람들이 친구처럼 지내는 것 같지만, 독일회사는 미국회사에 비해 위계문화가 상당히 뚜렷한 편이다. 실제로 회사 내에서 모두 의무적으로 Siezen(지쩬: 존칭어)을 쓰는 경우도 있고, Duzen(두쩬: 비존칭어/친근한 사이에서 사용)을 사용하고 이름을 부르더라도 직급에 따라 행동에 구분을 하고 서로 존중하는 편이다. 또한 각자 맡은 업무를 끝까지 책임지고 해결하려는 분위기가 형성되어 있다. 각 개인의 성향에 따라 정도의 차이는 있겠지만 본인에게 주어진 범위 내에서 최대치의 역량을 발휘하려는 직원들을 쉽게 찾아볼 수 있다.

다만 '업무분장'과 '근로계약서'의 의미가 한국인들과 독일인들에게 있어 조금 차이가 있는 것 같다. 한국인들 사이에서는 꼭 계약서에 명시된 업무가 아니더라도 동료를 돕거나 대신해 주는 경우를 종종 볼 수 있다. 그러나 독일 회사에서는 계약서에 명시된 업무를 정확히 하는 것만이 가장 중요한 임무이며, 이와 벗어난 일을 맡을 경우 거부하거나 하지 않아도 무방하다. 또한 공식업무가 아닌 일이 반복적으로 올 경우 근로계약서 수정 및 그에 합당한 보상을 공식적으로 요청할 수 있다.

다음으로 한국과의 차이 중 근로자가 가장 먼저 피부로 느끼는 것이 '공제세금'이다. 독일은 세금을 많이 공제하기로 유명한 나라 중 하나다. 그중에서도 결혼을 하지 않고 아이가 없는 '미혼 싱글'의 세율은 무려 38%, 고소득자는 42%에 달한다. 그래서 월급(Brutto)이 높다고 마냥 기뻐할 수 없으며, 공제를 마친 후의 월급(Netto)이 실수령액이 된다. 예를 들어 월급이 4,000유로(한화 520만 원)라 할지라도 실수령액은 2,500유로(한화 320만 원)에 불과하다. 결혼을 하거나 아이가 있으면 세금 등급이 변경되어 세율이 조금 줄어든다.

다만 휴가에 대해서는 독일회사에 다니는 사람이 쾌거를 부를 수도 있다. 독일에 주재하는 모든 회사의 최소 휴가일수는 주 5일 근무 기준 최소 연 20일, 최대 30일이다. 따로 월차 및 연차가 존재하지 않고 전체 휴가일수를 본인이 알아서 조정하여 사용하면 된다. 또한 회사는 특별한 이유가 없는 이상 직원이 휴식을 위해 신청한 휴가를 거부할 수 없다. 따라서 독일에서는 특별히 '휴가시즌'이라는 것이 없다. 부활절이나 크리스마스가 독일 전역에 해당하는 휴가시즌이긴 하지만 우리나라 명절만큼 어딜가나 사람이 몰리는 일은 거의 없다. 다만 취학아동이 있는 가족의 경우 학교 방학에 맞춰 움직여야 하기 때문에 휴가처에서 수많은 가족 단위의 여행객들과 마주칠 확률이 높다.

회사에 따라서 휴가를 다 쓰지 못한 경우 수당으로 지급하거나 5일 이내에 한해 다음 해 휴가일수에 합산해 주기도 한다. 즉, 30일 휴가인 회사에서 12월 말까지 27일밖에 쓰지 못했다면 남은 3일은 그 다음 해 3월 안에 사용할 수 있도록 규정하고 있다. 한국회사라도 독일에 주재하면 독일 노동법을 준수해야 하기 때문에 이러한 규정을 대부분 지키고 있는 추세다. 다만 한국 본사에서 파견된 주재원이나 장기 파견 근무자는 해당되지 않을 수 있다.

최근 한국에서 주 52시간 및 플렉서블 근무제를 시행하고 있는데, 독일은 이미 오래 전부터 법에 의해 지켜지고 있는 부분이다. 대부분 풀 타임으로 고용된 직원의 업무 시간은 주 40시간 근무(8시간/일)가 원칙이며, 초과근무 및 야근은 1일 최대 2시간, 즉 주 10시간을 넘지 못하도록 되어 있다. 매일 초과근무를 한다고 가정하면 주 50시간 근무체계다. 물론 컨설팅 회사나 스타트업 기업의 경우 업무량이 많아 의도치 않게 초과근무 시간이 가중되는 경우도 있지만, 이 경우 추가 수당이나 휴가 등 어느 정도 적절한 보상을 받게 되어있다.

대부분의 독일 회사에서 시행하고 있는 '플렉서블 근무제'는 일일 Co-work 업무시간 및 주당 근무시간만 준수하면 출·퇴근시간을 자유롭게 조정할 수 있는 제도다. Co-work 업무시간이란 다른 부서와 협력해야 할 일이 생길 수 있는 시간으로, 무조건 업무가 가능한 상태를 유지하도록 권고하는 시간이다. 어린 아이가 있는 부모의 경우 이 플렉서블 근무제를 적극 활용하는 편인데, 눈치보지 않고 아이의 어린이집 시간에 맞춰 7시 출근하여 오후 3시 퇴근을 할 수 있는 것이다. 일반적으로 Co-work 시간이 오전 10시~오후 2시이므로 이 시간에 사무실에 있게 되고, 주당 근무시간에도 지장을 주지 않으면서 직장생활을 유지할 수 있다. 꼭 아이가 있는 부모가 아니라도 병원이나 관공서 업무를 봐야 할 경우에도 활용할 수 있으니 모든 직장인에게 매우 유용한 제도다. 다만 기업의 특성과 문화에 따라 플렉서블 근무제를 환영하지 않는 경우도 있으므로 입사 전 확실히 확인해 보는 게 좋다.

누구나 성격에 장·단점이 있듯, 어느 회사나 좋은 부분과 나쁜 부분이 있기 마련이다. 따라서 '독일 회사가 무조건 좋다'도, '한국회사가 더 좋다'는 것도 모두 맞지 않는 말이다. 실제로 부딪혀 보고 겪어보며 자신에게 맞는 문화를 가진 회사를 찾아가는 과정과 접근이 가장 중요할 것이다.

부록

::: 서류 1 체류허가증 신청서 :::

Deutsch - English - Français - Italiano

Antrag auf Erteilung eines Aufenthaltstitels
Application for a Visa or Residence Permit – Demande d'attribution d'un titre de séjour
Domanda per il conferimento di un titolo di soggiorno

Familienname
Family name / Nom de famille / Cognome

Geburtsname
Name at birth / Nom de naissance / Cognome di nascita

Vornamen
First names / Prénoms / Nomi

Geburtstag
Date of birth / Date de naissance / Data di nascita

Geburtsort
Place of birth / Lieu de naissance / Luogo di nascita

Geburtsland
Country of birth / Pays de naissance / Paese di nascita

Geschlecht   männlich   weiblich   unbekannt
Sex / Genre / Sesso   Male / Homme / Maschio   Female / Femme / Femmina   Unknown / Inconnu / Sconosciuto

Staatsangehörigkeit(en)
Nationality / Nationalité(s) / Cittadinanza(e)
bei mehreren Staatsangehörigkeiten sind alle anzugeben.
(If more than one, each should be stated) / (indiquer toutes les
nationalités s'il y en a plusieurs) / (in caso di più cittadinanze
indicarle tutte)

   a) jetzige
     current / actuelle / attuale

   b) frühere
     former / précédente / precedente

> **LICHTBILD**
> des Antragstellers
>
> Photograph
> of applicant
>
> Photographie
> du requérant
>
> Fotografia
> dei richiedente

Pass oder sonstiges Personaldokument
– Genaue Bezeichnung –
Passport or other identification papers / Passeport ou autre
pièce d'identité / Passaporto o altro documento d'identità

Nr.
No. / N° / N°

ausgestellt am
issued on / établi le / rilasciato il

ausgestellt von
issued by / délivré par / emesso da

gültig bis
valid until / valable jusqu'au / valido fino al

Rückkehrberechtigung
(falls im Pass vermerkt) nach
Authorization to return to (if entered in passport) /
Autorisation de retour en (s'il en est fait mention dans
le passeport) / Autorizzazione di ritorno a (se registrato
sul passaporto)

bis zum
valid until / valable jusqu'au / fino al

Wird ständiger Wohnort außerhalb der   ja -   nein / yes - no / oui - non / si - no
Bundesrepublik Deutschland beibehalten
und ggf. wo ?
Do you intend to maintain your permanent residence outside the Federal
Republic of Germany? If so, where? /
Conservez-vous un domicile permanent en dehors de la République fédé-
rale d'Allemagne et, le cas échéant, où? /
Conserva la residenza permanente al di fuori della Repubblica Federale di
Germania, in caso affermativo, dove?

Familienstand   ledig /   verheiratet seit _____ /   geschieden /   verwitwet
Marital status / Situation de famille / Stato civile   single /   married since _____ /   divorced /   widowed
     célibataire /   marié(e) depuis _____ /   divorcé(e) /   veuf (veuve)

- Familienname: 성씨

- Geburtsname: 출생 시 주어진 중간이름. 보통 한국인은 없으므로 비워 둔다.

- Vornamen: 이름

- Geburtstag: 생년월일(일. 월. 년도 순으로 적는다.)

- Geburtsort: 출생지. 실제 출생지와 일치할 필요는 없으나 독일에서 종종 써야 할 일이 생기므로 통일한다.

- Geschlecht: 성별. 독일에서는 2019년부터 제3의 성별을 인정하여 이중 성별을 갖고 있거나 성정체성이 확립되지 않은 사람은 unbekannt(모름)을 선택할 수 있다.

- Staatsangehörigkeit: 국적. 다중 국적자는 모든 국적을 표기한다.

- Lichtbild: 여권용 사진을 부착한다. 테두리를 제외하고 가로 35mm, 세로 45mm이다.

- Pass oder sonstiges Personaldokument: 신분확인 시 쓸 서류. Pass(여권)를 적는다.

- Nr: 여권번호

- Ausgestellt am: 여권 발행일

- Ausgestellt von: 여권 발행처

- Gültig bis: 여권 만료일

- Rückkehrberechtigung: 특정 시기 내에 기타 국가로 이동해야 하거나 돌아가야 할 경우 해당 내용을 적는다. 없을 경우 비워 둔다.

- Bis zum: 위 내용에 해당될 경우 날짜를 적는다.

- Wird ständiger Wohnort außerhalb Deutschland: 추후 독일 외에 국가에서 체류할 경우 장소를 적는다.

- Familienstand: 가족관계

- Ehegatte/Kinder: 배우자와 아이의 정보. 없으면 비워 둔다.

- Vater des Antragstellers: 신청자의 아버지 정보

- Mutter des Antragstellers: 신청자의 어머니 정보

Ehegatte**)–Name	Vornamen	m	w	Geburtstag und -ort	Staats-	Wohnort
Spouse**) – Family name Epouse(se)**) – Nom Conigue**) – Cognome	First names Prénoms Nomi	male masculin maschile	female feminin femminile	Date / Place of birth Date / Lieu de naissance Data / Data di nascita	angehörigkeit Nationality Nationalité Cittadinanza	Residence Domicile Abitazione
Geburtsname Name at birth Nom de naissance Cognome di nascita						

Kinder**) – Name	Vornamen	m	w	Geburtstag und -ort	Staats-	Wohnort
Children **) – Family name Enfants **) – Nom Figli **) – Cognome	First names Prénoms Nomi	male masculin maschile	female feminin femminile	Date / Place of birth Date / Lieu de naissance Data / Data di nascita	angehörigkeit Nationality Nationalité Cittadinanza	Residence Domicile Abitazione

Vater des Antragstellers**)–Name	Vornamen	Geburtstag und -ort	Staats-	Wohnort
Father**) (of the applicant) - Family name Père**) (du requérant) - Nom Padre**) (del richiedente) – Cognome	First names Prénoms Nomi	Date / Place of birth Date / Lieu de naissance Data / Data di nascita	angehörigkeit Nationality Nationalité Cittadinanza	Residence Domicile Abitazione

Mutter des Antragstellers**)–Name	Vornamen	Geburtstag und -ort	Staats-	Wohnort
Mother**) (of the applicant) - Family name Mère**) (du requérant) - Nom Madre**) (del richiedente) – Cognome	First names Prénoms Nomi	Date / Place of birth Date / Lieu de naissance Data / Data di nascita	angehörigkeit Nationality Nationalité Cittadinanza	Residence Domicile Abitazione

Haben Sie sich bereits früher in Deutschland aufgehalten?
Have you ever been in Germany before?
Avez-vous déjà séjourné précédemment en Allemagne?
Ha già soggiornato precedentemente in Germania?

ja - nein / yes - no / oui - non / si - no

von .... bis .... in ....
from / du / dal   to / au / al   in / à / a

Wenn ja, Angabe der Zeiten und Wohnorte
If so, enter dates and places
Si oui, indiquez les dates et les domiciles
In caso affermativo, indicare i periodi e i luoghi

von .... bis .... in ....
from / du / dal   to / au / al   in / à / a

von .... bis .... in ....
from / du / dal   to / au / al   in / à / a

Eingereist am *)
Date of entry *) / Date d'entrée *)
Data di Entrata *)

aus
from / venant de / da

Angemeldet *) - am
Registered *) - on / Enregistré *) - le
Registrato *) - il

Jetzige Anschrift:
Current address
Adresse actuelle
Indirizzo atuale

Ort (Place / Localité / Luogo)

Straße, Hausnummer (Street, Number / Rue, numéro / Via, numero)

Kontakt *)**
(E-Mail / Fax / Mobiltelefon)
Contact / Contact / Contatto
(E-mail / Fax / Phone / téléphone / telefono)

*) Ausfüllung entfällt im Ausland. *) Not to be completed if the application is made outside the Fed. Rep. of Germany.
*) Ne pas répondre à l'étranger. *) All'estero non deve essere compilato.
**) Angaben sind auch erforderlich , wenn diese Personen im Ausland verbleiben. **) This information is required even if the person concerned remains abroad.
**) Renseignements indispensables, même si ces personnes demeurent à l'étranger. **) Indicazioni occorrenti anche se queste persone rimangono all'estero.
***) Freiwillige Angaben *) Voluntary statement *) Déclaration facultative *) Indicazioni volontarie

Zweck des Aufenthalts in der Bundesrepublik Deutschland

Purpose of stay in the Federal Republic of Germany /
Objet du séjour en République fédérale d'Allemagne /
Scopo del soggiorno nella Repubblica Federale di Germania

(z.B. Besuch, Touristenreise, Studium, Arbeitsaufnahme usw.)

(e. g., visit, holiday, study, employment, etc.) /
(p. ex. visite, voyage de tourisme, études, travail, etc.) /
(ad es. visita, viaggio turistico, studio, lavoro ecc.)

Arbeitgeber

Employer /employeur / datore di lavoro

Name der Verwandten, der Studienanstalt, Referenzen usw.

Names of relatives, educational establishment, references, etc.
Nom des parents, de l'établissement d'enseignement, références, etc.
Nome dei parenti, dell'instituto scolastico, referenze ecc.

Deren Anschrift

Their addresses / leur adresse / indirizzo relativo

Beabsichtigte Erwerbstätigkeit

(Angabe des auszuübenden Berufs)

Intended employment (occupation to be exercised)
Activité envisagée (Désignation de la profession exercée)
Impiego previsto (indicare il mestiere da svolgere)

Erlernter Beruf

Trade or profession for which trained / Profession apprise /
Mestiere imparato

Aus welchen Mitteln wird der Lebensunterhalt bestritten?

What are your means of subsistence?
Quels sont vos moyens de subsistance?
Con quali mezzi fa fronte al scstantamento?

Besteht Krankenversicherungsschutz für die Bundesrepublik Deutschland?   ja –   nein / yes - no / oui - non / si - no

Do you have health insurance that covers the Federal Republic of Germany?
Avez-vous une assurance maladie en République Fédérale d' Allemagne?
Vi è tutela assicurativa contro malattie nella Repubblica Federale Tedesca?

Sind Sie vorbestraft?   ja –   nein / yes - no / oui - non / si - no

Have you ever been convicted of a criminal offence? /
Avez-vous des antécédents judiciaires? / Ha già subito condanne?

a) in Deutschland

in Germany / en Allemagne / in Germania

wann und wo?

When and where? / Quand et où? / Quando e dove?

Grund der Strafe

For what reason / Motif de la peine encourue / Motivo della condanna

Art und Höhe der Strafe

Nature and extent of the penalty / Nature et importance de la peine /
Tipo ed entità della condanna

b) im Ausland

in other countries / à l'étranger / all'estero

wann und wo?

When and where? / Quand et où? / Quando e dove?

Grund der Strafe

For what reason / Motif de la peine encourue / Motivo della condanna

Art und Höhe der Strafe

Nature and extent of the penalty / Nature et importance de la peine /
Tipo ed entità della condanna

Sind Sie aus einem anderen Schengenstaat*) ausgewiesen oder abgeschoben oder ist ein Antrag auf Erteilung eines Aufenthaltstitels abgelehnt oder eine Einreise in das Schengengebiet verweigert worden?   ja –   nein / yes - no / oui - non / si - no

Have you been expelled or deported from another Schengen state,
had an application for a visa or residence permit rejected, or been refused
entry into the Schengen area? / Avez vous été expulsé d'un autre
pays Schengen ou refoulé ou un demande d'attribution d'un titre de séjour
vous a-t-elle été refusée ou un voyage en dans l'espace Schengen interdit? /
Lei é stato espulso oppure rimpatriato dalla da un altro paese Schengen
o è stata rifiutata la sua domanda di un titolo di soggiorno o
è stata negata l'entrata nello spazio Schengen?

*) Belgien, Frankreich, Griechenland, Italien, Luxemburg, Niederlande, Portugal, Spanien, Österreich, Dänemark, Finnland, Island,
Norwegen, Schweden, Estland, Lettland, Litauen, Malta, Polen, Slowakei, Slowenien, Tschechien, Ungarn, Schweiz, Liechtenstein

- Haben Sie sich bereits früher in Deutschland aufgehalten?: 독일에서 이전에 거주한 적이 있습니까?
- Wenn ja, Angabe der Zeiten und Wohnorte: 있다면, 시기와 거주지를 적는다.
- Eingereist am: 당시 독일에 입국했던 날짜
- Aus: 당시 독일로 출국했던 국가(당시 거주하던 국가)
- Angemeldet am: 당시 안멜둥 했던 날짜
- Jetzige Anschrift: 현재 거주지 주소
- Kontakt: 이메일 주소

- Zweck des Aufenthalts in Deutschland: 독일에서 체류 목적(학업, 직장, 아우스빌둥 등)
- Arbeitsgeber: 고용주(직장이나 아우스빌둥의 경우 회사이름을 적는다.)
- Name der Verwandten, der Studienanstalt: 학교나 관련 기관의 명칭
- Deren Anschrift: 위 기관의 주소
- Erlernter Beruf: 교육받은 직업(없을경우 비워둔다.)
- Aus welchen Mitteln wird der Lebensunterhalt bestritten?: 독일 생활비의 출처
- Besteht Krankenversicherungsschutz für die Bundesrepublik Deutschland?: 독일에서 가입한 보험
- Sind Sie vorbestraft?: 처벌을 받은 적이 있는가?
- Sind Sie aus einem anderen Schengenstaat ausgewissen oder abgeschoben…?: 독일 외 다른 쉥겐 국가에서 체류증 발급이나 입국이 거부된 적이 있는가?

::: 서류 2 Wohnungsgeberbestätigung 임대인 확인증/이사 확인증 :::

집을 내어주는 임대인 혹은 회사가 임차인에게 써주는 증빙으로, 세입자가 직접 작성할 일은 없다. 보통 집 계약과 함께 주거나 필요할 경우 다시 작성해 달라고 부탁할 수 있다. 주소등록 (Anmeldung)시 함께 제출해야 한다.

- Angaben zum Wohnungsgeber: 임대인의 정보
- Angaben zum Eigentümer der Wohnung: 집주인의 정보(집주인과 임대회사가 다를 경우에만 작성)
- Einzug zu folgendem Datum: 임차인의 이사 날짜. 실제 거주 시작일
- Der Einzug bezieht sich auf folgende Wohnung: 임차인이 들어오는 집 주소
- Folgende Person ist in die angegebene Wohnung eingezogen: 집에 거주하게 될 사람(들)의 이름

Wohnungsgeberbestätigung

Wohnungsgeberbestätigung nach § 19 des Bundesmeldegesetzes

Hiermit wird ein Einzug in folgende Wohnung bestätigt:

Postleitzahl, Ort, Straße, Hausnummer

	Datum des Einzugs		
	Tag	Monat	Jahr

In die vorher genannte Wohnung ist/sind am:
eingezogen:

folgende Person/en

1. _____

2. _____

3. _____

4. _____

5. ☐ weitere Personen siehe Rückseite

Name und Anschrift des **Wohnungsgebers** lauten:

Name, Vorname des Wohnungsgebers

bei einer juristischen Person deren Bezeichnung

Postleitzahl, Ort, Straße und Hausnummer des Wohnungsgebers

☐ Der Wohnungsgeber ist gleichzeitig **Eigentümer** der Wohnung oder

☐ Der Wohnungsgeber ist nicht Eigentümer der Wohnung.
Es ist zusätzlich der Name des Eigentümers anzugeben.

Der Name des **Eigentümers** lautet:

Name, Vorname des Eigentümers der Wohnung

bei einer juristischen Person deren Bezeichnung

Ich bestätige mit meiner Unterschrift, dass die oben gemachten Angaben den Tatsachen entsprechen. Mir ist bekannt, dass es verboten ist, eine Wohnanschrift für eine Anmeldung einem Dritten anzubieten oder zur Verfügung zu stellen, obwohl ein tatsächlicher Bezug der Wohnung durch diesen weder stattfindet noch beabsichtigt ist. Ein Verstoß gegen dieses Verbot ist ebenso eine Ordnungswidrigkeit wie das Unterlassen einer Bestätigung des Einzugs sowie die falsche oder nicht rechtzeitige Bestätigung des Einzugs. (§ 54 in Verb. mit § 19 BMG).

Ort, Datum	Unterschrift des Wohnungsgebers oder der beauftragten Person

Für interne Zwecke:
Bürgeramt:
Nz.:

민족학(인종학)	Ethnologie
번역	Translation
북아프리카 고고학 및 문화역사학	Archäologie und Kulturgeschichte Nordostafrikas
분자의학	Molekulare Medizin
사회경제학	Volkswirtschaftslehre(VWL)
사회학	Sozialwissenschaften
산림학	Forstwissenschaften und Waldökologie
생물리학	Biophysik,
생물학	Biologie
생태계 관리	Ökosystemnanagement
생화학	Biochemie
성악	Gesang
성악교육	Gesangspädagogik
수리 데이터 사이언스	Mathematical Data Science
수의학	Veterinärmedizin
수학학	Mathematik
스칸디나비아학/북유럽 연구	Skandinavistik/Nordeuropa-Studien
스페인어	Spanisch
스포츠경영	Sportmanagement
스포츠학	Sportwissenschaft
슬라브어문학	Slawische Sprachen und Literaturen
신경학	Neurowissenschaften
신학(Evangelisch)	Evangelische Theologie, Evangelische Relition
심리치료	Psychologische Psychotherapie
심리학	Psychologie
아라비아 어문학	Arabistik
아메리카학	Amerikanistik
아시리아학(고대오리엔트 연구)	Altorientalistik
아시아/아프리카 지역연구	Regionalstudien Asien/Afrika
아프	Harfe
약학	Pharmazie
연극학	Theaterwissenschaft
영어	Englisch
예술교육학	Kunstpädagogik
예술사학	Kunst- und Bildgeschichte
오르간	Orgel
오케스트라 지휘	Orchesterdirigieren
외국어로서의 독일어	Deutsch als Fremdsprache
유럽 민족학	Europäische Ethnologie

epilogue

지금까지 20세 전에 해외에 한 번도 나가보지 않았고, 대학까지 한국에서 교육받은 사람으로서 스스로 독일 유학을 준비하는 방법 및 절차에 대해 알아보았습니다. 제가 이 책에 서술한 내용은 타인의 도움 없이 모두 스스로 유학을 준비하고 현지에서 이리저리 부딪히며 얻은 그 무엇과도 바꿀 수 없는 소중한 정보들입니다. 독일 유학을 본격적으로 준비하기 전, 비교적 늦은 나이에 떠나는 유학이 행여나 실패할까봐 약 1년 반 동안 독일 대학에 문의하고 발품을 팔며 서서히 입시에 접근했고, 대학원에 다니면서도 끊임없이 새로운 기회를 찾아 도전하려 했습니다. 대학원을 졸업하고 다른 분야의 공부를 하고 싶어 도전했던 대학 지원 그리고 또 다시 합격증을 쥐었던 순간들이 이 책을 쓰는 밑거름이 되었습니다. 이제 그 경험들을 공유하여 독일 대학에 접근하고자 하는 많은 분들이 조금은 덜 고생스럽게, 조금은 더 빠르게 좋은 결과를 얻길 바랍니다.

독일이 느리고 답답한 면이 있는 나라이지만 공부를 하려는 학생들에게는 더할 나위 없이 좋은 환경과 인프라를 갖추고 있습니다. 제가 유학을 시작할 때부터 직장생활을 하는 지금까지도 독일 유학을 꿈꾸는 사람들을 많이 보았습니다. 다만 정보가 부족하여 접근하기 어렵고 일부 잘못된 정보로 인해 현지에 도착하여 사기를 당하거나 터무니없는 비용으로 생활을 하는 한국인들을 보며 안타까운 마음을 감출 수 없었습니다. 이 책을 통해 모든 독자들이 독일 유학에 자신감을 가지고 하나씩 차근차근 준비해 나갔으면 좋겠습니다.

비단 유학 준비를 하지 않는 독자라도 제 책을 읽는 동안 독일의 교육 및 대학에 대해 조금 더 알아가는 시간을 가지실 수 있으셨길 바랍니다. 왜냐하면 유학이란 테마가 대입을 준비하든, 직장을 다니든 한국에서 살아가는 모든 분들이 한 번쯤 고민해 봤을 법한 일이기 때문입니다. 지금의 상황과 환경에서 벗어나 완전히 새로운 생활을 상상하는 것은 즐거운 일이고, 유학은 많은 대안 중 하나가 될 수 있습니다. 다만 여행이나 어학연수보다 더 큰 무게로 다가오는 인생의 큰 결정인 만큼 최종 결단을 내리기 전 다양한 이야기를 듣고 생각해 보았으면 좋겠습니다. 깊은 고민 끝에 내린 결정이라도 때때로 후회와 힘든 시간이 올 수 있습니다. 설령 그렇다 하더라도 본인의 선택을 믿고 끝까지 전진하시길 바랍니다. 특히 독일 대학은 입학보다 졸업에 더 큰 의미를 두고, 온전히 학위를 받았을 때 그 실력을 인정해 줍니다. 따라서 어려울 때엔 가장 가까운 멘토인 교수님, 강사님 혹은 친구들에게 도움을 요청하며 조금씩 앞으로 나아가길 바랍니다.

이 책에 담긴 내용 중에는 제 개인적인 경험에서 온 것들도 많습니다. 저보다 유학 분야에서 경험이 더 많으신 분들도 있을 것입니다. 그러나 앞서 언급한 것과 같이 제 경험을 하나의 정보로 활용한다면 분명 작게나마 도움이 될 것입니다.

1. 공관연락처

주독 대한민국 대사관

주소: Stülerstr. 8-10, 10787 Berlin

전화번호: +49 30 260 650

프랑크푸르트 총영사관

주소: Lyoner Str. 34, 60528 Frankfurt am Main

전화번호: +49 69 956 7520

함부르크 총영사관

주소: Kaiser-Wilhelm-Str. 9, 20355 Hamburg

전화번호: +49 40 6506 77600

외교부 영사콜센터

전화번호: +82 (0)2-3210-0404

2. 비상연락처(자동으로 가장 가까운 지역 센터와 연결됨)

경찰서	110
응급구조	112
비상시 의사 찾기	116117
비상시 약국 찾기	22833

독일 유학 한 권으로 끝내기(개정판)

© 김새미, 2024

2판 1쇄 인쇄 _ 2024년 04월 20일
2판 1쇄 발행 _ 2024년 04월 30일

지은이 _ 김새미
펴낸이 _ 홍정표

펴낸곳 _ 글로벌콘텐츠
　　　　등록 _ 제 25100-2008-000024호

공급처 _ (주)글로벌콘텐츠출판그룹
　　　　대표 _ 홍정표 이사 _ 김미미 편집 _ 임세원 강민욱 백승민 권군오 기획·마케팅 _ 이종훈 홍민지
　　　　주소 _ 서울특별시 강동구 풍성로 87-6 전화 _ 02-488-3280 팩스 _ 02-488-3281
　　　　홈페이지 _ www.gcbook.co.kr

값 18,000원
ISBN 979-11-5852-410-4 13370